连霍国道主干线
兰州南绕城高速公路
施工工艺

《连霍国道主干线兰州南绕城高速公路施工工艺》编委会　编著

人民交通出版社股份有限公司

北　京

内 容 提 要

本书总结了连霍国道主干线兰州南绕城高速公路建设过程中的施工工艺,主要包括路基工程、路面工程、桥梁工程、隧道工程、机电工程、交通安全设施、绿化工程、业主自管模式等。

本书适合高速公路建设施工人员学习使用,也可供高速公路管理人员学习参考。

图书在版编目(CIP)数据

连霍国道主干线兰州南绕城高速公路施工工艺 / 《连霍国道主干线兰州南绕城高速公路施工工艺》编委会编著. — 北京 : 人民交通出版社股份有限公司, 2020.3

ISBN 978-7-114-16076-9

Ⅰ. ①连… Ⅱ. ①连… Ⅲ. ①高速公路—道路施工—研究—兰州 Ⅳ. ①U415.1

中国版本图书馆 CIP 数据核字(2019)第 277706 号

Lian-Huo Guodao Zhuganxian Lanzhou Nanraocheng Gaosu Gonglu Shigong Gongyi

书　　名: 连霍国道主干线兰州南绕城高速公路施工工艺
著 作 者:《连霍国道主干线兰州南绕城高速公路施工工艺》编委会
责任编辑: 刘　博
责任校对: 孙国靖　魏佳宁
责任印制: 刘高彤
出版发行: 人民交通出版社股份有限公司
地　　址: (100011)北京市朝阳区安定门外外馆斜街 3 号
网　　址: http://www.ccpress.com.cn
销售电话: (010)59757973
总 经 销: 人民交通出版社股份有限公司发行部
经　　销: 各地新华书店
印　　刷: 北京虎彩文化传播有限公司
开　　本: 880 × 1230　1/16
印　　张: 11
字　　数: 321 千
版　　次: 2020 年 3 月　第 1 版
印　　次: 2020 年 4 月　第 2 次印刷
书　　号: ISBN 978-7-114-16076-9
定　　价: 120.00 元

《连霍国道主干线兰州南绕城高速公路施工工艺》

编写委员会

主　　任：李　睿

副 主 任：赵彦龙　盖宇仙　刘建勋　杨惠林　牛思胜

主　　编：赵河清

副 主 编：王晓钟　雍少宁　邹　虎　周维鼎　董立文　陶志金

编　　委：王生银　张宗琦　刘元太　王晓飞　徐　恕　牛　荣
赵　飞　康　文　严立群　潘　睿　殷　川　简　耀
韩星煜　王宝良　高淑霞　梁　成　赵　军　陶　睿
路　军　聂闻坤

统　　稿：陶志金　付俊峰　任文芳　付海红

前言

为践行公路交通工程“绿色公路”发展理念及加强生态文明建设的战略举措，助推公路建设高质量绿色可持续发展和建立引领示范，甘肃省以交通运输部将兰州南绕城高速公路列为省内第一条绿色公路主题性项目为突破，在高速公路创建绿色公路具体实施过程中，通过管理层与实施层各级参建单位的共同努力，以绿色低碳为总目标，全面深入推进“发展理念人本化、项目管理专业化、工程施工标准化、管理手段信息化、日常管理精细化”为内容的现代化工程建设管理进程，创新并推广使用了一系列最新工艺工法、施工技术及管理模式，并且经过全体参建人员和各单位的共同努力，将上述成果汇编成册，其中路基工程 3 项，路面工程 4 项，桥梁工程 5 项，隧道工程 8 项，机电工程 3 项，交通安全设施 4 项，绿化工程 3 项，业主自管模式 1 项。希望能够对甘肃省后续公路建设过程中进一步提升工程质量、提高施工效率、降低工程成本等起到一定的指导作用。

就此机会，谨向为此书编写提供资料的工程技术人员，向在本书编写期间给予辛勤指导的各位领导、同仁表示衷心的感谢！

编　者

2019 年 11 月

目录

|第一章|
路 基 工 程

第一节 灰土路基填筑施工工艺

一、准备工作

1. 人员方面

为保证优质、高效、环保、安全完成施工任务，项目部对路床施工进行了精心的组织，由现场负责人全面负责，工地试验室、设备材料、质检、安全和工程部门共同配合，配备经验丰富的劳务班组及足够满足施工要求的劳务人员。

2. 设备方面

配备自卸车、挖掘机、粉料撒布车（图1-1）、冷再生路拌机（图1-2）、压路机、装载机、平地机、洒水车、夯实机及小型机具等机械设备，确保数量满足施工要求。

图1-1 粉料撒布车

图1-2 冷再生路拌机

3. 原材料

工程所用土体及石灰等原材料，施工前在项目办、中心试验室及监理三方见证下委托甲级试验室检测，各项指标均合格。

二、施工工艺流程

1. 路床底面的施工准备

石灰土路床填筑前，路床底面表面应平整、密实，纵坡、横坡、压实度、宽度、高程均应符合设计要求。

2. 施工放样（图1-3）

恢复中线及边线（按规范要求加宽50cm），每

图1-3 施工放样

10m 设一断面，打设绑有铁丝的木桩，按照松铺系数准确标出摊铺土体顶面高程。

3. 备料

（1）施工前，对路基填料进行闷料（图 1-4）。

（2）将块状生石灰由加工制作厂制成熟石灰，烘干后使用球磨机研磨加工制作成 80μm 方孔筛筛余≤10% 的石灰粉，由散装罐车运送至现场，按照试验规范要求每车检验，有效 GaO + MgO 含量≥65% 的熟石灰方可注入粉料存储罐内，否则，退场处理。通过密闭运输和存储保证石灰质量。

（3）对用于填筑路床的填料进行标准击实、含水率、液限、塑限、加州承载比（California Bearing Ratio，CBR）等试验验证（图 1-5）。

图 1-4　洒水闷料

图 1-5　试验验证

4. 土体摊铺及含水率检测

根据试验段确定石灰土松铺厚度为 30cm，压实厚度 24cm。摊铺前，计算本层路床填筑所需土方量，结合自卸车吨位，用石灰线打方格网，按方量将每车土卸至网格内，保证摊铺整平后松铺厚度。自卸车卸土时专人指挥，卸土完成后，装载机粗平。土体摊铺宽度不小于设计宽度，纵坡、横坡满足设计要求，粗平完成后检验土体含水率（图 1-6），土体过湿进行适当翻晒，反之进行补水，使土体含水率大于最佳含水率 1 ~2 个百分点，确保石灰摊铺后土体含水率满足要求。

5. 整平初压

填料粗平后，平地机进行整平，压路机静压 1 遍，根据测量控制桩高程进行缺土填补和多余清除，使其表面平整，厚度、纵坡、横坡符合设计要求。

6. 石灰撒布

石灰采用粉料撒布车撒布（图 1-7），按照石灰土击实标准的最大干密度 1.824g/cm^3，最佳含水率

图 1-6　含水率检测

图 1-7　粉料撒布车撒布石灰

14.8%，计算出每平方米石灰用量24kg(松铺厚度30cm，含石灰)。粉料撒布车采用德国博世力士乐控制与液压传动系统、智能化控制系统，通过驾驶舱中的液晶显示屏设置撒布量，操作人员输入撒布的重量与宽度，系统自动计算相关参数进行撒铺施工。

7. 石灰土拌和

石灰土采用冷再生路拌机进行拌和(图1-8)，路拌深度要侵入下层5~10mm，以利于上下层的黏结，严禁在拌和底部留有素土夹层。石灰土拌和深度采用人工随机选点开挖检验。严格按试验段数据控制石灰土拌和速度，每次拌和宽度应重叠30~50cm，保证拌和均匀、无团无灰条、无灰或花面、无粗细颗粒窝或带，然后进入下道工序。

拌和过程中进行灰剂量(图1-9)和含水率检测。如含水率不足应采用自动补水装置进行补水，含水率控制标准为大于最佳含水率1个百分点左右；如灰剂量不足时应及时补灰重拌。

图1-8 路拌机拌和石灰

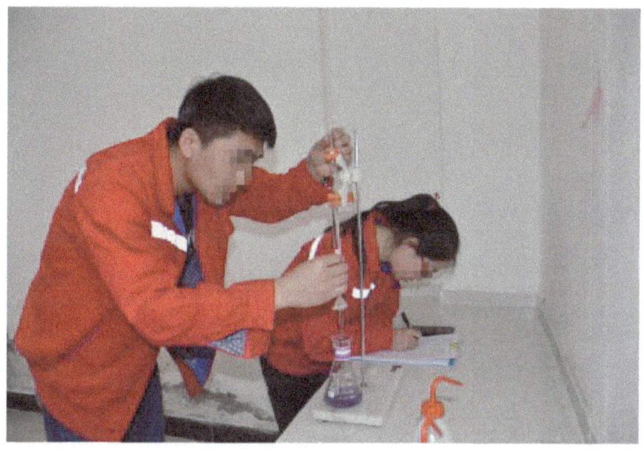

图1-9 灰剂量检测

8. 整平

石灰土拌和并经检测合格后，先用36t压路机静压1遍或28t羊足碾碾压2遍，再用平地机进行整平(图1-10)，直线段内由外侧向中心进行刮平，平曲线内由内侧向外侧刮平。每次整平都按照控制点高程进行，确保成型路基高程满足规范要求。

9. 碾压

灰土拌和并整平完成后立即在摊铺全宽范围内进行碾压(图1-11)，碾压流程为：

①静压+振动碾压法施工：28t羊足碾振动碾压2遍→平地机整平→36t压路机静压3遍→23t压路机静压2遍；

图1-10 平地机整平

图1-11 碾压

②薄层静压法施工:36t 压路机静压 1 遍→平地机整平→36t 压路机静压 3 遍→23t 压路机静压 2 遍。

碾压时,压路机轮迹重叠宽度不小于 1/3,直线段内碾压由两侧向路中心碾压,平曲线内由内侧向外侧碾压。碾压过程中,应达到无漏压、无死角,确保碾压均匀,如发现"弹簧"、松散、起皮现象,应及时翻开晾晒或换料处理。在碾压过程中,严禁压路机或汽车在已完成的或正在碾压的路段上掉头和紧急制动,压实后石灰土层表面应平整无轮迹或隆起现象,且压实度、高程、纵坡、横坡均应符合设计要求。

10. 压实度检测

采用灌砂法进行压实度检测,检验合格后进行养生,不合格时重新进行翻拌碾压。

11. 灰土路基施工工艺流程(图 1-12)

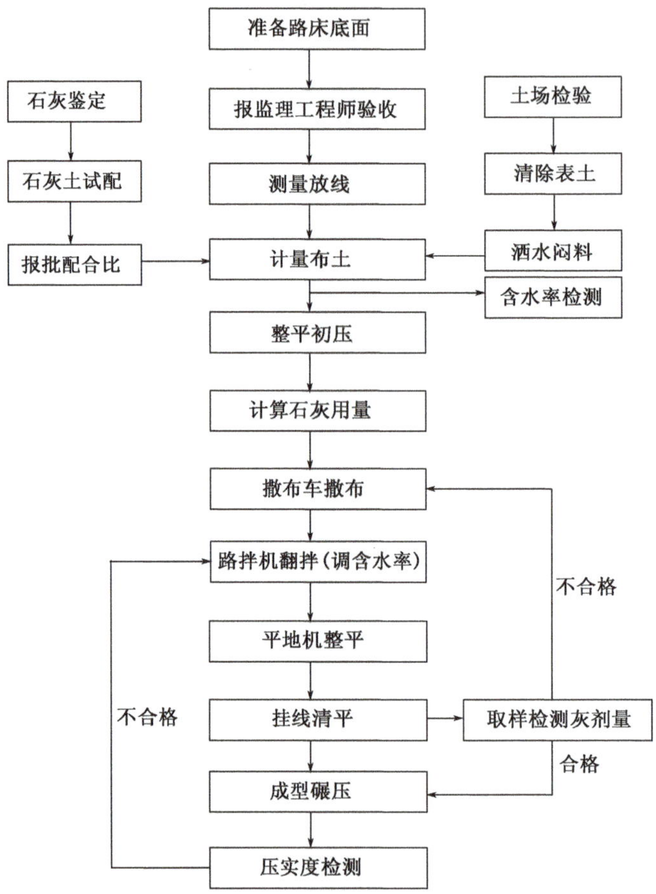

图 1-12 灰土路基施工工艺流程

三、施工工艺总结

(1)全自动粉料撒布车撒布石灰,大大提高了路基路床灰土填筑质量。它具有以下优点:①环保:它带有脉冲式除尘系统,有效减少扬尘污染;②精准:可动态称重计量,实时显示物料重量,并且可根据施工要求计算确定每平方米石灰用量,配合出料口的均整器,使石灰撒布更均匀平整,确保石灰含量符合设计要求;③高效节能:5 套独立系统,撒布宽度 0.25 ~ 2.25m 任意调整,撒布量在 5 ~ 50kg/m^2 之间可任意调整。

(2)冷再生路拌机拌和石灰土,具有以下优点:①粉碎、搅拌功能确保了湿陷性黄土路基石灰土拌和的均匀性;②自带调节含水率的装置实现了最佳含水率的有效控制,保障了路基路床成型后的压实度;③在拌和过程中无扬尘,绿色环保施工。

(3)36t 重型压路机薄层静压法施工在保证路基路床压实度的前提下，攻克了振动碾压对居民区建筑物正常使用和安全及居民的生活环境造成影响的难题。

第二节 石灰土回填台背施工工艺

一、前言

针对质量问题易发的桥、涵台背，明确桥涵台背回填标准化施工的工艺流程、操作要点，消除不合理的施工工序及工艺，提升台背回填的工程质量，以达到消除台背沉降质量通病的目的。

二、准备工作

台背回填应满足如下条件后才能进行施工：

(1)涵洞八字墙、盖板安装、铺底及支撑梁已施工完成。

(2)涵洞回填时，砌体砂浆和混凝土强度须达到设计强度的 85%。

(3)基坑若有积水应及时排出，并清除基底被水浸泡过的软土。

三、施工工艺流程

1. 测量放样

根据设计图纸及施工规范要求，放出台背回填过渡段范围，并使用石灰撒出台背回填施工边线。具体施工工艺流程见图 1-13。

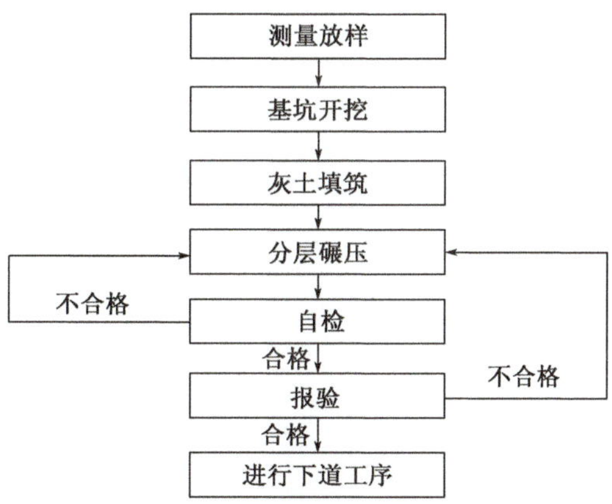

图 1-13 施工工艺流程图

涵洞台背回填过渡段范围为：顺路线方向长度，底部距涵洞基础为 H，顶部距侧墙 $2H$（H 为基础底面至盖板顶面高度，且不小于 3m），具体见图 1-14。

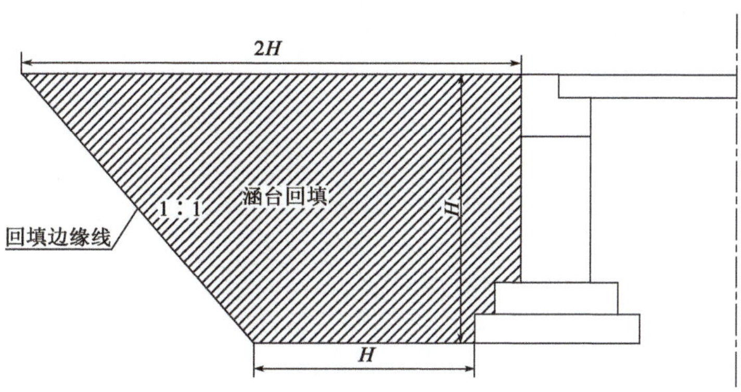

图 1-14 涵洞台背回填示意图

桥台台背回填范围：桥梁台背回填按照设计开挖放坡，整体坡度按 1∶1.5 控制，底部宽度为 5m。

2. 基坑开挖

根据回填范围进行开挖，开挖采用挖掘机配合人工的方式，结构物 50cm 范围内使用人工进行开挖，避免机械对结构物造成破坏。将台背回填施工范围内的非适用性材料清理干净，并开挖好临时排水沟，将地表水引至施工范围外。

场地清理完后，对原地面进行碾压，压实度要求为不小于 90%。当地形坡率陡于 1∶5 时，清除原地面植被后，用推土机或人工挖台阶，台阶宽度不小于 2m，台阶高度不大于 1m，做成 2% ~4% 的向内倾斜坡，涵洞底部宽度不小于 3m，桥梁底部宽度为基础外沿 5m，并能为机械作业提供充分的工作面。台阶开挖如图 1-15 所示。

图 1-15　台阶开挖

3. 回填石灰土

石灰土宜采用集中场拌，以确保灰土拌和的均匀性与稳定性；通过现场检测监控实际含水率，应控制在大于最佳含水率 1 ~2 个百分点。在摊铺前，应使用油漆在涵洞墙面画出水平横线（图 1-16），每 15cm 一道，并在横线上标注出填筑层次。台背回填分层的压实厚度控制为 15cm，松铺厚度控制为不大于 20cm。

a)

b)

图 1-16　分层刻度

4. 分层摊铺，分层碾压

摊铺：采用机械辅以人工进行摊铺，不平的部位人工进行找平。整平过程中露出的超粒径石块要及时挖除，大石块挖除后留下的坑洞，要填补至略高于整平层的表面。

碾压：使用柳工 20t 压路机进行碾压，顺序先由两侧向中间碾压，然后再由中间向两侧碾压，两行之间的接头重叠 1/4 ~1/3 轮迹，三轮压路机重叠后轮的 1/2。尽量采用多遍静压，特殊情况或者距台背结构物较远的部位可采用微振碾压，严禁使用强振碾压。碾压过程中出现的空洞、孔隙部位，应人工配合机械补充细料，再进行碾压，局部死角位置使用小型冲击夯夯实（图 1-17）。在大型压路机压实以后，采用高速液压夯进行补强处理（图 1-18）。每填筑 2m 及路床顶时再夯击补强一次，可明显提高回填土密实度，加速消除一定深度内回填土的沉降，从而减少施工后沉降，避免桥头跳车现象，有效提高回填土工程质量。

图 1-17　小型冲击夯夯实

图 1-18　高速液压夯补强

5. 试验检测

压实度采用灌砂法检测，并实行"一层一检"制，压实度不小于 96%。每层施工完成后报监理工程师进行检验，检验合格后方可进行下一道工序的施工。

6. 台背预压

在涵台台背回填达到设计高程后，按照设计要求进行预压，预压期不少于 90d。

四、质量保证措施

（1）台背回填必须在地基稳定的条件下进行，凡地基中有软土或地下水的，必须采取措施稳定基底。

（2）对于每处结构物台背回填，都应安排专人负责，挂牌画线施工，每处台背回填都必须进行拍照，并与检测资料一并存档。

（3）选择合格的和级配良好的天然砂砾，并控制砂砾的含泥量不大于 5%。

（4）涵洞台背回填时两侧宜对称同时进行，若因条件所限不能同时进行时，两侧填土高差最大不得超过 1m。

（5）设计在填方路段的涵洞要提前施工，涵洞两侧填土应特别注意，八字墙与墙身夹角的压实采用小型夯机夯实，严禁出现没有压实的死角。

第三节　液态粉煤灰回填结构物特别压实区施工工艺

一、前言

因施工条件限制，台背、桥台底部、钢波纹管涵底部两侧以及盖板涵涵背等采用石灰土、砂砾土回填，压实度均有可能无法满足设计要求。这些部位通常被称为特别压实区，给施工带来相当大的难度，采用液态粉煤灰进行回填，可以较好地解决这些薄弱部位压实度不足的问题。

二、施工技术准备

按相关试验规程要求，反复调整水泥、粉煤灰、水、减水剂的用量，确保满足强度和稠度要求的最经济的混合料组成。以强度控制为目标，以混合料稠度控制为手段，选择不同比例的几组水泥和粉煤灰，每组混合料添加不同比例的水和减水剂，制作室内试件，在标准养生条件下检测28d抗压强度，取强度、稠度都能满足要求且经济效益较好的一组掺配比例作为理论配合比。

1. 技术规范

熟悉相关技术规范和各道工序的检验、验收标准。

2. 工序分工

对工序进行分工，责任到人。

3. 人员准备

建立健全现场施工组织结构。配备主管副经理1名、主管技术责任人1名、每个工作面现场负责人1名、技术员1名、工长1名、测量人员1名、夯实机操作手2名、浇筑工人2名、其他杂工3~5名。

4. 材料准备

粉煤灰：进场粉煤灰质量应符合图纸要求的指标。

水泥：选用强度等级42.5MPa水泥。经监理验收合格后方可使用。

水：饮用水。

外掺剂：高效减水早强剂。

5. 机械设备准备

装载机(Z50型)、挖掘机、压路机(20~22t)、混凝土搅拌运输车、小型冲击夯、自制溜槽、拌和设备(1~2套)(必须在项目拌和站集中拌和，然后运至现场浇筑)、铁锹若干。

6. 现场准备

根据设计确定的回填范围清理和准备施工现场。基底及原地面无虚渣、浮土、积水，并夯实整平，基底及原地面压实度达到设计要求。包边土、台前土需垂直开挖修整，与路基接茬部分要开挖到硬茬，与主路基接茬面质量要达到设计要求。

三、施工工艺流程

1. 测量放样

根据台后填土高度、边坡坡率测放出台背回填的施工范围，并予以明显的标识。标识出液态粉煤灰和包边土的施工范围。

2. 台阶粗开挖

台背填筑范围标识后，按图纸设计(图1-19)的尺寸对台后填土进行粗放的台阶开挖，但原地面的台阶平面尺寸要满足图纸宽度要求，以便对基底松软土进行开挖回填。

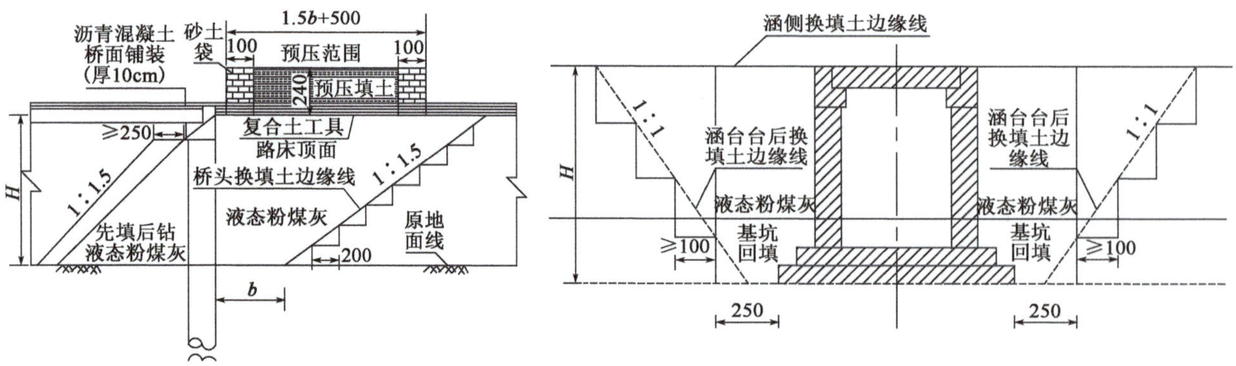

a)柱式桥台纵断面图　　b)涵台台后回填图

图1-19　台背设计图纸(尺寸单位：cm)

3. 基坑验收

基坑开挖清理夯实完成后，需对基底进行压实度等指标进行验收（图1-20），满足要求后方可进行回填工序。

4. 台阶精细开挖

原地面处理完成后，根据当前填土高度和图纸设计的台阶开挖尺寸（宽2.0m×高1.0m）进行台阶的精细开挖（图1-21）。开挖形成的台阶表面必须平整，质地要坚实，无松散，且棱角分明。如已开挖到设计尺寸后，台阶压实度仍不满足要求，需继续向后开挖，直至合格为止。

图1-20　基底压实度验收

图1-21　台阶精细开挖

5. 施工包边土（图1-22）

（1）为保证压实设备的施工工作面以及台后修整面和坡面刷坡后的密实度，包边土在填筑过程中每侧宜宽出设计边线不小于25cm。包边土内壁采用人工进行精细修整，确保内壁竖直，表观密实。

（2）包边土尽量选择塑性指数大于12的路基填料土。

a)　　　　b)

图1-22　施工包边土

6. 浇筑液态粉煤灰

浇筑之前，需对基槽四周进行检查，确保密实，无缝隙或敞口现场，避免出现渗流现象，并对内壁进行润湿。

混合料运输就位后通过自制溜槽注入基槽内（图1-23），混合料拌和运输能力应保证现场浇筑过程连续。混合料自由倾落高度不宜大于2m。

混合料浇筑完成后用人工对表面进行整平（图1-24）。

图 1-23　基槽浇筑粉煤灰

图 1-24　基槽人工平整

(1)养生

每次灌注完成,待初凝后,用土工布进行覆盖养生(图 1-25),一直保持表面湿润。强度增长过程中会出现表面开裂现象,可用 1∶2 的水泥浆进行灌缝处理。

a)

b)

图 1-25　覆盖养生

(2)检查验收

以上每道工序完成后均需报现场监理工程师,对回填范围(几何尺寸)、压实度、混合料的拌和质量、强度进行检查。全部符合要求后方可进行下道工序施工。

四、质量保证措施

(1)必须保证基底及原地面处理压实度达到规范和设计指标的要求,否则会发生沉降或变形。

(2)回填盖板涵、盖板通道、箱涵等小型结构物台背必须两侧同时进行。对于装配式面板的轻型桥台必须在梁板安装完成后才能回填。

(3)液态粉煤灰的保水能力较差,比较容易泌水。为尽可能地获得较高的强度,必须及时将积水清除,并进行 2 ~ 3d 的晾晒,使水分尽量蒸发。

(4)台背卸载以后应抓紧时间进行回填,避免基底出现反弹。

|第二章|
路 面 工 程

第一节　混凝土面板滑模摊铺施工工艺

一、前言

随着混凝土滑模机在工程施工中的应用，其工艺的优越性也愈发凸显，从路肩、水沟一次性滑模成型到混凝土面板施工的一次成型，项目施工越来越多地使用了混凝土滑模机械，极大地减少了人工支模的工作量，提高了生产效率。

二、工艺特点

项目服务区混凝土面板施工使用了 SMC-6500 型滑模摊铺机。其主要性能特点是：整机模块化组合；全液压驱动；四履带行走；采用 CAN 总线通信技术，具有故障诊断功能；设有自动驾驶和自动找平控制系统；作业满足国家机动车排放标准第三阶段限值要求；作业时可一次性完成水泥混凝土摊铺、刮平、振捣、捣固、挤压成型路面的工序。它具有作业速度快、施工质量好、自动化程度高的特点。

三、施工工艺流程

1. 测量放样，架设传感器的基准样线

一般基准样线的长度为 200m 左右（保证合适的张紧力和样线精度），左右基准样线离待铺的混凝土路面 1.1m 左右，高度为铺厚以上 0.2m，每两个线桩距离直线为 10m、弯道为 5m 左右（图 2-1）。复测基准样线，使高程和位置的精度均能够满足施工的要求。

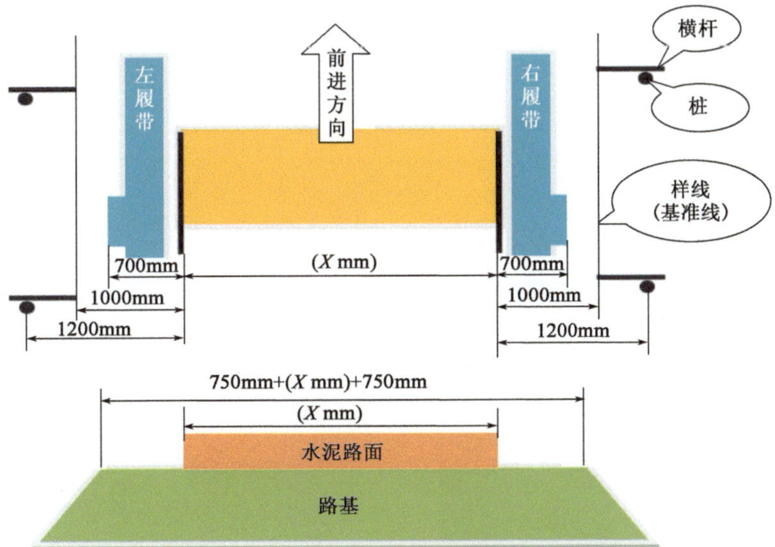

图 2-1　测量放样

2. 摊铺机调整和就位

(1)首次摊铺前应对摊铺机初始位置、参数、车架水平度进行调整(图2-2),然后空机挂线行走10～15m,要多次确认无误后方可进入下一步骤。

(2)采用基准桩或基准线法校准抹平板高程,首先起动发动机,启用4个找平传感器,调至抹平板前后端碰到基准桩,然后调出抹平板的进料角。调好后,启用自动转向传感器,自动行走10m左右,看侧模板前后是否与基准线平行,平行就退至起始位置再校核1～2遍。

3. 混凝土卸料

(1)混凝土通过自卸车运到现场,必须要有专人引导卸料。

(2)卸料高度不应超过1.5m,卸料时尽量不要堆积太高。

4. 挖掘机布料

布料(图2-3)尽量使混凝土在全宽方向上厚度均匀,中间可高一点。布料高度一般比成型后的路面高出10cm,布料长度要达到5～10m。

图2-2　滑模摊铺机组装调整

图2-3　混凝土摊铺,挖掘机配合初平

5. 摊铺机摊铺

(1)打开自动找平和自动转向传感器,向前行驶,当螺旋接触到混凝土,根据料的情况进行二次布料,刮平板提起使料尽量多地进入振动料仓,振捣棒接触到混凝土后开动振动棒和夯板,抹平板和左右侧模板把振实的混凝土通过相互挤压,最终按预定形状完成支撑层的挤压成型(图2-4)。

图2-4　面板滑模成型

(2)摊铺机应匀速连续摊铺,不得随意停机和改变摊铺速度,速度一般控制在1～1.5m/min,振捣频率宜9000r/min左右。

(3)在摊铺5m内检测支撑层的平整度和高程并修正机器参数,合格后继续施工。

6. 修整

滑模施工后,在初凝前完成边角修整和人工砂浆抹面修整,并保证平整光洁。

7. 切缝

路面摊铺完成后,一般在6h内按照工程要求的尺寸进行切缝施工,释放表面应力。

8. 养护

路面摊铺完成后,及时覆盖洒水养生。可采用土工布加塑料布双层覆盖、四周压紧的方法,并始终保持表面处于湿润状态。

四、质量控制措施

对面板滑模施工的各工艺环节的各项质量标准做到及时检测，根据检测结果对施工进行动态控制，保证施工各项质量指标合格、稳定。在混凝土面板滑模施工中，质量控制重点有以下几个方面：

（1）控制面板厚度，根据设计高程，将水稳基层顶面复测，按照面板顶面设计高程，同时考虑横、纵坡放出仪器基准线。

（2）严格控制纵向线形，钢丝绳必须做到平顺。

（3）混凝土配比及坍落度满足滑模机施工要求。在滑模成型后，表面有一层不小于1mm的细浆，边部顶角边线分明，同时，边部侧面也保证有不小于1mm的细浆，整体是一个光面，所以，砂率是控制中的一个关键点。

第二节　路面3D数字化摊铺施工工艺

一、前言

1. 数字化施工概念

“数字化施工”的概念就是运用计算机、定位、自动控制以及可视化等技术，将工程建设整个过程数字化、信息化、智能化、可视化，从而达到现代化施工建设的目标。数字化施工包含的内容十分广泛，涉及众多领域的知识和技术。它不仅仅可实现由计算机代替传统的手工制作报表，还可以互联网为依托，实现施工过程信息的共享；借助计算机仿真技术，更加准确、高效地配置各生产要素和预测工程的未来进展；以数字化为基础，利用可视化技术将施工过程由文字和图表转换为立体图形，以更加直观的形式辅助决策。

数字化施工与管理是大型建设工程现代化的需要，也是数字化时代的必然趋势。数字化施工以其所倡导的“安全施工、绿色施工和高科技施工”的理念，受到越来越多国内外施工单位的青睐！

2. 数字化施工的发展前景

在国外机械控制系统已经非常成熟，为施工单位提供完整的联合施工解决方案，可以把施工的各个相关单位密切联系起来，施工信息可以通过统一平台在施工的相关单位进行分发和分享，实现工作的协同，提高工作效率。机械控制技术由于其在应用中的实际效果和操作的便利性，在铁路、道路、机场、大坝、河道、矿山、垃圾填埋、港口、城市建设等领域得到了应用。

数字化施工是工程机械应用于工程施工的发展趋势。传统的工程方式是操作人员看图纸，根据自己的操作水平去使用工程机械来达到工程预期的效果，而未来可以转换成工程机械能够读得懂的数据，数据会控制机械操作，减少人的控制和误差。数字化施工解决方案的应用为当今工程建设技术革命带来了新的突破。数字化施工技术未来一定会得到广泛的应用推广，而且会成为一个主流。

二、工艺特点

1. Leica PaveSmart 3D摊铺自动控制系统工作原理

Leica PaveSmart 3D摊铺自动控制系统主要由三维位置定位系统、车载控制系统和3D摊铺辅助软件等三部分组成。系统工作时，机械控制全站仪将捕获和测量安装在摊铺机桅杆上的360°棱镜的三维坐标数据，通过摊铺机系统上的超级蓝牙电台，实时传送到摊铺自动控制系统的MPC1310主控制箱中，主控制箱将获得的当前坐标信息与设计卡中的三维数据进行对比，生成相应的坐标高程修正信息并传递摊铺机左右两侧边控箱，这时再由边控箱生成对应比例驱动信号，通过液压阀驱动摊铺机牵引臂液压油缸，使熨平板进行相应方向的调整和修正，从而使摊铺路面产生坡度和高程变化，弥补路面波动，实现所要求的路面平整度，在具体施工过程中实现了道面摊铺的精确控制。

2. Leica PaveSmart 3D 摊铺自动控制系统组成

1）Robot 61 全站仪基准站

每套 3D 摊铺机控制系统建议配置三台 Robot 61 全站仪（图 2-5），其中两台机械控制全站仪主要用于引导 Leica PaveSmart 3D 摊铺自动控制系统现场施工，另外一台测量全站仪用于实时检测已摊铺面与设计面偏移量和摊铺过程中“蛙跳”。

a)

b)

图 2-5　全站仪测量

2）Leica PaveSmart 3D 摊铺自动控制系统

Leica PaveSmart 3D 摊铺自动控制系统车载设备主要包括 1 台主控制器、2 台控制手柄、2 个 360°棱镜、1 个横坡传感器、2 台车载电台、2 个接线盒以及连接线缆。

（1）MPC1310 主控制箱。MPC1310 控制箱内置蜂鸣器，引导设备操作员操作；背光触摸按键使用方便；实时的多任务处理操作系统；先进的 LCD 显示屏具有亮度调节和多视角查看功能；外壳设计采用 100% 压铸铝材质，内部零件连接紧凑；置于控制箱内的标准数据卡，使数据传输变得非常简单。

（2）MOBA-Matic 控制器。MOBA-Matic 控制器可以储存多种不同机器的液压设定模式。通过液压模式，可以为不同的机器选择相应的液压模式。可精确显示施工表面横向坡度。控制盒上两个明亮的按钮提示，可帮助使用者在烈日或夜晚轻松监测使用。

（3）360°棱镜。其主要作用是定位反射，实现全站仪角度、距离、位置测量。360°全方位棱镜在水平方向上对任何角度入射的型号都能测量，特别适用于动态测量目标。坚固的设计保证了其在最恶劣的工况下正常使用。

（4）横坡传感器。它的设计解决了沥青摊铺时振动和铁构件高温挠度的影响。现场实际操作表明在摊铺路面时，其准确性和一致性在坡度偏差为 0.5% 内是基本可控的。现场使用时，采用横坡传感器控制熨烫板进行随动，保证施工面坡度数值，确保摊铺施工过程更平稳。

3）Leica PaveSmart 3D 摊铺自动控制系统辅助软件

（1）iCON Site Software。iCON Site Software 为工程施工专业设计的软件，用于现场施工管理、现场测量放样工作、现场检测及其工程机械施工引导和控制。

主要功能：设计和工作流，包含测量、放样、线放样、草图、体积计算、机械控制校准、挖填方计算等功能；支持单人独立测量；支持远程信息管理系统 iCON Telematics，实现办公室与施工现场文件共享；定位跟踪等功能。

（2）iCON Office Software。iCON Office Software 是为所有机械控制产品设计的办公室软件。

主要功能：用于设计三维图形及数据准备；用于数据转换，输入和输出；用于 CAD 制图，与 CAD 数据格式自由转换；模块化设计，支持道路模式成图；支持地形模型成图和体积计算，支持分截面的体积计算，支持隧道模式成图；支持格网分析，可以进行测量、计算的数据统计分析以及格网质量分析。

三、施工准备

1. 摊铺数据准备

内业数据准备工作主要是将设计数据和图纸进行三维数字模型建立，即利用3D摊铺系统配套的软件将原有的工程二维设计蓝图转化成机械设备、测量设备能够自动识别的三维电子设计图。传统的工程设计借助于Moss（MX Roads）、AutoCAD等软件实现了二维和三维的工程设计，然而这些设计仅仅停留在电脑或图纸显示上，无法真正应用于施工机械上。这就产生了设计和施工的脱节，降低了设计文档的使用效率。

2. 施工现场准备

施工前正确连接Leica PaveSmart 3D（以下简称徕卡3D系统）控制系统各个元部件，设置施工表面相对于设计表面的正确偏移量，作为引导基准的全站仪追踪到360°棱镜后，系统即可在手动状态下进行施工。由于系统采用“高程 + 坡度”控制，所以当摊铺机在填筑表面左右高程满足设计要求并稳定后，需要对系统的高程和横坡传感器进行校准，校准完成后系统开始在自动模式的状态下进行摊铺工作，在施工过程中通过微调控制器左右两侧上升下降按钮的偏移量，来满足摊铺表面左右高程要求。

四、准备工作

1. 系统安装与调试

摊铺机机械、电气、液压系统达到设备出厂使用要求；系统安装有足够平整的场地，配合电焊、电钻作业。

2. 现场测量控制点加密及控制点精度检核

内容略。

3. 试验段数据设计

需要测量人员配合提供如下资料：线路设计水平定线参数，包括交点坐标、曲线要素等；线路设计垂直定线参数，包括变坡点里程、高程、曲线要素等；线路设计标准横断面图，以及曲线段超高、加宽的设计参数；线路设计逐桩坐标（最好是三维点坐标）；施工区域至少有3个以上互相通视控制点坐标。

五、施工工艺流程

1. 施工摊铺阶段

（1）确定摊铺机行进方向、施工段落的松铺系数。

（2）全站仪架设位置选取和环境检查，管理现场车辆，及时调度辅助施工人员，防止出现遮挡仪器现象的发生。

（3）系统正确配置、施工。

（4）实时的摊铺表面检查。

2. 施工过程中需注意事项

（1）全站仪。设站：选择控制点注意不要与全站仪在一条直线上。设站不通过时，全站仪精度调整为中级或低级。设站位置尽量远离大型机械作业范围。架设位置尽量不要设置在摊铺机正前方或正后方。

（2）摊铺机。起步：垫好枕木后需要调整羊角标尺至合适位置。正常起步后，初期40m以内做好复测工作，及时调整设备。接线时注意分清接线盒的左右。发现羊角标尺大幅度变化时，停机检查全站仪及设备是否正常。

（3）3D建模和数据加密软件。进行数据3D建模时避免将边桩坐标复制错误。完成数据3D建模

(图 2-6),通过电脑先用模拟器检查是否能够正常导入。

a)

b)

图 2-6　3D 建模

3. 技术经济指标

数字化作业应用前景广阔,是建筑工程行业未来几年发展的趋势,是落实“品质工程”、推动科技创新、提升路面行业水平的一个好平台。徕卡 3D 系统独立,无须对接卫星,不受信号影响,控制精度高。可代替和减少人工:传统工艺施工面两侧放线、钉钢钎、挂钢丝需要 4 ~ 6 人,两台摊铺机两侧看仪器需要 4 人,先行摊铺机内侧走铝合金需要 3 人,使用徕卡 3D 系统可减少 8 ~ 12 人。

传统工艺是放点挂线,线形与高程控制有折点与拐点。徕卡 3D 系统通过坐标与高程控制、控制点可根据需求进行加密,线形与高程更符合设计与实际使用需求,可消除拐点。提高施工速度,徕卡 3D 系统通过红外激光捕捉棱镜位置角度、再经电台传输信号实现联机自动控制,理论上夜间作业不受光线影响,可 24h 连续施工。同时徕卡 3D 系统可以代替传统人工测量,提高施工速度。提升安全方面,徕卡 3D 系统可代替人工在不利环境作业,减少人的不安全因素,实现联机自控与数据实施监测。在挂钢丝方面,根据设计坐标及高程,通过测量放样点位,挂钢丝,提供摊铺机铺筑高度,支撑侧模或撒灰线控制路线与行进方向,以点连线,数据不能全覆盖,有拐点。

平衡梁:通过红外线或激光探头采集平衡梁长度范围内 3 ~ 4 个点位数据,进行平均计算后分配数据控制摊铺高度与横坡。铺筑层无高程限制,受下承层影响大。

六、施工工艺总结

(1)提高效率缩短工期,避免返工。徕卡 3D 系统代替人工测量控制摊铺机,不仅不会造成人为误差导致返工,而且可以实现 24h 全天候不间断的施工作业。

(2)节约建设成本。无须打桩放样,无须进行人工测量,可以大大减少工程等待的时间,提高机械使用效率,减少重复推平,降低油耗,节约物料等;把数字化模型放到机械控制中,可以确保在第一次施工中就可达到要求。

(3)实现施工过程透明化,掌控施工质量。可以实时了解到现场每个施工面施工状况,同时还可以提供施工报告,进而掌控施工的过程。

(4)确保人员、设备和施工的安全,减少施工事故。因为可以实时监控施工现场,知道人员、设备、机器的位置,同时因为减少了人机混合作业的时间,避免了事故的发生,保证了施工安全。

第三节　路肩滑模施工工艺

一、前言

路面附属施工,已越来越多地向将整体机械化施工侧重,其优质的产品和良好的工作效率,在施工中愈发凸显,避免了太多人为因素带来的质量通病,为打造"品质工程"奠定了扎实的机械保障。

二、工艺特点

路肩滑模施工采用维特根 SP15 水泥滑模摊铺机。其主要性能特点是:模具可居于左侧或右侧进行侧铺,可以始终顺交通流施工,避免了搅拌运输车车掉头带来的施工拥堵现象。该水泥滑模摊铺机的最大摊铺高度为 1.3m,最大摊铺宽度为 1.8m。混凝土振捣采用电动振捣系统,并排连接 5 根振捣棒,振捣均匀,避免了人工振捣出现的漏振现象。

三、工艺流程

1. 工作面准备

根据图纸设计要求,将路肩施工部位的下承层边部松散的部位清楚,覆盖好防渗土工布,考虑到斜边石子滑落的现象,将土工布塑料面朝下。碎石撒布(图 2-7)完成后,铺设钢筋网片。

图 2-7 碎石撒布

2. 测量放样,架设传感器的基准样线

基准样线(图 2-8)由测量队放出的边桩向路面内侧平移 3.75m(根据机宽和仪器的距离而定),每两个线桩距离直线为 10m、弯道为 5m。为了减少钢钎对路面的破坏,可采用铝合金导杠的施工方法,同样满足施工要求。

复测基准样线,使高程和位置的精度均能够满足施工的要求。

a)

b)

图 2-8 架设基准样线

3. 摊铺机调整和就位(图 2-9)

(1)路肩滑模摊铺机的模具根据图纸设计要求的断面尺寸加工成型,置于滑模机侧向。模具前端安装洒水装置,保证混凝土接触面的始终湿润,对于防止混凝土开裂有很好的作用;同时,模具上方安装的水管也能起到配重的效果,可以防止模具因混凝土挤压引起的上浮。

(2)采用基准导杠校正好仪器高程,仪器开启,在起步阶段每隔 1~2m,用钢板尺测量路肩高度,及时调整找平仪器,待滑出 5m 左右,完成高程和纵向线形的调整。

4. 混凝土卸料

采用混凝土搅拌运输车直送的形式(图 2-10),施工方向为下坡路段时,搅拌运输车与滑模机采取刚性连接方式,滑模机推动搅拌运输车同步行驶;施工方向为上坡路段时,搅拌运输车与滑模机不采取连接推动的形式,人工指挥搅拌运输车行驶,搅拌运输车的后方连接一个托盘,防止混凝土掉落污染路面。

图 2-9　摊铺就位

a)　　b)

图 2-10　混凝土卸料

5. 摊铺机摊铺(图 2-11)

打开自动找平和自动转向传感器,向前行驶,混凝土输送皮带将混凝土输送至下料槽中,下料槽的混凝土流入模具入口,进入到安装振捣棒的模具中,一次摊铺成型。

摊铺速度根据混凝土外观的好坏控制,一般摊铺速度为 2 ~ 3m/min 最佳。

滑模摊铺机的找平仪器始终有一个熟悉的施工人员控制,并在摊铺时,经常测量高程和纵向线形。

6. 修整

路肩滑模施工后,对滑模摊铺机施工后的边部(即与沥青接触面),人工用 6m 铝合金将顶边线处靠紧、抹平,防止出现边部塌边情况,外侧边线用施工线带线处理。

滑模机后安排 12 人左右,对顶面、侧面人工收面处理、抹平,通常需要进行 3 次收面,最后收光后覆盖好塑料薄膜。

7. 养护

覆盖薄膜后,用压袋将沥青侧边部和顶面压实(图 2-12)。时时检查塑料薄膜内是否有水珠,如发现内部混凝土表面干燥,进行补水后,覆盖好塑料薄膜。

图 2-11　摊铺机摊铺

图 2-12　压袋养生，整齐美观

四、质量保证措施

对路肩滑模施工要重点控制好混凝土的配合比（表 2-1），其要满足抗压强度、工作性、耐久性和经济性的 4 项基本要求。保证滑模施工的最佳工作性及其稳定性和可滑性是其独特工艺要求。

护肩滑模混凝土振捣要密实，不应产生蜂窝、麻面、拉裂和倒边现象。严格控制纵向线形，对导杠的线形做好施工过程控制。

混凝土配合比　表 2-1

类别	水泥强度等级	水灰比	砂率	水泥	砂	碎石			水	坍落度	强度
规格	C20					5～10mm	10～20mm	16～31.5mm			28d
单位				kg	kg	kg	kg	kg	kg	mm	d
用量		0.60	41	317	797	344	802		190	30～50	29.9

第四节　高等级公路沥青路面施工信息化管控施工工艺

一、前言

在“一带一路”倡议交通先行的背景下，“十三五”期间我国公路基础设施建设将处于集中建设、加速成网的关键阶段，甘肃省公路里程不断增加，交通量及其轴重越来越大，这对建立高质量的沥青路面的要求也越来越高。因此，如何保证施工质量，延长沥青路面使用寿命，是目前面临的一个重要问题。

随着我国工程信息化的建设，现代信息技术与交通建设融合应用，近年来多个公路路面工程项目施工中，应用信息化技术对现场施工影响较大的因素进行监控，实现了由效率低的事后检测向实时监控并控制的突破，提高了沥青路面质量和管理效率，节约了建设与管理成本。

二、工艺特点

（1）通过在运输车上安装电子围栏系统，实现对原材料运输路线的监控，保证材料来源。

（2）通过沥青指纹识别系统，分析未知沥青红外光谱图，在施工现场，快速检测和分析沥青质量，做到沥青车车抽检。重点解决省内公路建设中原材料沥青的质量控制问题,确保稳定的沥青供应。

(3)通过安装视频监控系统,对重要施工场所施工作业规范性、安全操作规范性的监控以及关键位置、安全隐患较多区域的场景监控,实现安全隐患动态排查。

(4)通过在沥青路面拌和、运输、摊铺及碾压环节布设各类传感设备及定位设备,对沥青路面施工过程中的关键数据进行实时监测、统计分析和反馈,实现现场实时指导和远程监管的作用,提高公路工程施工质量及施工管理效率。

三、适用范围

本技术适用于高等级公路沥青混凝土路面施工。

四、工艺原理

沥青路面施工具有点多面广、设备繁杂、动态移动、线路较长等特点,难以固定于某一处和某一台设备,因此本技术综合考虑设备的适用性和可靠性,采用一个中央处理器和多个信号采集发送端,结合移动3G网络技术,进行数据采集、录入和分析。主要工艺原理如图2-13所示。

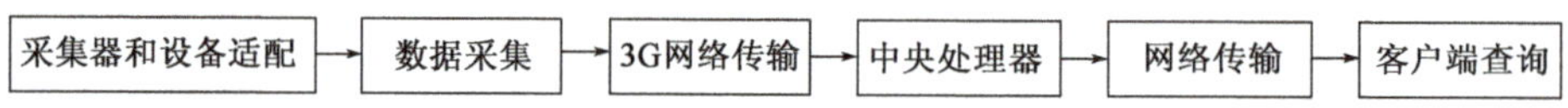

图2-13　工艺原理简介图

1. 采集器和设备适配

针对现场设备条件选择合适的采集设备和电源设备,实现在不影响设备正常使用的情况下进行采集设备运行。

2. 数据采集

配置相应的数据采集器对所需的参数进行采集,并通过信号模拟器和转换器进行数据的存储和解读。

3. 3G网络传输

使用手机卡,实现现场数据可移动传输。

4. 中央处理器

采用统一数据处理器,实现数据的接收和处理,并便于后期的数据分析和反馈。

5. 网络传输

内容略。

6. 客户端查询

通过客户端,管理人员和现场人员可及时查询所采集的数据,以便于对现场实施监控。

五、施工工艺流程

1. 电子围栏系统

电子围栏系统主要是对碎石集料的运输起止点监控,主要实现的是通过对集料运输车辆的全球定位系统(Global Positioning System,GPS)定位监控、碎石集料运输起终点的监控确保运输路线的正常进行。即对某一个运输区域进行划分,当运输车辆驶出该区域时进行报警。原材料运输管理系统是采集集料在整个运输过程中的运输起止点、运输路径、运输时间、运输时长等信息。

电子围栏系统可以加强建设单位对原材料供应合理化的宏观调控,保证材料的来源可靠且供应材料的场站和作业面之间的运输路径固定,避免错线运输等问题的发生。

系统配置流程如图 2-14 所示。系统应用效果如图 2-15 所示。

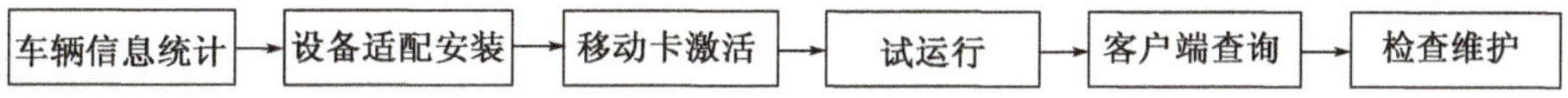

图 2-14　系统配置流程图

图 2-15　系统应用效果图

2. 沥青红外光谱指纹识别快速检测系统

沥青红外光谱指纹识别快速检测系统(图 2-16),通过建立沥青指纹识别数据库,采用沥青指纹识别仪(图 2-17),分析未知沥青红外光谱图(图 2-18),在施工现场,快速地检测和分析沥青质量,做到了对沥青车车车抽检。重点解决省内公路建设中原材料沥青的质量控制问题,确保稳定的沥青供应,克服了三大指标体系评价不准的缺点和美国公路战略研究计划(Strategic Highway Research Program,SHRP)评价体系昂贵且费时费力的缺点。实现了由效率低的事后检测向实时监控的转变。能帮助建设单位提高施工效率,保障路面质量,具有广泛的社会和经济效益。

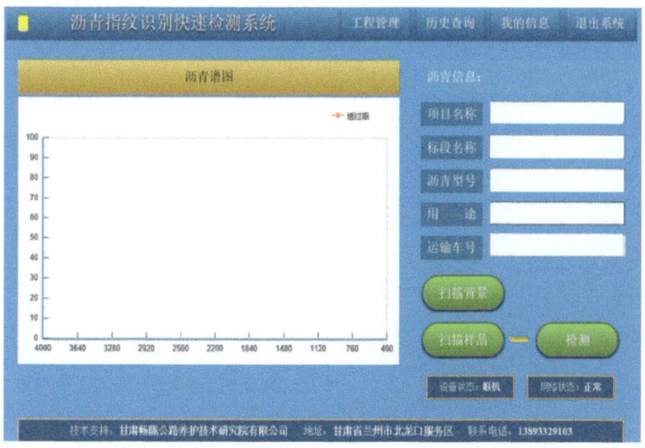

图 2-16　沥青指纹识别快速检测软件

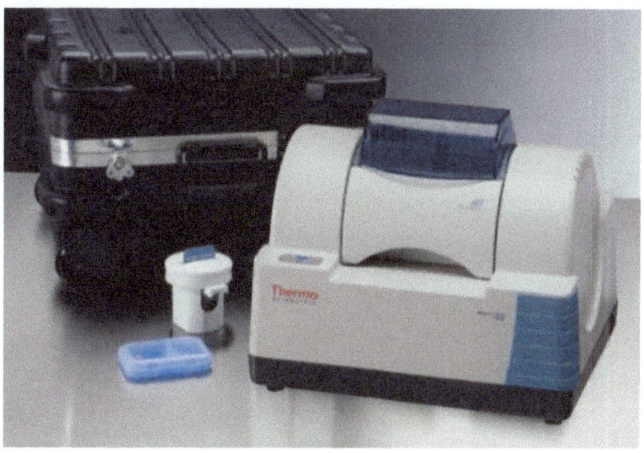

图 2-17　便携式沥青指纹识别仪

具体检测流程如下:

(1)送检标样沥青,确定使用沥青品牌。沥青厂家提供中标沥青的质量检验单,由项目建设单位、监理单位、施工单位和沥青供应商共同见证取样,做到每车必检。中心试验室检测沥青全套物理指标,采集沥青红外光谱图,国标数据无异常,与该品牌沥青指纹数据库谱图相符后,确定进场使用。

沥青具体取样方法参考《公路工程沥青及沥青混合料试验规程》(JTG E20—2011)中的要求。所取同一样品分成 2 份:一份 2kg 用于检测;另一份 2kg 留存备查。样品罐均应密封,装沥青的瓶罐外侧要坚硬、耐高温,内侧要洁净,不能有油漆等物质,以免影响检测精度。

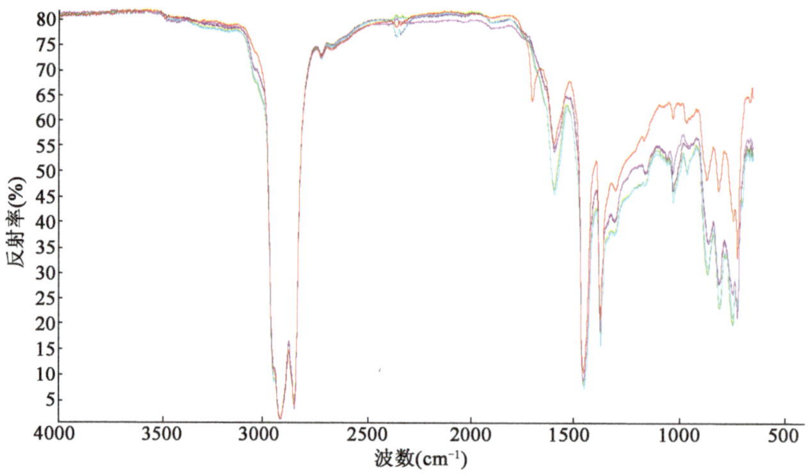

图 2-18　不同品牌沥青红外光谱图

（2）系统部署，实现数据远程传输监控。依托沥青快速检测监控平台，部署设备，建立数据库，培训技术人员负责沥青谱图的采集和上传。并自动通过与数据库对比判定沥青品牌。

（3）异常沥青的反馈和处理。项目测试沥青显示沥青谱图与数据库不符后，应立即禁止该车沥青卸车，并由项目办组织施工单位、监理单位和中心试验室、技术服务单位对相应的原因进行分析，根据分析结果处理措施有以下两种：

①对于混兑假冒和品牌调换沥青直接清场，不做物理指标检测；

②对于谱图分析为相应品牌的沥青，但是由于生产厂家的组分轻微调整导致其谱图与数据库中原有标准谱不匹配，经物理指标验证沥青合格后，由红外光谱技术单位负责对数据库进行更新。

3. 视频监控系统

视频监控系统用于对重要施工场所施工作业规范性、安全操作规范性的监控以及关键位置、安全隐患较多区域的场景监控。系统配置流程如图 2-19 所示。本项目视频监控分为固定点视频（图 2-20）和移动点视频，固定点视频主要布设在水稳拌和站、沥青拌和站、改性沥青加工厂以及碎石厂，每个固定点布设两个摄像头，一个布设在拌和场或加工厂的制高点，观察总体状况，一个布设在出料口，观察出料状况。移动点视频布设在施工现场的摊铺机上，每个作业面布设一台摊铺机，在摊铺机上共配置 4 个辐射前、后、左、右 4 个方向的摄像头，观察施工现场的总体状况（图 2-21 ~ 图 2-23）。

图 2-19　系统配置流程图

图 2-20　视频监控安装图

图 2-21　视频监控应用效果图

图 2-22　现场视频安装

图 2-23　摊铺现场视频监控应用效果图

4. 沥青面层施工管控系统

沥青路面施工智能管控主要通过在沥青路面拌和、运输、摊铺及碾压环节布设各类传感设备及定位设备，对沥青路面施工过程中的关键数据进行实时监测、统计分析和反馈，实现现场实时指导和远程监管的作用，提高公路工程施工质量及施工管理效率。

(1)沥青混合料拌和智能管控系统。沥青混合料拌和智能管控系统对各热料仓的投放质量、拌和时间、沥青质量、沥青温度、混合料出料温度等关键数据进行采集和实时传输,在服务器端实时呈现级配、温度和油石比等控制指标。该系统同时提供分析预警机制,能够有效地监控拌和楼生产过程中质量波动,确保工程质量目标实现。

系统主要功能如下:

①对拌和楼生产过程中的关键数据进行实时采集、上传、计算和存储(图 2-24);

②实时监控油石比、关键筛孔通过率、出料温度等关键指标的波动情况,发生异常,实时预警(图 2-25);

③按日、周以及任意时间段查询拌和楼生产数据以及关键指标波动信息;

④定期统计分析拌和楼预警、产量、进度、关键指标稳定性、合格率等信息,可同时通过手机 App(手机软件)和电脑客户端查询。

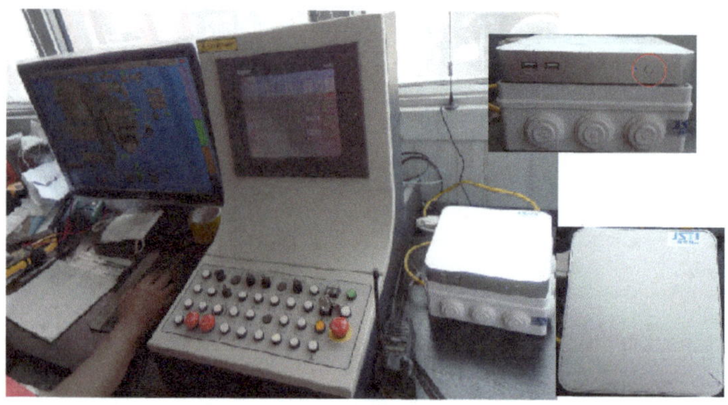

图 2-24 拌和楼采集设备安装图

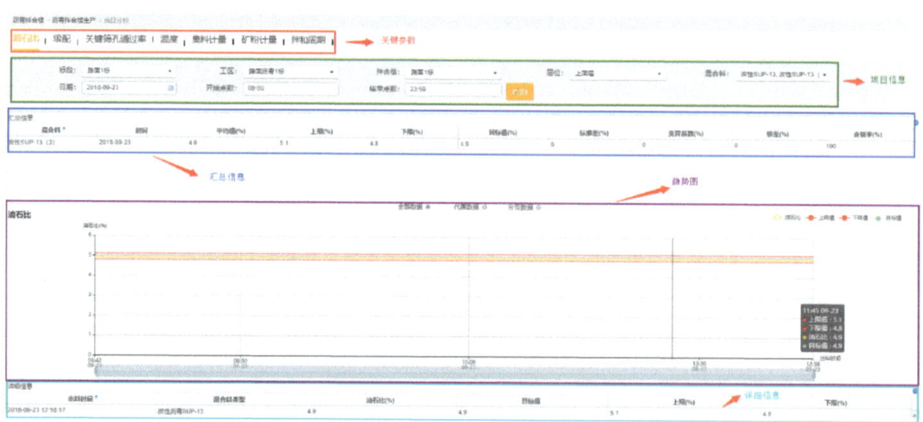

图 2-25 拌和楼数据分析效果图

(2)沥青混合料运输智能管控系统。沥青混合料运输智能管控系统(图 2-26)基于射频识别设备,能够准确识别车辆信息、驾驶员信息、装料时间、运输时间、卸料时间及摊铺时间等多重信息,实现某一路段摊铺料对应某一时段拌和楼每盘生产出来的料(图 2-27),使得路面铺装质量问题可追溯,容易查找、分析问题原因,同时实现对运输时间监控。

主要功能如下:

①材料溯源功能:通过射频识别功能记录每一车料所对应的拌和时间。当运输车运送到摊铺现场时,和摊铺机对接,同样记录对接时间及摊铺桩号,这样拌和时间的信息和摊铺的桩号信息形成了一一对应的关系,便于后期的分析;

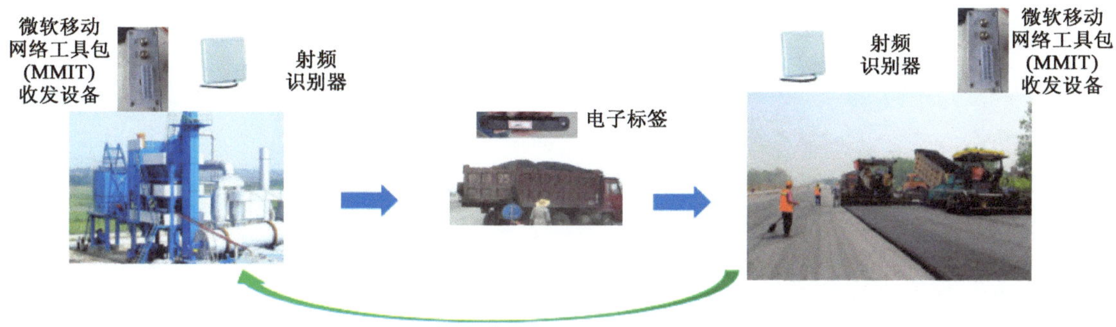

图 2-26　设备组成图

图 2-27　应用效果图

②运输时间监控：通过射频识别设备记录混合料装料时间，运输时间与等待时间，根据具体工程状况，设定最大时间间隔，超出预定时间，便发送报警信息。

(3)沥青路面摊铺智能管控系统。沥青路面摊铺智能管控系统通过在摊铺机摊铺断面均匀布置红外温度传感器阵列，采集整个摊铺断面的温度数据，达到全断面控制沥青路面温度离析的目的；通过基站与移动站的差分定位，实时控制混合料摊铺速度，并记录摊铺轨迹。在摊铺现场通过 LED(发光二极管)显示器实时发布温度数据与速度数据，同时将数据传输到远程云计算中心进行计算和分析(图 2-28)。

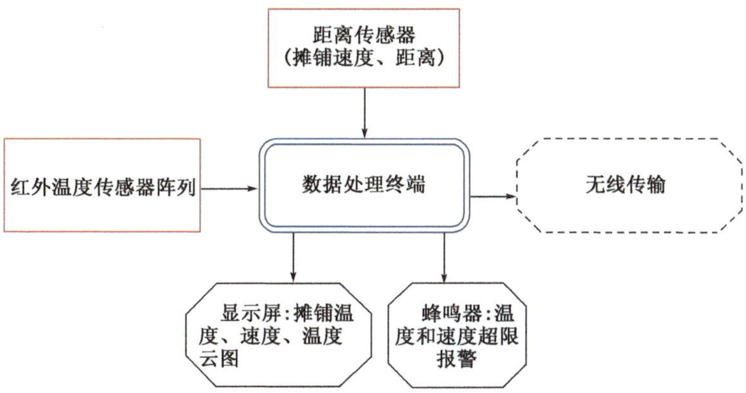

图 2-28　沥青路面摊铺采集设备基本组成

系统主要功能包括如下几点：

①实时采集并分析摊铺断面温度数据，绘制温度云图、分析摊铺温度离析状况；

②利用基站与移动站的差分定位，实时采集摊铺速度数据并绘制摊铺轨迹(图 2-29)；

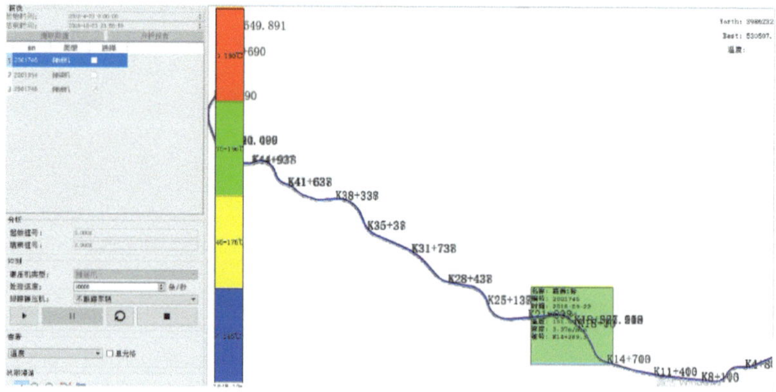

图 2-29　实时查询摊铺状况界面

③具备摊铺数据现场实时显示和蜂鸣报警功能，对异常操作做到实时反馈、及时纠偏；

④摊铺数据实时发送至远程云计算中心进行存储和分析，并定期生成摊铺作业报告（图 2-30）。

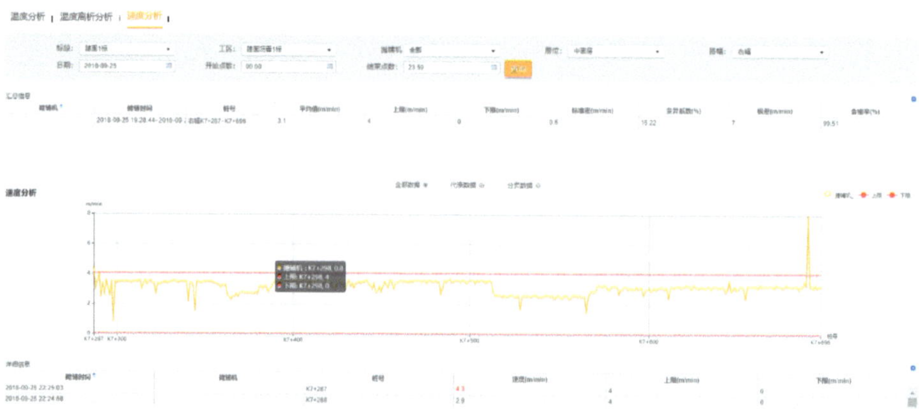

图 2-30　实时分析摊铺数据界面

（4）沥青路面智能压实系统。沥青路面智能压实系基于基站与移动站的差分计算，对压路机进行厘米级定位，实现碾压遍数和碾压速度的精确采集；利用红外温度传感器采集压路机碾压温度；系统将压实信息发送至车载触屏控制器，指导操作手连续一致的达到目标压实次数。同时，压实数据通过无线传输系统及时上传到远程云计算中心，便于管理人员远程查看现场施工情况（图 2-31）。

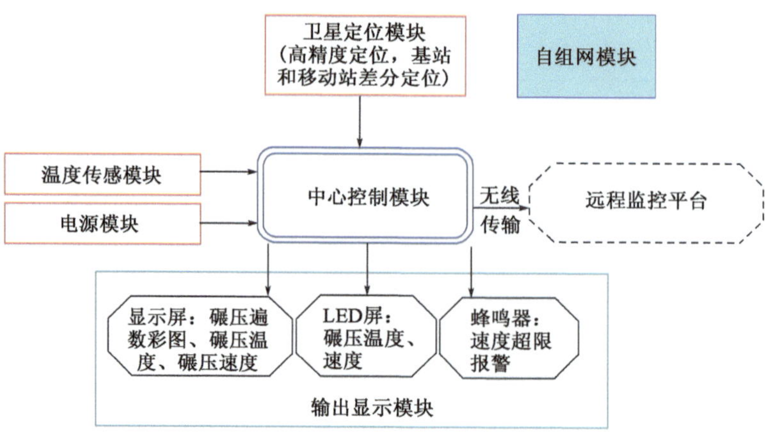

图 2-31　硬件模块组成图

本系统主要功能包括如下几点：

①利用基站和移动站对压路机进行厘米级定位，结合温度传感器实时采集碾压速度、碾压遍数、碾压温度等关键数据（图 2-32）；

a)　　b)

图 2-32　屏幕实时显示图

②施工管理人员可以远程实时监控现场施工情况查询施工进度（图 2-33）；

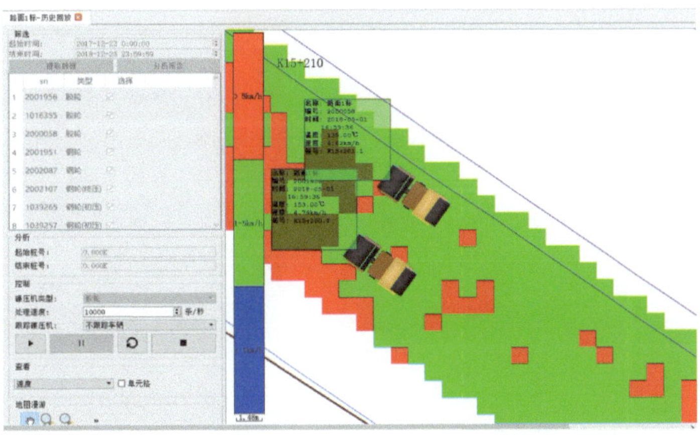

图 2-33　查询碾压状况界面

③实时统计分析路面碾压情况，对碾压效果进行整体评价（图 2-34）；

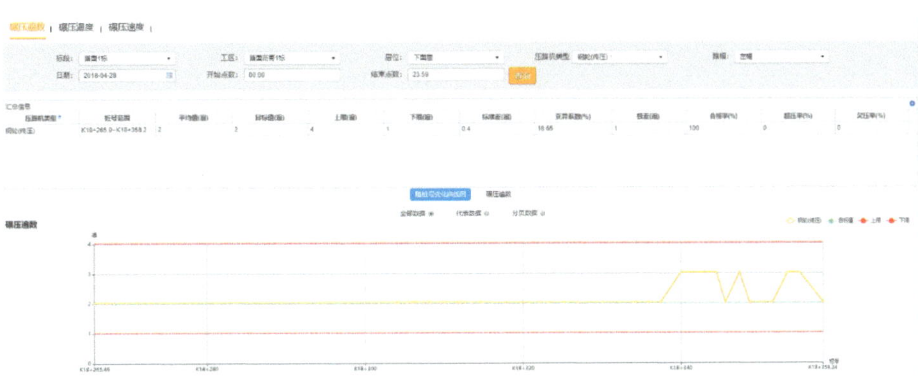

图 2-34　分析碾压数据界面

④自动生成局域网,实现机群协同作业,对整体压实遍数进行整体把握;
⑤具备碾压数据现场实时显示和蜂鸣报警功能,对异常操作做到实时纠偏。

六、材料与设备

本技术无须特别说明的材料,采用的设备见表2-2。

主要施工机械设备一览表

表2-2

电子围栏系统			
GPS定位集成器	1台/辆	中央处理器(含信号接收)	1台
指纹识别系统			
红外光谱仪	1套	电脑	1台
视频监控系统			
高清网络红外一体机(摄像头)	1套/处	交换机	1台/处
硬盘录像机	1台/处	硬盘	1套/处
沥青路面智能施工系统			
摊铺机(1台)			
LED显示屏	1台	温度传感器	5套
速度传感器	1套	接收传送终端	1套
服务器	1台		
压路机(1台)			
LED显示屏	1台	温度传感器	1套
速度传感器	1套	接收传送终端	1套
服务器	1台		
运输车(1辆)			
识别卡	1套	识别器	2台/工作面
服务器	1台		
后台监控平台			
电脑	1台		

七、质量控制措施

1. 执行的检验评定标准与技术规范

《机械设备安装工程施工及验收通用规范》(GB 50231—2009)
《视频安防监控系统工程设计规范》(GB 50395—2007)
《信息技术设备的安全》(GB 4943—2011)
《民用闭路电视监控系统工程技术规范》(GB 50198—2011)
《民用建筑电气设计规范》(JGJ 16—2008)
《报警图像信号有线传输装置》(GB/T 16677—1996)
《公路工程沥青及沥青混合料试验规程》(JTG E20—2011)
《公路沥青路面施工技术规范》(JTG F40—2004)
《公路工程质量检验评定标准》(JTG F80/1—2017)
《公路沥青路面施工技术规范》(DB62/T 3136—2017)

2. 质量控制措施

(1)设备质量控制。

①安装前设备排查,保证所安装设备正常运行;

②运行期间定期安排专人进行排查维护,保证设备正常。

(2)系统质量控制。

①系统规划符合国家和项目相关规定,有效运行;

②安排专人每日进行系统检查、更新和维护,保证系统正常。

(3)数据采集和现场匹配质量控制。

①温度及速度值的验证测试工作。每天开始摊铺前应该先检查摊铺机的各个工作装置运转情况,正常后对沥青摊铺机和压路机的仪表盘速度值与LED显示屏显示速度值、沥青温度值进行验证测试,进行比对、修正(图2-35)。

a) b)

图2-35 温度标定对比图

待工作温度指标修正好后,再依照摊铺机工作速度的修正方法对压路机的碾压速度值和LED显示屏速度值进行修正,两个指标完全修正正常后再进行碾压工序的施工。

②客户端数据对接质量控制。每天作业面开始工作后,信息化专员进行数据接收排查,以保证数据正常接收和发送。每天作业面结束工作后,进行当日数据整体排查和分析,保证系统正常,便于管理人员和现场人员进行现场施工质量控制。

|第三章|
桥 梁 工 程

第一节　预制箱梁标准化施工工艺

一、加工制作及半成品堆码工艺

1. 钢筋加工

原材制料使用自动数控调直切断机(图3-1),长度均匀。半成品加工由自动数控加工弯曲中心进行(图3-2)。

2. 半成品堆放

采用焊接钢筋垫架整齐堆叠放置,小件半成品钢筋采用箱式盒进行分类放置(图3-3)。

图3-1　全自动数控切断机

图3-2　数控加工弯曲中心

图3-3　半成品堆放

3. 工艺优点

(1)钢筋加工:自动设备的使用,解决了以往人工制料误差大、产品精度低、占用人数多的问题;能有效控制精度、减少人员占用。

(2)钢筋堆放:垫架及箱式盒分类堆码,避免半成品污染,保证质量,做到分类明确。

4. 工效分析

以往同数量钢筋生产加工产品需 8 人进行,改进施工后,仅需 4 人即可满足需求。

二、预制箱梁底腹板及顶板钢筋安装

1. 施工工艺流程

采用胎模架安装骨架钢筋,入模为整体吊装。胎模架根据图纸计算坡度及间距,底部标尺采用 10 号槽钢切槽;下垫横向槽钢,横向槽钢间距 1m;焊钢管安放水平齿槽;水平齿槽为固定坡齿槽(或抽拉式钢筋定位板),10mm 钢板切齿,齿切深≤3cm,与 20mm 圆钢焊接直接插入无缝钢管内。顶部标尺焊接齿槽顶部,为 20mm 螺纹钢焊接 U 形沟槽。施工时保证顶底标尺垂直。顶板钢筋为分体式胎模架,直接吊装入模。

2. 工艺特点

胎模架施工解决以往人工直接安装钢筋间距不均匀、顶面高度参差不齐、左右间距不一致的情况。钢筋完成安装后整体吊装,避免施工中钢筋安装错、漏及模板污染情况。免去了由于钢筋不规范作业,骨架倾倒砸伤施工人员。同时保证梁体的施工质量。

3. 工艺总结

按照 1 片 40m 箱梁安装需要 12 个人安装 11h,同时受台座影响,会造成施工循环耽误。改进后需要 8 人 5h 安装,不受台座制约。

三、预制箱梁钢绞线编束工艺

采用钢绞线编束台(图 3-4)编束后,能够快速、高质地对钢绞线进行编束和编号(图 3-5)。很好地避免钢绞线的打结、缠绕,同时避免钢绞线污染,确保施工质量;能解决在钢绞线安装过程中,由于未编束和编号出错出现返工现象。

图 3-4 钢绞线编束台

图 3-5 钢绞线编号

四、预制箱梁钢筋保护层控制工艺

采用圆形混凝土穿心垫块(图 3-6),可有效避免梅花形垫块绑扎不牢固、易歪斜的情况,有效起到了钢筋保护层垫块的支垫隔离作用。

提高整体梁片保护层合格率,通过加密保护层垫块数量,梁体保护层合格率得到了有效保障,每平方米保护层垫块为 6 或 7 个(图 3-7)。

五、预制箱梁模板安装工艺

整体模板拉杆及螺栓采用电动紧固(图 3-8),其余部位采用人工紧固,支腿底部采用楔形三角木支垫。

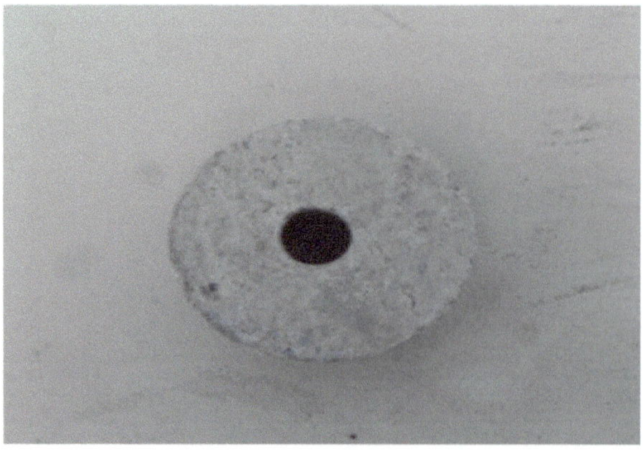

图 3-6　穿心式高强垫块

图 3-7　钢筋保护层垫块

图 3-8　电动紧固

模板螺栓采用电动紧固减少了人工紧固时间长、效率低下、紧固有缺松的情况。

六、外露预埋钢筋安装控制工艺

通过简易方便条形工装标尺，采用横纵断面定位施工（图 3-9）可对外露钢筋及预埋钢筋进行高度及线形控制（图 3-10），确保线形顺直，高度一致。

图 3-9　预埋钢筋安装

图 3-10　混凝土浇筑完后

七、防漏浆工艺

1. 模板底部防漏浆

台座侧面 5 号槽钢塞入 40mm 圆形海绵橡胶棒，防止底部漏浆。

2. 梳齿板处防漏浆

采用 1m×0.08m×0.02m 止浆橡胶条(图 3-11)直接由外部卡入环形钢筋内贴紧梳齿板外侧,防止顶部环形钢筋处缝隙漏浆。

3. 外露钢筋防漏浆

采用聚乙烯板裁剪成型,直接套入钢筋内,安装模板时紧贴模板内表面钢板,通过混凝土膨胀压缩聚乙烯板直接填充外模板钢筋孔间隙(图 3-12),有效防止漏浆。

图 3-11 湿接缝处

图 3-12 底板侧模效果

4. 工艺优点

(1)模板底部止浆通过圆形海绵橡胶棒,降低整体施工成本,同时有效止浆。

(2)梳齿板处止浆条,不需要粘贴,直接从外部卡入,可重复利用并有效降低现场施工人员劳动强度。

(3)外露钢筋防漏浆通过聚乙烯板受压后形变的特性,防止浆液流出,有效避免了以往泡沫填缝剂使用不规范通过模板与钢筋间隙膨胀至钢模板内部、导致混凝土结构受侵蚀的情况。

八、浇筑及凿毛工艺

通过附着式高频振动器,配合 35 型插入式振捣器进行“交叉棒”施工作业(图 3-13),避免由于钢筋间隙小导致的混凝土施工不密实状况。通过将梁分节块状浇筑,减少高频振动器过振状况导致的梁体成品“水纹”的产生(图 3-14)。

图 3-13 底板侧模效果

图 3-14 梁体外观

采用气动式凿毛机(图 3-15)凿毛工艺,操作简单,效率非常高,且凿毛效果非常好,不损坏梁体混凝土。

a)

b)

图 3-15　气动凿毛机

九、预制箱梁顶板移动式门形架养生工艺

1. 新工艺解决的问题

传统养生方式采用覆盖人工洒水养生方式，无法保证全天候洒水养生施工。通过在梁顶板上铺设角钢轨道，并安装门形吊架小车，通过定时器控制洒水时间并通过行程限位器控制小车的行走距离，以保证全天候不间断洒水养生。

2. 施工优点

采用移动式门架进行混凝土养生，可实现占地小，养生不间断。同时无须外模板完全调走，混凝土表面能及时有效地进行养生作业，降低箱梁温度，保证混凝土强度(图 3-16、图 3-17)。

图 3-16　自动喷淋养生系统—梁顶板养生

图 3-17　自动喷淋养生系统—梁腹板养生

3. 工效分析

采用人工覆盖洒水情况下，无法满足现场养生施工情况，同时耗水量达到 $0.1m^3/min$，完全湿润梁体需要 25 ~ 30min。进行浇水改进施工后完全按照现有施工情况进行养生，24h 不间断，全程仅需 1 人铺设轨道安放小车即可，同时耗水量仅 $0.02m^3/min$，完全湿润梁体仅需 8 ~ 10min(图 3-18)。

十、智能张拉及循环压浆工艺(图 3-19)

通过张拉泵站与控制电脑主机之间无线传输(图 3-20)，控制两侧两端同时张拉，通过泵站与主机张拉状态交互，可实时监控张拉情况，数据自动记录，并有效控制张拉力与伸长量的双控，保证张拉效果。通过真空循环辅助压浆法施工(图 3-21)，可保证施工中压浆饱满度的有效控制。

图 3-18　自动喷淋养生系统—门架式喷淋养生系统

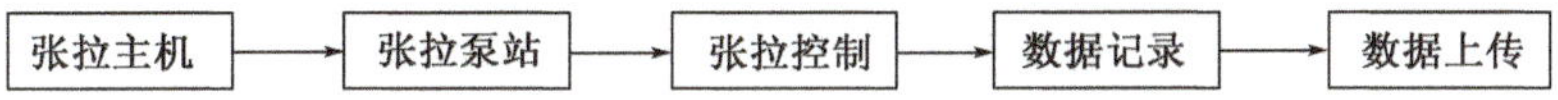

图 3-19　工艺流程图

图 3-20　智能张拉设备

图 3-21　真空循环辅助压浆设备

第二节　护栏模板整体拆装台车施工工艺

一、施工设备

护栏模板整体拆装台车(图 3-22)由行走系统、挂篮系统、起重系统组成。行走系统配有驱动装置、转向盘,由电动机带动链条、齿轮、轴承转动,转向盘通过联动杆传力,实现车轮转向。挂篮系统提供了施工人员在护栏外侧的作业平台。施工时挂篮系统向外伸出桥梁,由吊杆吊起作业平台,平台周围设置护栏,以保障作业人员安全。起重系统配有配重和起重倒链,通过起重倒链控制护栏模板的横、竖向移动。

护栏模板整体拆装台车自重 6t(不含配重重量),前臂总长 6m,总高度 5m,有效起升高度 4m。台车最高运行速度 15m/min,底架配重 4t,后配重箱每件 3t(浇入混凝土后的重量)。台车前臂端点可承重 4t 重物。10m 标准段护栏内外模板重量约为 1.8t,前挂篮操作平台自重加承载约 2.2t,可承载约 10 人同时施工。经过现场负载安全试验验证,该施工台车满足吊装 10m 标准段护栏内外模板及工人操作挂

图 3-22　护栏模板整体拆装台车示意图

篮施工。

护栏模板整体拆装台车使用前的检查准备：

(1)负载试验前检查各连接螺栓是否紧牢，各连接销轴上的开口销是否打开。

(2)开动大车行走及电动葫芦运行，检查有无异常。

(3)在两个前臂前端的环链电动葫芦上吊重 2t，将重物离地 15cm，开动大车往返运行 10min，检查各结构件有无异常或变形。

(4)以上检查无异常，方可进入施工阶段。

二、施工流程

(1)开启护栏模板整体拆装台车的行走系统，将台车行驶到拼装好的护栏模板处。

(2)调整手拉葫芦吊钩的高度，使吊钩钩住护栏模板的吊筋，将模板吊起，驱动台车到模板安装位置。

(3)利用起重链调整护栏模板的水平方向和竖直方向位置，将护栏模板精确放置到指定位置并进行固定安装。

(4)桥梁防撞护栏混凝土浇筑完成，其强度达到拆模条件后，使用护栏模板整体拆装台车进行整体拆模。

三、施工要点

(1)作业人员应进行安全知识培训，台车驾驶人员必须具备货车驾驶证，或具备相关车辆的驾驶经验。

(2)作业前应检查转向是否灵活，各连接螺栓有无松动，各销轴是否连接牢固，电源连接是否正常。作业时应有专人指挥，操作人员要严格按照指挥进行作业。

(3)吊装时吊装物一定要捆扎牢固，严禁超载使用，禁止偏吊、斜吊，严禁吊装重量不明的物体或预埋物件。

(4)行走时，应等车辆停稳后方可反方向运行，严禁车辆运行中打反车运行或急转行驶。

(5)遇到 4 级以上大风或雨雪天气应停止作业。工作休息时间不允许将重物悬吊在空中。下班前应关掉电源，并用楔块将台车固定。

(6)设备在未安装配重及配重砂的情况下禁止使用。设备在使用前应将外挂施工载人吊篮的安全钢丝绳与前臂固定牢固，无安全钢丝绳禁止载人作业。

四、应用效果

(1)护栏模板整体拆装台车的起重能力较强。传统的护栏模板一般长约 5m，引入护栏模板整体拆装台车后，可将两片 5m 的模板拼装为 10m 的整体式模板，一次完成 10m 护栏模板的整体拼拆工作，减少了护栏的施工缝，提高了护栏外观质量。

(2)大幅度加快了护栏模板拆装施工进度。同等条件下，使用护栏模板整体拆装台车施工可节约模板工 4 人，每 10m 段护栏施工节省拆装模板时间1.5h左右，极大提高了施工效率，缩短了施工周期。

(3)安装、拆除护栏外侧模板时，工人可在护栏模板整体拆装台车的吊篮系统中作业，增强了护栏模板施工的安全性(图 3-23)。

图 3-23　护栏模板安装安全平台

第三节　超宽多功能钢栈桥施工工艺

一、前言

西固黄河大桥两边为山地，项目进场道路主要为 109 国道，北岸无进场道路。因此需搭设钢栈桥作为北岸进场道路，且北岸后续标段也需要从该标段进场，4 号主墩位于南岸岸边，紧邻 109 国道，无材料堆放场地，因此钢栈桥于此处设置加宽段，且作为施工作业平台。为便于工字钢-混凝土结合梁安装时起吊，钢栈桥设置专用车道设置于大桥桥面下。钢栈桥全长 360m，栈桥基础采用 6m 板凳桩形式，板凳净距为 12m。栈桥常规段宽度为 12m，加宽段最宽处为 24.8m，顶高程设为 1548m（图 3-24）。

二、施工工艺流程

1. 排架结构

由于该栈桥的桥位处流速较大、覆盖层较浅且功能宽度要求高，为确保钢栈桥下构排架的稳定性，栈桥排架设计采用“6m × 8m”板凳桩的结构。板凳间净距为 12m。单个板凳为横桥向 3 根桩（间距 4.0m），顺桥向 2 根桩（间距 6.0m）。钢管桩采用 ϕ820 × 10 钢管，钢管间平联采用 ϕ426 × 8 钢管，斜撑采用 2I25b，桩顶主横梁采用 2I45c，贝雷片间距根据企业标准化规定进行布置。该栈桥板凳桩及排架结构布置见图 3-25。

a)

图　3-24

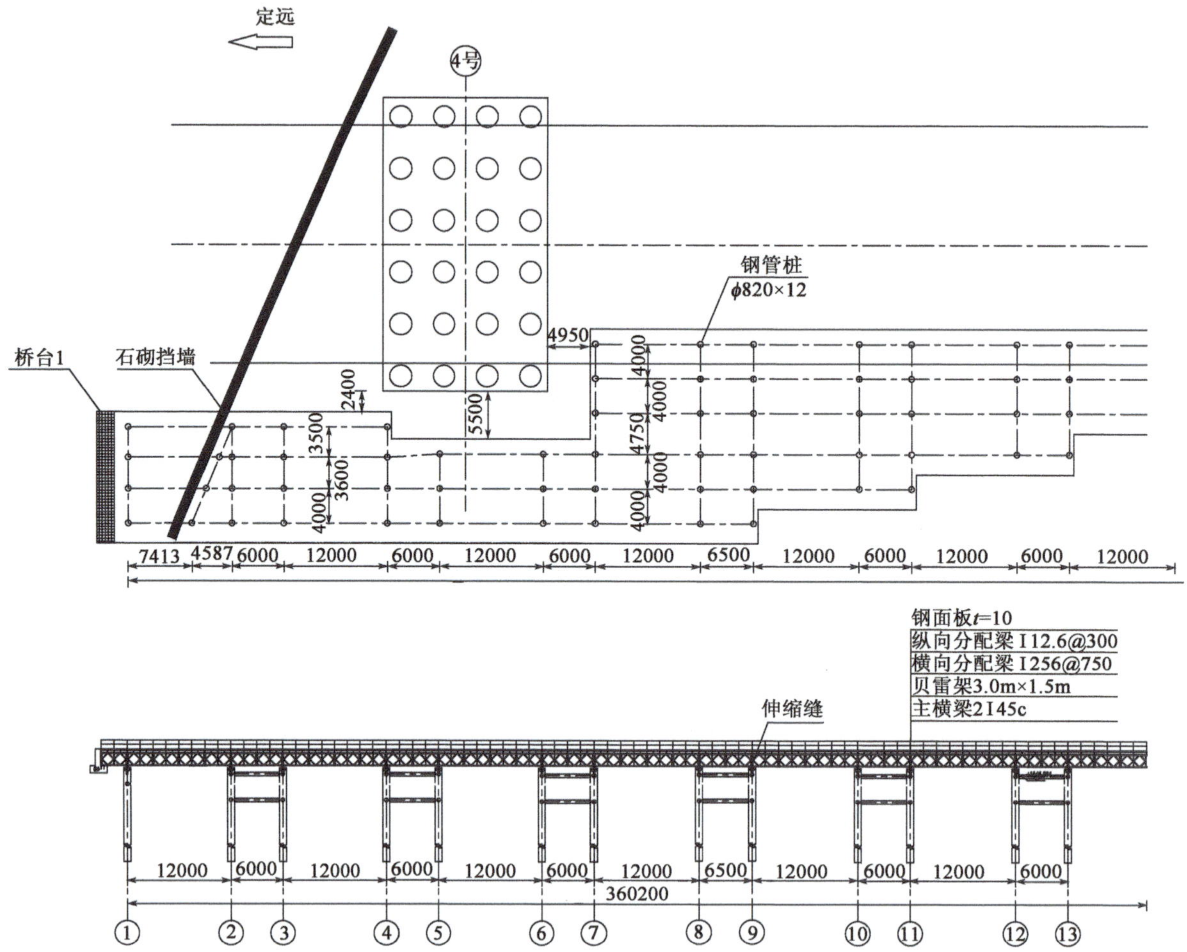

b)

图 3-24　西固黄河大桥钢栈桥总体布置图(尺寸单位:mm)

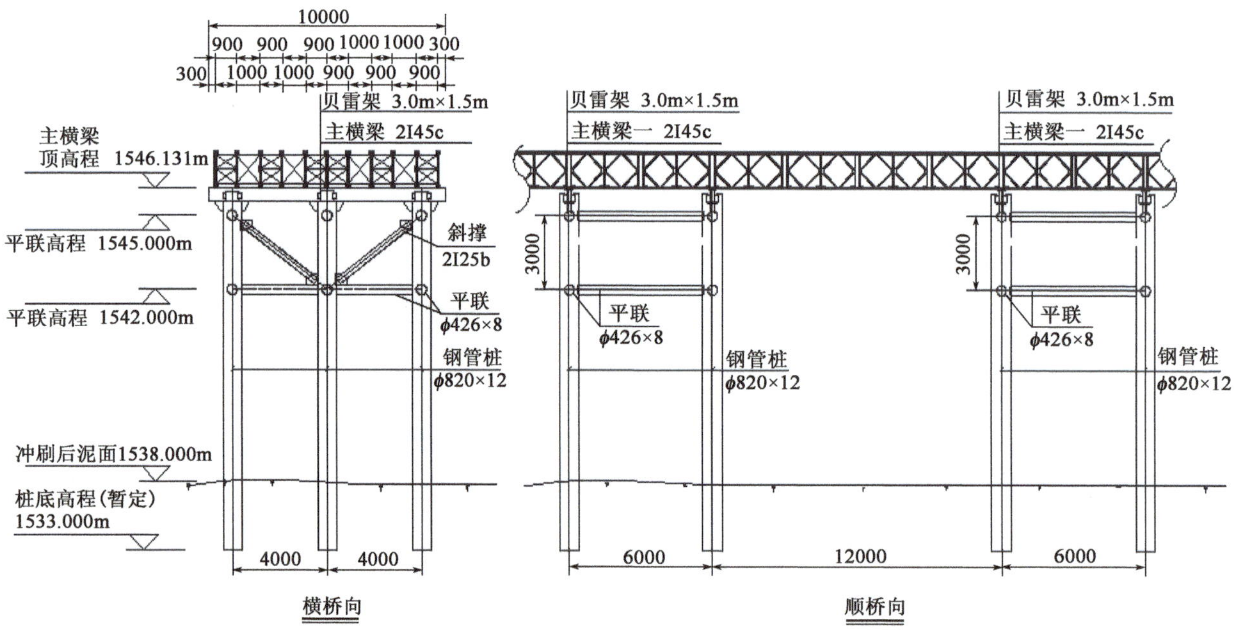

图 3-25　排架结构布置图(尺寸单位:mm)

2. 钢锚桩辅助桩基础结构

栈桥桩考虑入覆盖层 1m,锚固桩考虑入岩不少于 3m,钢管桩在桩底为铰接,锚固桩桩底为固结,考虑到第一工况为控制性工况，针对该工况条件下的荷载情况，建立 Midas-Civil 有限元模型见图 3-26。

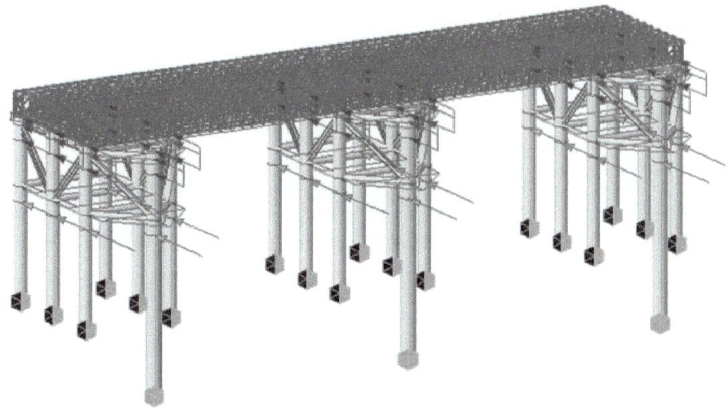

图 3-26 带上游锚固桩钢栈桥局部模型

经过层层计算，将钢锚桩设置前后的计算结果进行对照（表 3-1）。

钢锚桩设置前后栈桥部分构件受力对照表 表 3-1

构件名称及规格		最大侧向位移(mm)	最大轴应力(MPa)	最大弯应力(MPa)	最大剪力(kN)	最大弯矩(kN·m)	竖向反力(kN)		最大水平反力(kN)
							最大值	最小值	
平联 φ426mm	无锚桩	—	42.4	96	51.5	78.5	—	—	—
	有锚桩	—	4	34.8	17	34	—	—	—
钢管桩 φ820mm	无锚桩	16	—	116	141	592	—	+249	141
	有锚桩	12.1	—	32.0	24.1	163	—	-25.9	24.1
钢锚桩 φ1020mm	无锚桩	—	—	—	—	—	—	—	—
	有锚桩	12.1	—	42.2	51.6	332	—	+43.7	51.6

说明：“+”代表拉力，“-”代表拔力。

经过表 3-1 得知，增加钢锚桩后的栈桥的力学性能及刚度均有较大提高，且钢锚桩的抗滑移及抗拔特性改善较为显著，在不良水文地质条件下不会发生倾覆。

3. 多功能桥面

1）桥面多功能规划

为了保证项目施工快速、保质保量地进行，对桥面进行合理的规划必不可少。

钢栈桥需要设置车行通道 3 条（3×3.5m），车行道总宽度为 10.5m。考虑施工人员通行栈桥的安全和方便，本着以人为本的原则，根据《公路桥涵设计通用规范》（JTG D60—2004）3.1.1 条第 4 款要求“人行道宽度宜为 0.75m 或 1.0m”，将钢栈桥下游侧 1.05m 作为施工人员通道。同时为了保证夜间施工人员通行安全，在人行通道下游侧每隔 36m 设置了一个 500W 的高杆灯用于照明，本地区日照时间较长，为节约用电，路灯采用太阳能路灯。施工时候，管线较多，如果不进行综合规划，会给施工过程中造成安全隐患，且在施工时对管线的管理维修等难度加大，所以在钢栈桥的上游侧留出了 0.45m 宽的管线专用通道，使得安全保障得到进一步提升。栈桥标准段桥面宽度见表 3-2。

标准段桥面宽度组成表 表 3-2

序号	名称	宽度(m)	备注
1	施工专用车道	3.5	
2	公共车道	7.0	
3	人行通道	1.05	
4	管线通道	0.45	
合计		12	

由于4号主墩位于黄河岸边且紧邻109国道，在主4号墩位置附近设置拓宽段，兼顾主桥施工期的功能性需求，加宽段最宽处为24.8m，除去桥面的其他功能占用的12m宽度，剩余12.8m，可作为材料临时堆放和施工作业场地。栈桥扩宽段及桥面功能性设施平面布置见图3-27。

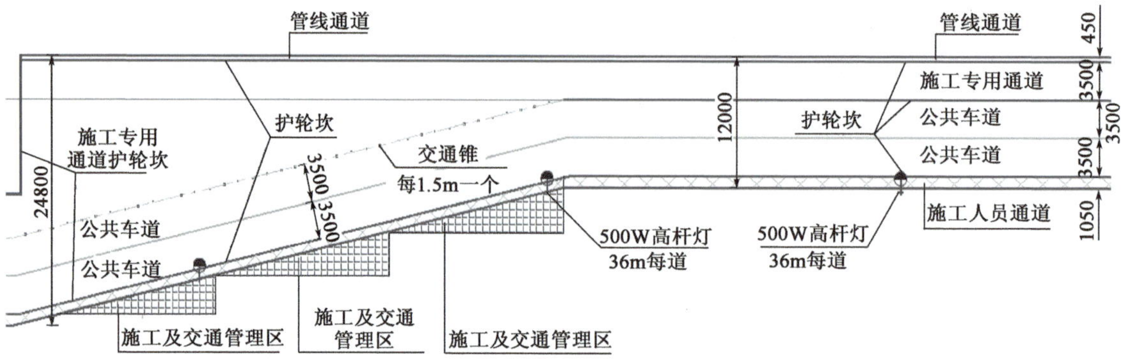

图3-27　栈桥扩宽段及桥面功能性设施平面布置图(尺寸单位:mm)

2)栈桥桥面

栈桥桥面采用常规钢面层结构，横向分配梁采用工25b，间距1.5m，纵梁工12.6间距0.3m，车道面层采用厚10mm的花纹钢板，人行道面板采用6mm花纹钢板。总横断面宽12m，其中10.5m作为车行道，车道两侧设置护轮坎，栈桥上游侧0.45m作为管线通道，下游侧1.05m作为人行道。钢护栏布置在行车道外侧。栈桥标准段桥面布置图见图3-28。

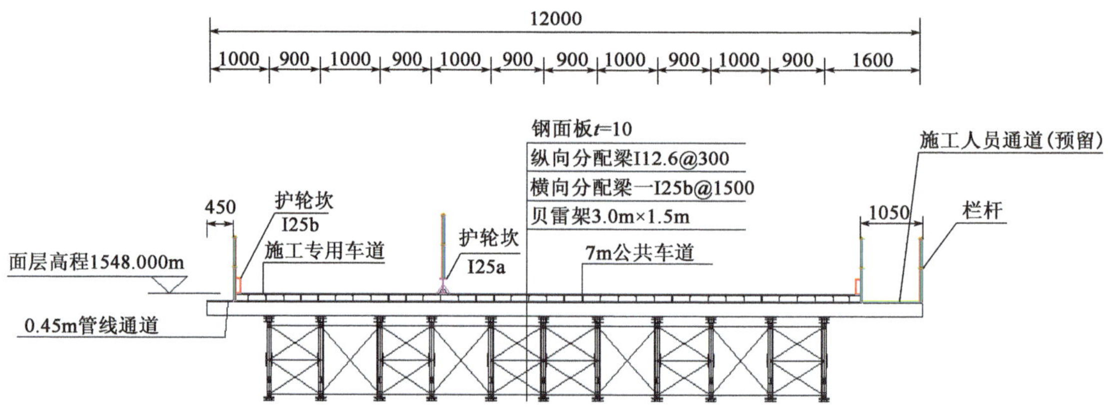

图3-28　栈桥标准段桥面布置图(尺寸单位:mm)

栈桥桥面结构的计算为常规板梁结构计算，根据《建筑结构静力计算手册》计算确定板厚、梁系型号及间距，在此不进行介绍。

3)特殊建造技术

栈桥施工常见采用钓鱼法施工，在施工条件较好的环境下，可利用打桩船先形成栈桥下构，再逐步对栈桥上构进行推进施工。本栈桥由于位处黄河不通航水域，存在以下施工技术难点，见表3-3。

施工技术难点　　表3-3

序　号	施工难点概述
1	不通航，无法利用施工船舶进行水上施工
2	流速大，达到3m/s，水深较深，汛期桩基施工定位困难
3	河床覆盖层为卵石层，下面为中风化砂岩层，采用常规振动钢管桩沉桩施工困难
4	钢锚桩施工完毕前，深水大流速对钢栈桥的稳定性有一定的安全隐患

由于桥位所处区域不通航，大型船机设备无法用于钢栈桥钢管桩基础的施工，只能采用履带吊配合振动锤进行桩基础施工。由于桥位处水文条件恶劣，因此钢栈桥施工时机选择在枯水季节的冬天进行

施工，此时水流速度和水深相对较小。为提高栈桥的施工进度，采用了两项与常规做法不一样的施工方法，分别为：枯水季改变黄河流态筑坝施工栈桥下构技术；上游钢锚桩施工技术。

施工之前在钢栈桥上游采取筑坝和开挖河道分流的方法，将施工区域的水流进行截流和分流，进一步减小流速和水深，使栈桥施工区域由水上施工变为滩地施工，从而加快栈桥下构的施工进度。由于钢栈桥选择在枯水季节进行施工，水流速度相对较小，对钢栈桥的安全隐患不大，所以钢锚桩施工安排在钢栈桥施工完毕之后，依托钢栈桥作为施工平台进行施工，并在枯水期内将钢锚桩施工完毕。

4）现场施工

本项目处于黄河大流速厚卵石不通航地区，利用黄河枯水期，采用钓鱼法进行钢管桩施工，将原设计方案进行优化，增加上游钢锚桩，解决了大流速厚卵石不同地区钢栈桥搭设难题，进一步提高钢栈桥整体稳定性，节约工期 30d，并节约机械、人工及管理成本，共计 260 万元。将钢栈桥进行功能划分，满足了桥梁施工现场及邻近项目的车辆设备人员通行要求，保证了安全，在使用过程中，没有发生一起车祸、堵车、撞车等交通事故，同时真正实现了让施工进度不间断进行，此番良好的效果，也得到了业主高度的认可，部分效果如图 3-29 ~ 图 3-32 所示。

图 3-29　钢栈桥人行道

图 3-30　钢栈桥行车道

图 3-31　钢栈桥南岸上游侧面

图 3-32　钢栈桥南岸下游侧面

第四节　斜拉桥菱形高塔施工工艺

一、前言

本大桥横跨处于黄河河谷，与黄河有 70°的斜交角，是典型的两山夹一河的地势，为了匹配地势，不得不设计超高的下塔柱。大桥桥塔采用钢筋混凝菱形塔，由桩基础、上下塔柱、横梁和箱形隔板组成，塔顶作装饰处理。塔柱间设箱形整体截面过渡到箱形隔板再过渡到空透，逐级过渡形成空间层次感；塔柱四角刻槽，突出景观效果。

塔柱采用C50混凝土，下塔柱高67m，由变截面双柱形成，塔柱采用单箱单室箱形截面，下塔柱顺桥向宽7.0～10m，横桥向宽4.5～9m，顺桥向壁厚为1.2m，横桥向壁厚0.7m。下塔柱两柱间设4m厚的箱形隔板连接。下横梁底面高程为+1606.651m，距离承台顶面61m，下横梁横桥向长度为29.0m，标准截面宽6m，高6m，箱形截面顶、底腹板厚度均为1.2m。下横梁与主塔连接位置采用2×2.5m倒角，靠近主塔2.2m范围内采用实心截面（中间设1m进人孔）。主塔与下横梁布置图见图3-33、图3-34。

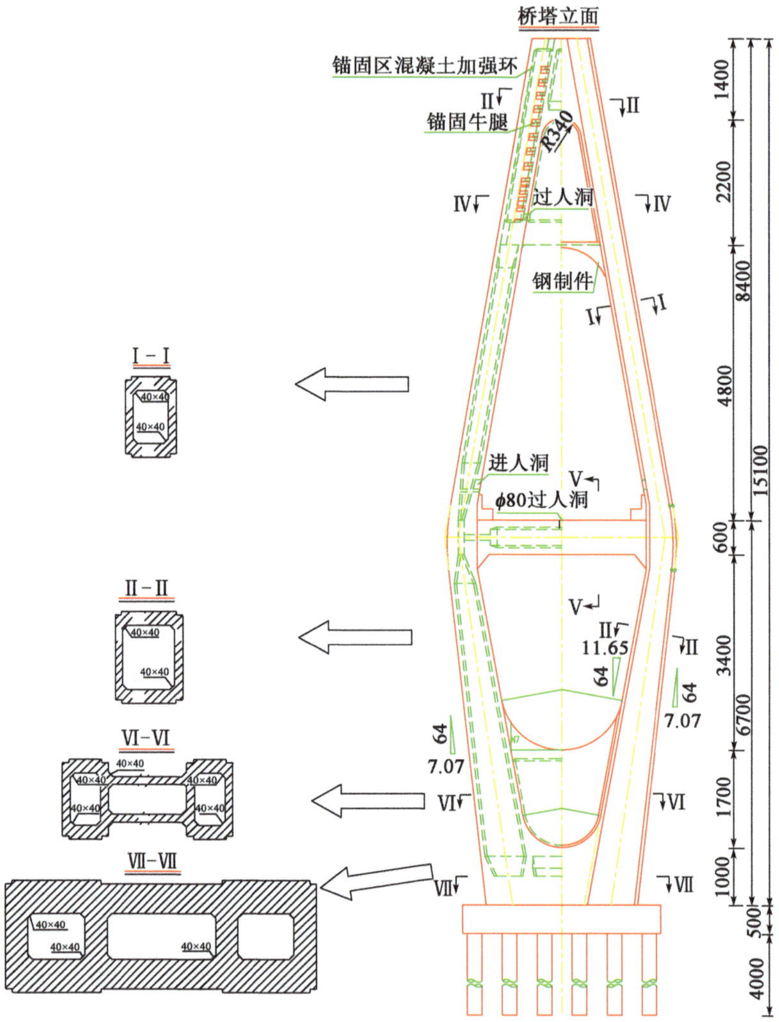

图3-33 主塔布置图（尺寸单位：cm）

二、下塔柱施工关键技术

主塔下塔柱选用液压爬模法分节施工。当施工到一定高度时，受塔柱自身结构重力及塔柱设计倾斜度影响，塔柱内部会有不利的应力产生，使塔柱的偏位及线形不能满足设计要求，严重的导致下塔柱根部产生有害裂缝。这时需要在主塔下横梁施工完成前对下塔柱两个塔柱施加主动预应力，以满足结构自身的安全及线形要求。

1. 下塔柱对拉系统施工方法选择

传统的主塔塔柱间主动对拉系统一般采用精轧螺纹钢，如图3-35所示。精轧螺纹钢对拉系统具有以下几种特点：

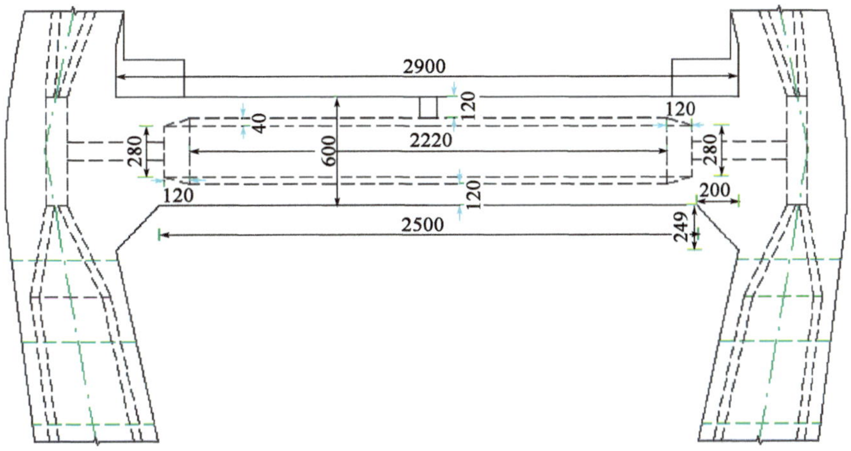

图 3-34　下横梁布置图(尺寸单位:cm)

(1)精轧螺纹钢对拉系统一般型材材料用量较大,需在两塔柱之间搭设操作平台。

(2)精轧螺纹钢对拉系统需要对进场材料按照设计图纸进行加工,加工精度及焊接质量要求较严而且烦琐。

(3)精轧螺纹钢对拉系统安装时需要起重量满足要求的设备。

(4)精轧螺纹钢对拉系统安装风险较大,单根张拉工效慢,总体施工工序烦琐。

为了更方便、更精确地满足下塔柱对拉系统施工,设计了一种钢绞线对拉系统。用钢绞线代替传统的钢管型材,根据设计要求的主动对拉力的数据,布置相应根数的钢绞线,并通过钢绞线张拉施加主动拉力以满足要求。

2. 下塔柱对拉系统施工关键技术

结合塔柱施工节段划分和塔肢悬臂施工工况,通过建模分析计算,下塔柱需设 1 道水平拉杆位于 10 号节段(图 3-36),安装高程为 +1587.561m,水平拉杆和支撑安装后即施加主动水平力。水平拉杆采用 $\phi^{s}15.2$mm-22 钢绞线结合锚具,利用液压千斤顶施工水平拉力。

图 3-35　精轧螺纹钢对拉系统

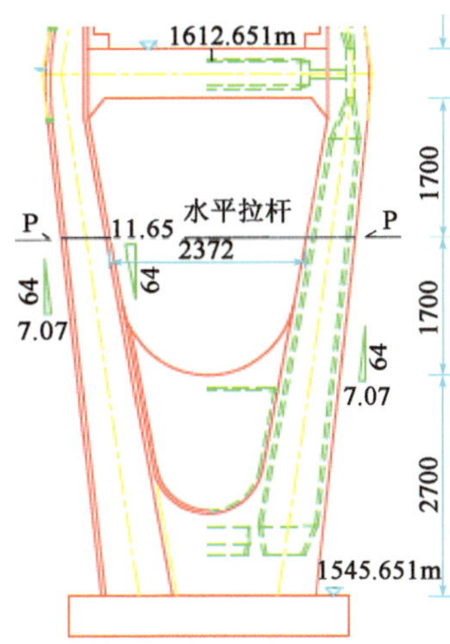

图 3-36　下塔柱对拉系统布置图(尺寸单位:cm)

在塔柱施工是预先预埋栏杆管道及配套锚垫板,混凝土浇筑完成后,在塔外侧搭设平台,穿预应力钢束及预应力锚具,采用 2 台 1500kN 液压穿心千斤顶向塔柱内侧施加水平推力,水平施加力的同时应观测塔柱的变形情况,顶力满足要求后,停止施加力。同时定期观测塔柱变形情况,根据监控情况随时调整水平施加力。根据监控计算,在适当高度设置钢绞线对拉系统。对拉系统视图如图 3-37 ~ 图 3-39

所示。塔柱施工时,根据设计图纸设置钢绞线穿束预留孔,待液压爬模施工至更高的节段预留孔露出时,穿钢绞线,并按设计力张拉,保证塔柱线形及稳定。

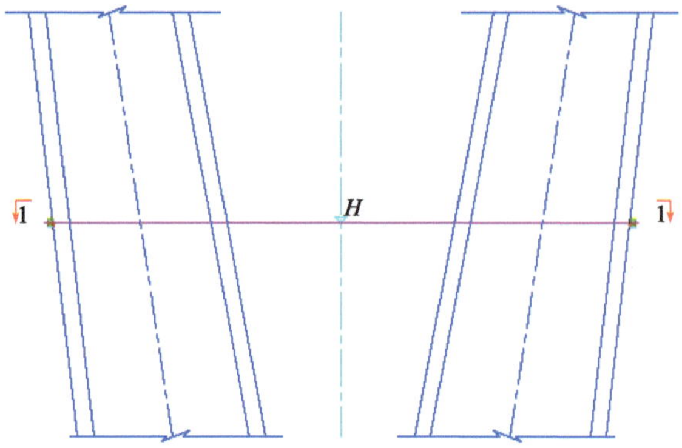

图 3-37 对拉系统正视图

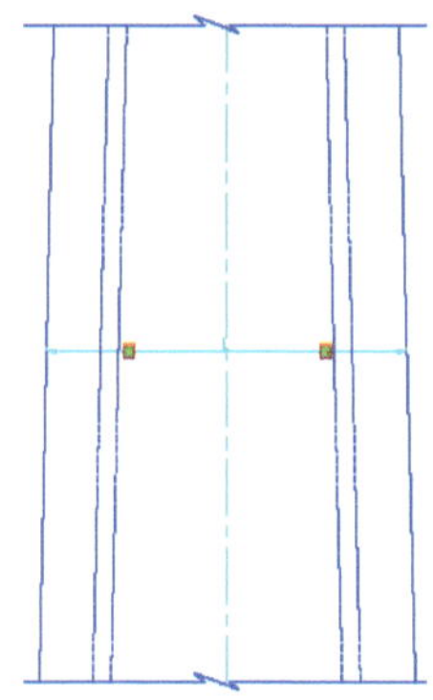

图 3-38 对拉系统侧视图

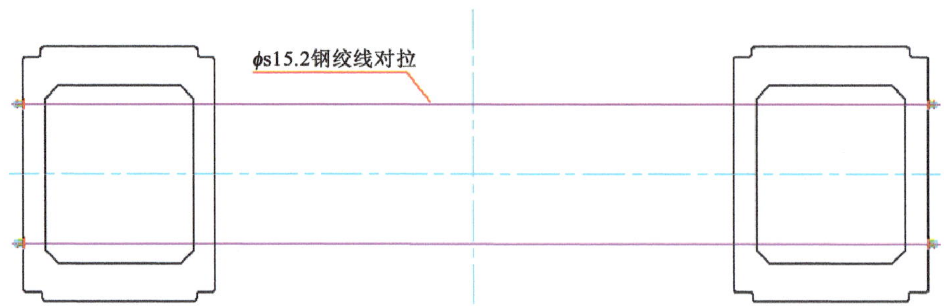

图 3-39 对拉系统剖视图

三、下横梁施工关键技术

采用塔梁同步施工工艺,下横梁在主塔施工完成 13 号节段后开始施工,浇筑完成后,液压爬模进行二次安装,进行主塔下一节段 14 号节段的施工。

1. 下横梁支架系统施工方法选择

本工程下横梁工程特点及难点如下:

(1)下横梁施工采用塔梁同步施工工艺,总体施工方量大,总计 1437m^3(下横梁 769.85m^3,主塔塔肢 667.15m^3)。

(2)横梁底部与主塔连接处设 2.49m×2.0m 倒角,对于支架体系设计和施工增加难度。

(3)下横梁距离承台顶面约 61m 高,施工高度高,对支架体系的安装和拆除,以及高空作业的安全性要求较高。

在施工图设计中,建议横梁可沿高度方向分次浇筑,但分次浇筑的时间间隔不宜超过 10d,并应采取措施防止施工接缝处产生收缩裂缝;分次浇筑时支架系统的设计宜考虑横梁的全部自重。

在下横梁施工前,考虑到质量、工期、成本等方面的因素,经过多次专家会的讨论,以及通过积极与有相关资质及设计经验的设计方联系,在设计方设计的下横梁支架的技术支撑下,形成了下横梁牛腿支架法一次浇筑施工方法。

2. 下横梁支架施工关键技术

下横梁支架采用托架形式。在塔肢上各布置 4 片三角牛腿支撑桁架,两侧支撑桁架间采用 2HN700×300 主梁连接成整体支架承力体系。考虑到上支点预埋位置和主塔 13 号节段浇筑高度,在支撑桁架上纵桥向布置 3HN400×200 垫梁,垫梁上布置卸荷砂箱及主横梁,主横梁顶横桥向布置贝雷桁架,贝雷桁架顶顺桥向布置普 I22a 分配梁,倒角处设置新制桁架作支撑梁。下横梁支架立面布置见图 3-40。

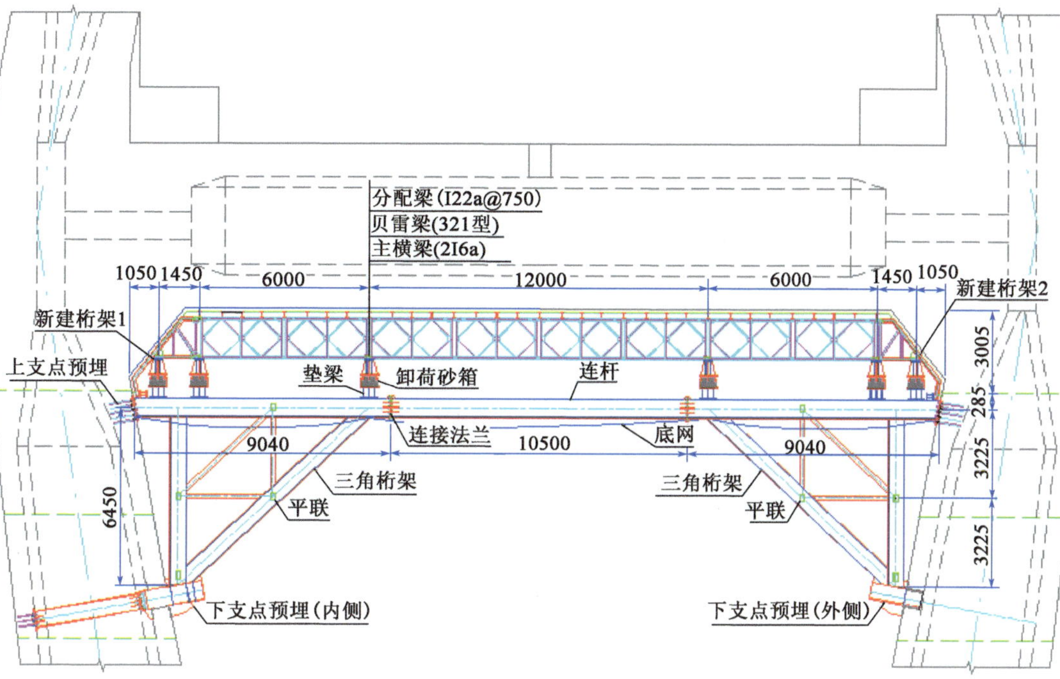

图3-40　下横梁支架立面布置图(尺寸单位:mm)

三角牛腿支撑桁架按照1.5m×2.6m×1.5m间距布置,中间顺桥向采用两道I28a平联连接,每条支撑桁架对应一排卸荷砂箱,贝雷支撑架顺桥向对称布置20道,中间用花架连接,两边布设间距为5×2.25m,中间布设间距为7×4.5m。下横梁支架侧面布置见图3-41。

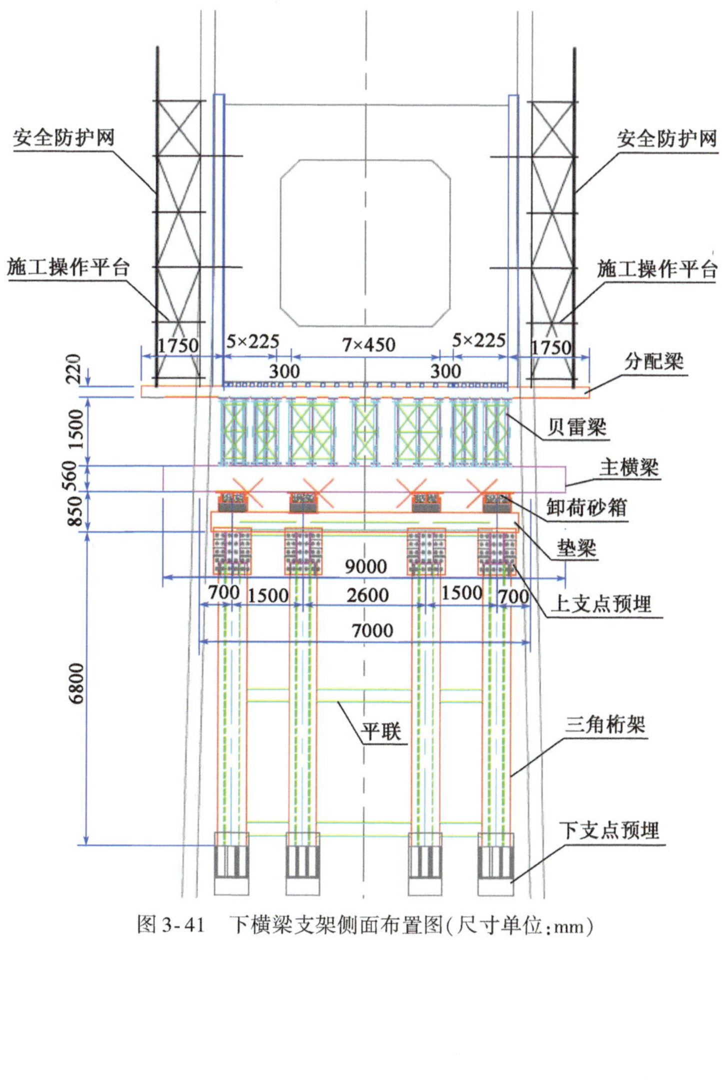

图3-41　下横梁支架侧面布置图(尺寸单位:mm)

四、新型索塔交汇段施工关键技术

1. 索塔交汇段结构简介

主塔设计采用C50混凝土，南塔塔高161m，北塔塔高151m，两塔编号分别为4号和5号，均属钢筋混凝土菱形塔，其上塔柱截面横向宽度490cm，纵向宽度700cm，索塔交汇段为圆弧形，半径8204mm，见图3-42。

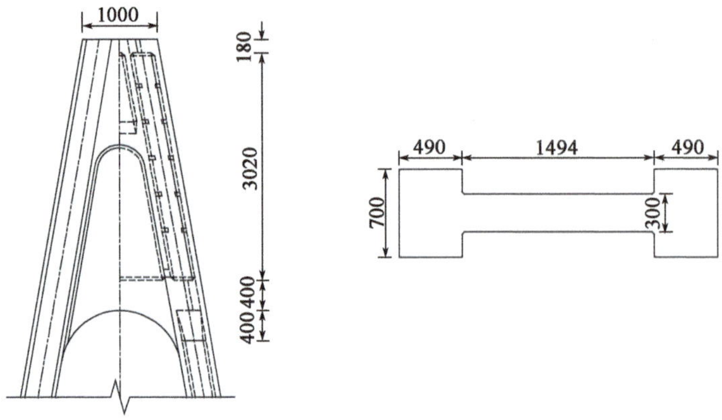

图3-42 主塔交汇段示意图(尺寸单位：mm)

2. 索塔交汇段结构优化

桥塔是斜拉桥最为重要的承重结构，必须有足够的承载力，同时要保证总体稳定性；桥塔也是突出显示斜拉桥景观效果的主体，对斜拉桥的整体美学效果具有至关重要的影响。

斜拉桥是一种缆索支撑体系桥梁，比梁桥的跨越能力更大，是大跨度桥梁的最主要桥型，斜拉桥由索塔、主梁、斜拉索组成。索塔上塔柱一般为钢筋混凝土结构，可采用隔板连接或横梁连接两种形式。从外观上看，若采用惯用的横梁连接，对桥塔挺拔高扬的外观有一定影响，对桥梁的整体景观效果造成一定的破坏；隔板连接形式具有更大的优势。在施工层面，隔板连接形式具有更好的整体性、连贯性，便于施工。交汇段为高空施工，本项目交汇段原设计方案为钢筋混凝土结构，采用以下两种施工方案。

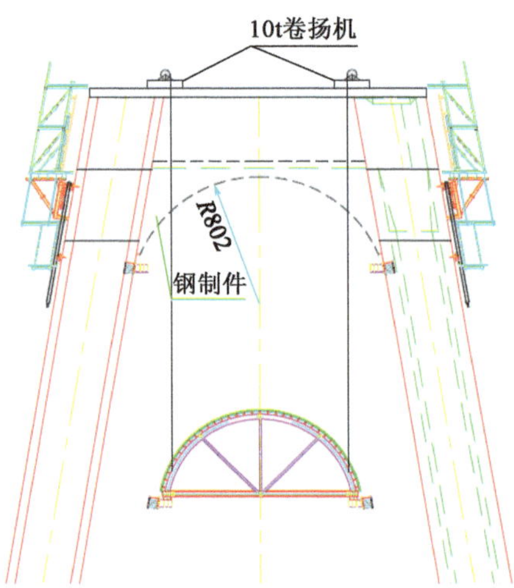

图3-43 拱架吊装图

1)牛腿法

在塔柱内侧预定位置埋设预埋板，拆除内侧爬模模板体系及施工平台，安装钢牛腿，在两塔肢间搭设临时平台，钢结构横梁拱架分成2组，利用安设于两塔肢顶的卷扬机分块吊装，然后进行组件的联系杆件，拱架安装完毕后，分块吊装钢结构横梁进行现场焊接安装。然后于其上依次铺设钢横梁、分配梁及模板系统等，拱架吊装示意图见图3-43。

钢结构横梁拱架采用I32a、H400×300型钢预先在现场加工场进行加工，重量约30t，采取整体吊装至预埋牛腿上，拱架结构图见图3-44。

该方案的缺点是钢牛腿支架安拆安全风险高、焊接工程量大，模板安装精度难以保证，混凝土施工质量及外观效果较差。

2)钢管支架方案

在主塔下横梁上搭设落地钢管支架，并铺设横梁、分配梁、模板等，支架每隔一段距离设置一道附墙。示意图见图3-45。

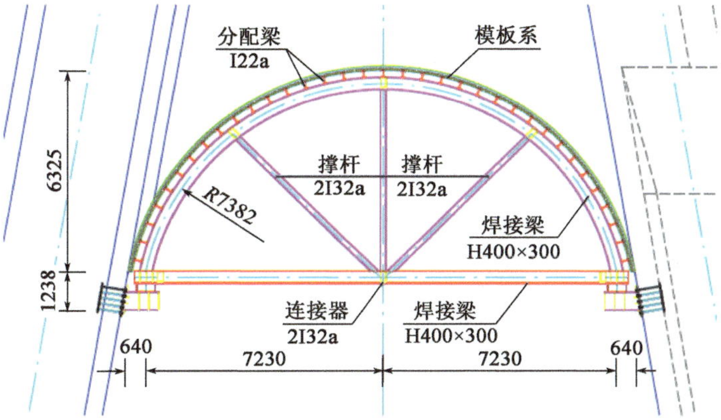

图 3-44 拱架结构图(尺寸单位:mm)

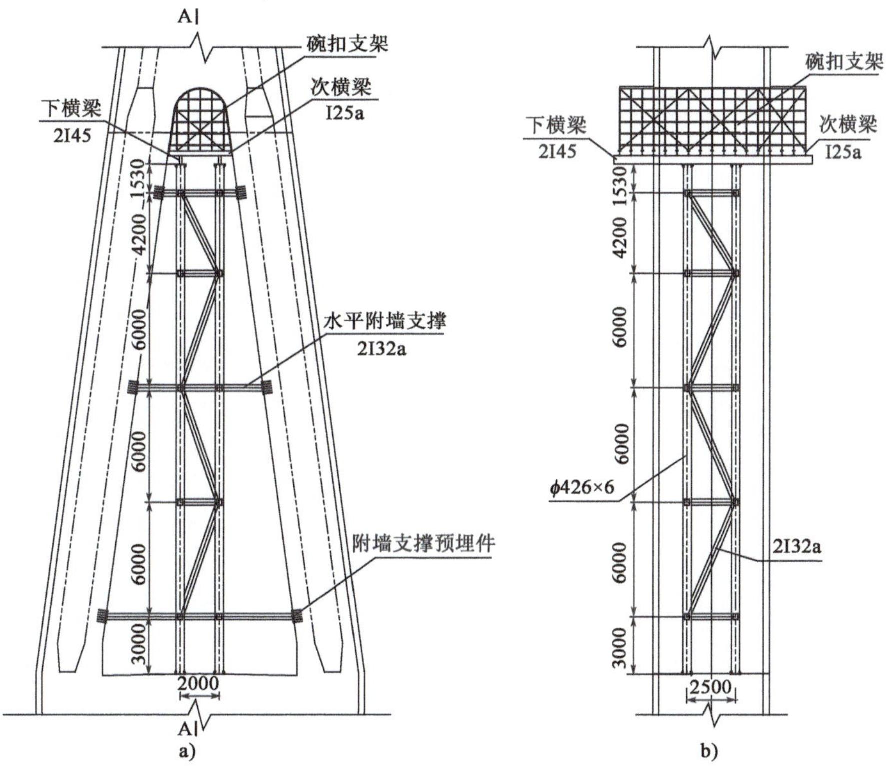

图 3-45 钢管支架方案示意图(尺寸单位:mm)

但该方案的不足相当明显:支架搭设高度过大,安拆困难,工程量大,施工安全风险高,混凝土施工质量及外观效果较差,故不宜采用。

钢筋混凝土主塔交汇段施工具有以下几种特点:

(1)交汇段处混凝土的泵送高度高,单次混凝土的浇筑方量大,对混凝土的泵送设备性能要求高。

(2)交汇段还包括内外模板的改制,预留洞口的预留及钢筋的预埋等,施工工艺复杂,施工组织要求高。

(3)交汇段的施工难度大,混凝土浇筑要考虑风振、温差、日照等影响,对施工测量要求也较高。

(4)交汇段一般处于超高空,需要搭设落地式支架或高空牛腿式拱形支架等措施,材料耗费大,安全风险大,施工周期长等特点。

本工程索塔交汇段施工,对原设计钢筋混凝土结构进行优化,提出一种用于菱形索塔交汇段"钢裹混凝土"组合体系,并解决"钢裹混凝土"这种新型组合体系结构的构件加工、超高空施工、吊装、焊接及混凝土施工等的一系列难题。

在西固黄河大桥主塔交汇段施工中，首次采用了“钢裹混凝土”组合体系的索塔交汇段结构，索塔交汇段结构以钢结构横梁代替传统的钢筋混凝土，避免了设置搭设拱形支架及安装异形模板等大量工作。

3. 新型索塔交汇段结构

本工程采用一种新型索塔交汇段钢裹混凝土组合体系。该组合体系包括设置于两根塔柱之间的横梁；该横梁为一种上端开口的，由多个箱体单元相互拼装连接形成的箱体结构的钢箱，钢箱的横桥向两端通过设置于塔柱侧壁上的锚固结构，固定在两根塔柱之间，钢箱的下端面为圆弧形的拱肋结构，拱弧半径符合交汇段设计要求，其横桥向的两侧拱脚固定在塔柱侧壁上，钢箱内侧腔体内浇筑混凝土，最终构成钢裹混凝土组合体系。横梁结构如图 3-46 所示。

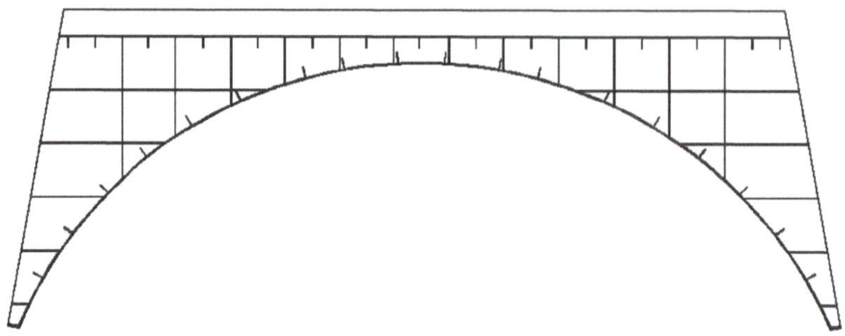

图 3-46 拱形空心钢箱体示意图

钢结构横梁安装完成后，利用其作为上隔板第一节的底模，安装上隔板劲性骨架、钢筋及模板，之后浇筑混凝土，浇筑高度与主塔分节高度一致。

1）新型索塔交汇段施工关键技术

本新型索塔交汇段结构在对应主塔节段浇筑混凝土之前，在主塔内侧预埋带剪力钉的钢板，钢构件与塔柱及横梁间混凝土采用剪力钉连接，钢结构为永久结构，采取分块吊装、现场精确定位、现场焊接的方式进行施工。

（1）索塔交汇段结构分块制作。索塔交汇段结构钢结构横梁为方便吊装，分成 4 个节段制作，分别为 2 个 TZ1、1 个 TZ2、1 个 TZ3，如图 3-47 所示。

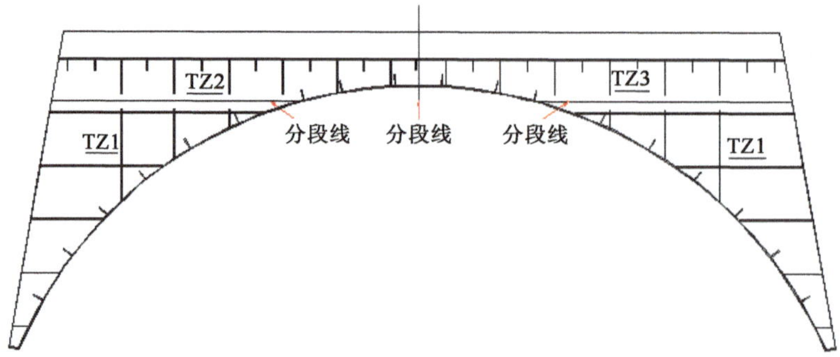

图 3-47 塔柱横梁结构分段图

其中分段 TZ3 在制作时合拢端口留有 50mm 余量，根据现场合拢情况进行配切后吊装。

（2）索塔交汇段结构安装。索塔交汇段结构安装安装需跟现场塔柱主体施工相结合，首先要将预埋板 N4 预埋在塔柱设计位置上，预埋板 N4 如图 3-48 所示。

吊装步骤如下：

首先进行分段 TZ1 的吊装，将 TZ1 与预埋板 N4 进行焊接定位，如图 3-49、图 3-50 所示。

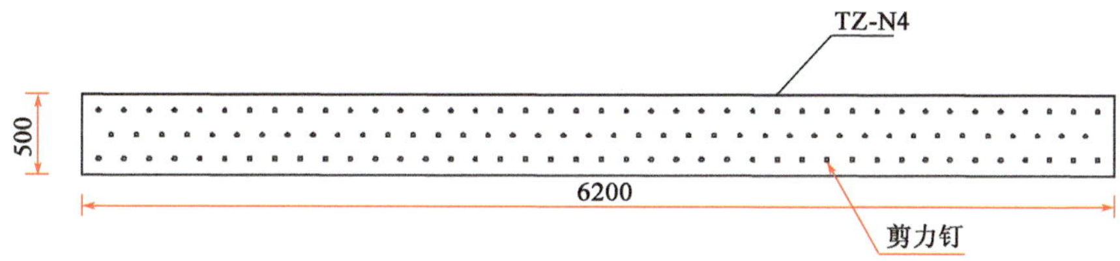

图 3-48　预埋板 N4 示意图(尺寸单位:mm)

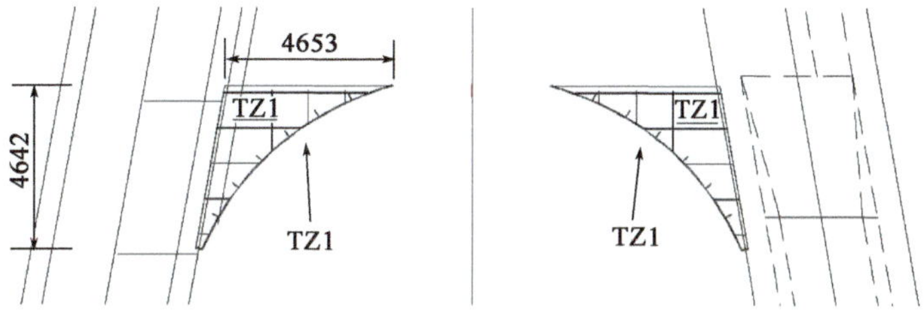

图 3-49　分段 TZ1 安装示意图(尺寸单位:mm)

图 3-50　分段 TZ1 安装

其次进行分段 TZ2 的吊装,将 TZ2 与 TZ1 及预埋板 N4 进行焊接定位,如图 3-51、图 3-52 所示。

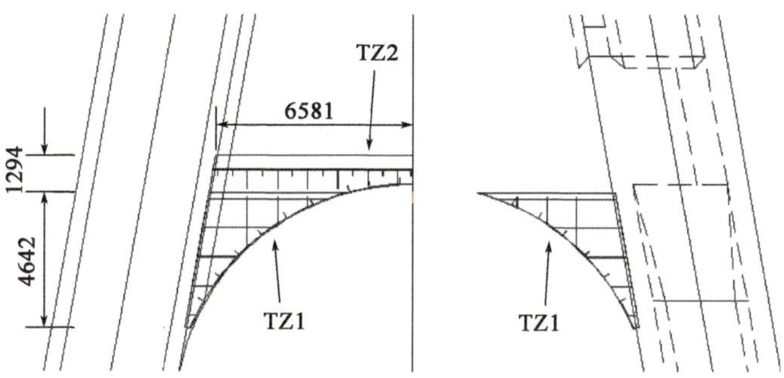

图 3-51　分段 TZ2 安装示意图(尺寸单位:mm)

图 3-52　分段 TZ2 安装

最后通过测量合拢段 TZ3 的安装宽度尺寸，对 TZ3 合拢端口进行相应配切后吊装，如图 3-53 所示。

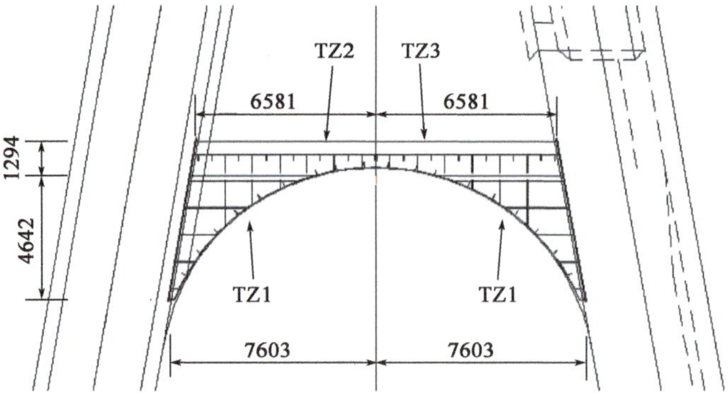

图 3-53 分段 TZ3 安装示意图(尺寸单位:mm)

吊装前在预埋板 N4 预埋的位置下底边低 1000mm 的水平高度搭设施工平台，塔柱横梁分段 TZ1 上端低 1000mm 的水平高度搭设施工平台，两施工平台高度差 4600mm，如图 3-54 所示。

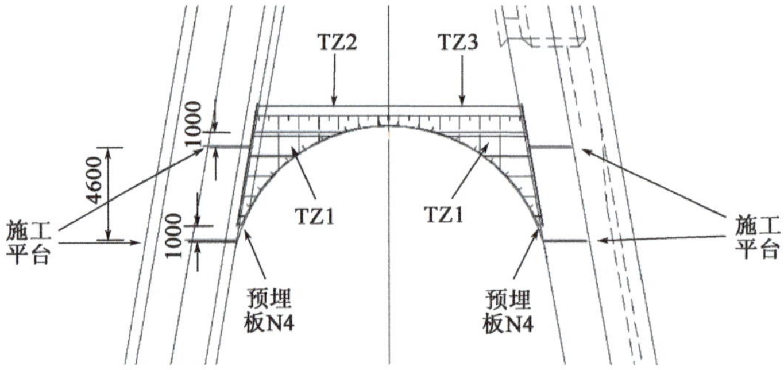

图 3-54 施工平台示意图(尺寸单位:mm)

吊装过程全程监测，首先在埋板上把下定位点标示出，在定位点临时焊接 4 块定位板，根据定位点进行 TZ1 的吊装。施工操作平台采用在塔肢上预埋锥形螺母，加工精轧螺纹钢与螺母紧固形成承重结构，再铺设木跳板搭建临时操作平台，同时在分段 TZ1 与埋板 N4 焊接位置制作了临时挂梯，方便 TZ1 与预埋板 N4 进行焊接固定定位。

在 TZ1 定位的基础上，进行分段 TZ2 的吊装，将 TZ2 与 TZ1 及预埋板 N4 进行焊接定位。

最后通过测量控制合拢段 TZ3 的安装宽度尺寸，对 TZ3 合拢端口进行相应配切后吊装。由于塔肢为八字形状，塔肢外侧有爬模影响，吊装最后的合拢段现场临时采取了再分段的方法吊装，先吊装靠近埋板 N4 的一节，焊接定位后，再吊装合拢节段。这样解决了合拢段垂直下落不到位的困难。

2）索塔交汇段结构现场焊接

整个吊装过程中，分段 TZ1 定位前，确保上表面的水平及前后位置正确，然后在 TZ1 上表面四周放置 T 形限位块，确保吊装 TZ2 时与 TZ1 的对接口一致，定位 TZ2 时对钢横梁上表面进行复测，达到设计尺寸要求后进行整体焊接工作。

塔柱分段与预埋板 N4 进行焊脚为 8mm 的双面角焊，而分段之间的焊缝将进行贴陶瓷垫焊接，由于高空悬空，给合拢缝的焊接形成了很大困难，根据索塔交汇段结构的实际尺寸，制作了相应的挂篮，通过挂篮搭上木跳板提供操作面，在外侧焊缝处贴上陶瓷衬垫，在索塔交汇段结构箱体顶板开两个 300 × 600mm 的人孔，便于进入箱体内进行焊接，在箱体里面一边焊接双面成型，最后将人孔板贴钢衬垫焊接封住人孔，解决了高空焊接难的问题。

3）索塔交汇段结构现场焊缝涂装

对现场拼装焊接的焊缝进行人工打磨处理 st3 级，按涂装体系结合梁的要求进行底漆、中间漆及面漆的涂装。涂装要求如表 3-4 所示。

索塔交汇段结构现场焊缝涂装要求　　表3-4

部　位	油 漆 种 类	干膜厚度(μm)
现场焊缝	表面处理;人工打磨处理 st3 级、粗糙度 Rz50 ~ 80μm	—
	环氧富锌底漆	75
	环氧云铁中间漆	125
	丙烯酸脂肪族聚氨酯面漆	80

五、索导管精准安装

1. 索导管精确定位方法

利用两条长 1m、宽 0.06m、厚 0.005m 的等边角钢作为支撑点,通过支撑点精确点位索导管(图3-55、图3-56)。

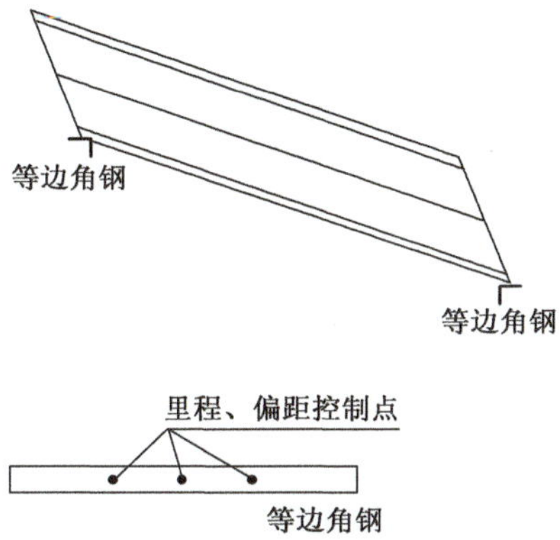

图3-55　索导管定位装置示意图

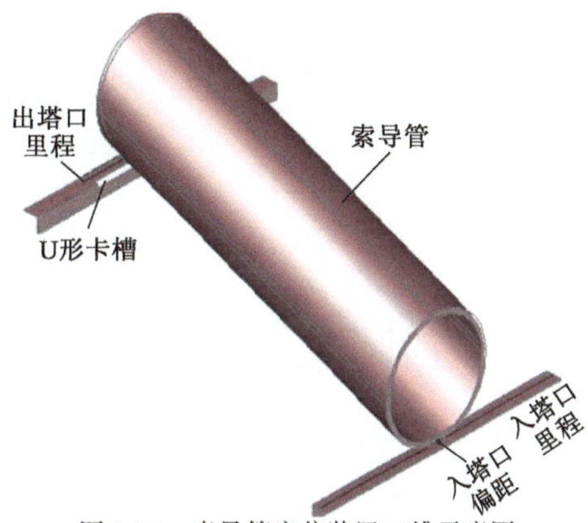

图3-56　索导管定位装置三维示意图

(1)在定位索导管前,用全站仪放样出索导管下底口高程,焊接等边角钢,利用水平尺严格整平。

(2)在等边角钢上放样出索导管里程边线和偏距控制点,待索导管安装时直接放在等边角钢上就能保证索导管处于设计位置处。

2. 索导管精确定位流程图(图3-57)

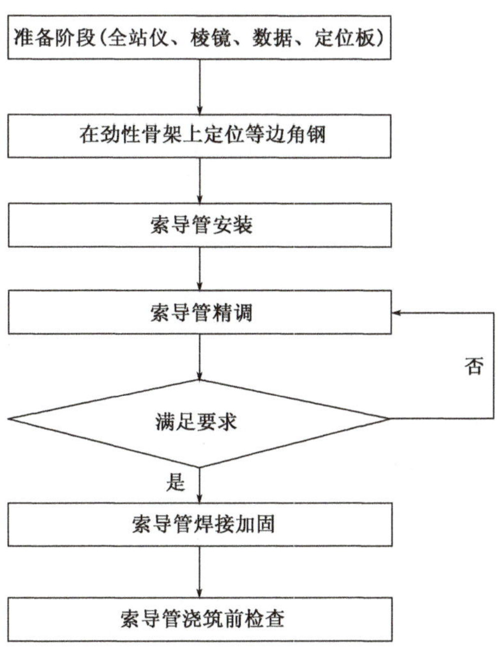

图3-57　索导管定位方法流程图

3. 索导管定位安装数据对比

根据西固大桥正在安装的索导管进行复测收集实测数据，与设计值进行对比，见表3-5。

索导管定位安装数据对比表　　表3-5

墩　号	检查点	设计值(m)			实测值(m)			偏差值(mm)		
		L	M	Z	L	M	Z	ΔL	ΔM	ΔZ
4号墩左幅中跨	SMC6	48372.300	-6.094	1672.604	48372.297	-6.092	1672.608	-3	-2	4
	SMC7	48372.300	-5.627	1675.308	48372.302	-5.623	1675.312	2	-4	4
4号墩左幅边跨	SSC6	48367.700	-6.092	1672.603	48367.702	-6.087	1672.598	2	5	-5
	SSC7	48367.701	-5.625	1675.307	48367.703	-5.621	1675.311	2	-4	4
4号墩右幅中跨	SMC6	48372.300	6.094	1672.604	48372.305	6.095	1672.600	5	1	-4
	SMC7	48372.300	5.627	1675.308	48372.306	5.629	1675.313	6	2	5
4号墩右幅边跨	SSC6	48367.700	6.092	1672.603	48367.698	5.629	1675.309	-3	4	2
	SSC7	48367.701	5.625	1675.307	48367.698	5.629	1675.309	-3	4	2
5号墩左幅中跨	NMC6	48727.700	-6.094	1672.604	48727.702	-6.099	1672.599	2	5	-5
	NMC7	48727.700	-5.627	1675.308	48727.698	-5.621	1675.305	-2	6	-3
5号墩左幅边跨	NSC6	48732.300	-6.092	1672.603	48732.304	-6.094	1672.609	4	2	6
	NSC7	48732.299	-5.625	1675.307	48732.300	-5.630	1675.312	1	5	-4
5号墩右幅中跨	NMC6	48727.700	6.094	1672.604	4827.712	6.100	1672.610	12	6	5
	NMC7	48727.700	5.627	1675.308	48727.702	5.624	1675.305	2	-3	-2
5号墩右幅边跨	NSC6	48732.300	6.092	1672.603	48732.296	6.087	1672.598	-4	-5	-3
	NSC7	48732.299	5.625	1675.307	48732.303	5.621	1675.303	4	-4	1

注：L、M、Z分别代表里程、轴线、高程。

六、现场施工

1. 下塔柱对拉系统的现场应用

下塔柱钢绞线对拉系统，与传统的外倾下塔柱精轧螺纹钢对拉系统相比，钢绞线对拉系统具有施工方便、应力控制准确的优点，较大程度地节省了临时施工平台用钢材。在所依托工程桥塔下塔柱施工中成功应用，保证了外倾下塔柱的控制要求。施工及应用见图3-58、图3-59。

图3-58　下塔柱钢绞线对拉系统施工

图3-59　下塔柱钢绞线对拉系统应用

2. 下横梁支架系统的现场应用

所依托工程主塔下横梁支架系统采用牛腿支架系统，下横梁一次性浇筑，优化原设计落地支架与混凝土分两次浇筑方案，确保了混凝土施工质量，提高了下横梁的整体刚度，节省临时支架钢材 39t，工期节省 19d，共计节约施工成本 147 万元。施工及应用见图 3-60、图 3-61。

图 3-60 下横梁支架系统施工

图 3-61 下横梁支架系统应用

3. 新型索塔交汇段的现场应用

所依托工程主塔交汇段距承台高度 137m，距下横梁顶面高度 70m，优化原设计钢筋混凝土结构，采用"钢裹混凝土"新型索塔交汇段，有效解决了高空索塔钢筋混凝土交汇段施工难度大、安全风险高、质量控制难、辅助措施及辅助材料耗费大等难题。节省支架与模板用钢量 196t，工期较传统索塔交汇段施工提前 10d，施工成本共计节约 126 万元。施工及应用见图 3-62、图 3-63。

4. 索导管精准安装现场应用

所依托工程采用索导管精准定位装置，不但使索导管、钢锚梁的定位精度满足了要求，而且定位过程灵活、迅速，节省了人力物力，保证了现场施工进度的要求，是一种切实可行的测量控制方法。其安装如图 3-64 所示。

图 3-62 新型索塔交汇段施工

图 3-63 新型索塔交汇段应用

图 3-64 索导管精准安装

第五节 超高大跨结合梁斜拉桥主梁施工及控制关键技术研究

一、超高结合主梁零号块施工关键技术

本项目 0 号块节段长度 12m，主要由工字形边主梁与横梁构成，上铺预制桥面板，钢横梁之间设置 3 道小纵梁，以增加桥面板横向分块。0 号块钢梁空间结构图见图 3-65。

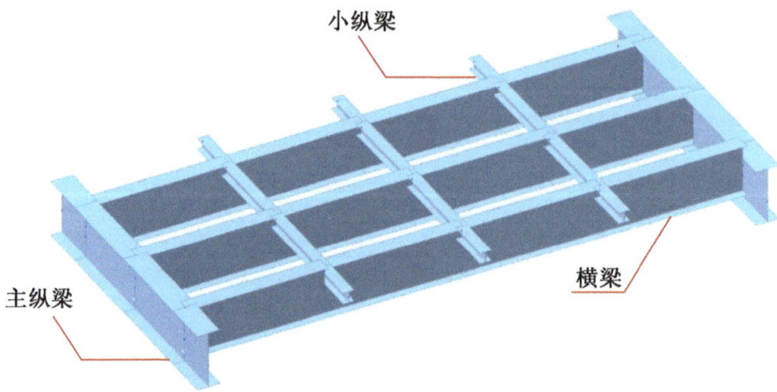

图 3-65 单节钢梁结构图

0 号块施工包括 0 号块支架设计与施工、0 号块梁段临时固结、0 号块梁段钢梁拼装等。

1. 超高空零号块支撑系统设计及安装技术

塔梁区搭设 0 号块支架结构应能满足如下功能：0 号块钢梁的吊装、滑移、搁置、精确调位和第一台桥面吊机（整机重量 110.5t）的拼装；0 号块支架和竖向支座垫石上的钢垫块在 1 号索张拉前一起承受 1 个 0 号块钢梁、2 个 1 号块钢梁和 1 台桥面吊机的重量，共计 537.7t。

1）总体设计思路

由于黄河为不通航河流，而且结合梁安装高度约 70m，0 号块支架采用牛腿支架形式，附着在下横梁及支座垫石位置。

2）结构型式设计

支架采用牛腿支架形式，主要由主纵梁（3HN700 × 300）、支撑梁及牛腿柱（2HN700 × 300）、连接系（$\phi600\times8+\phi426\times6$）、对拉系统和操作平台组成。主纵梁和支撑梁形成三角牛腿，每墩边、中跨方向共有 4 组，紧贴在横梁支座垫石顺桥向的两侧，为优化支架受力，边、中跨对应的两个三角牛腿通过预埋在垫石内的通长 JL32 对拉连接，横桥向通过连接系连接。支架设计详见图 3-66 ~ 图 3-68。

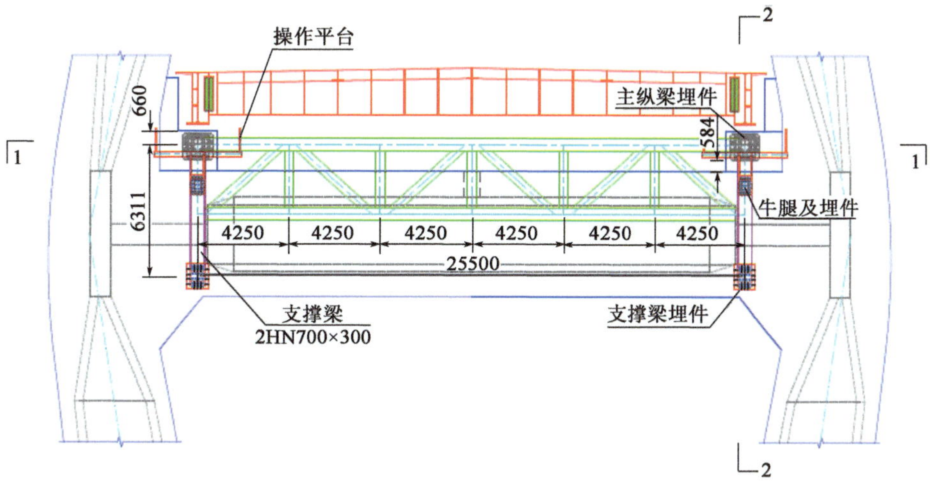

图 3-66　0 号块支架总体布置图（尺寸单位：mm）

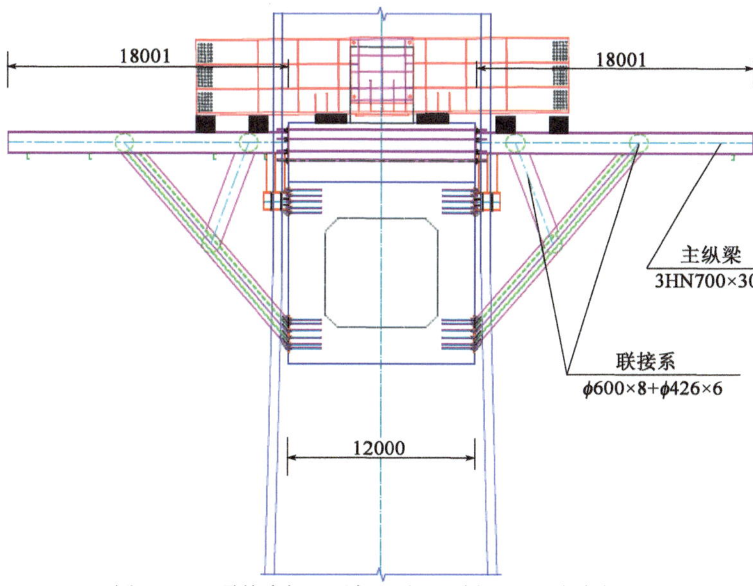

图 3-67　0 号块支架立面布置图（2-2 剖面）（尺寸单位：mm）

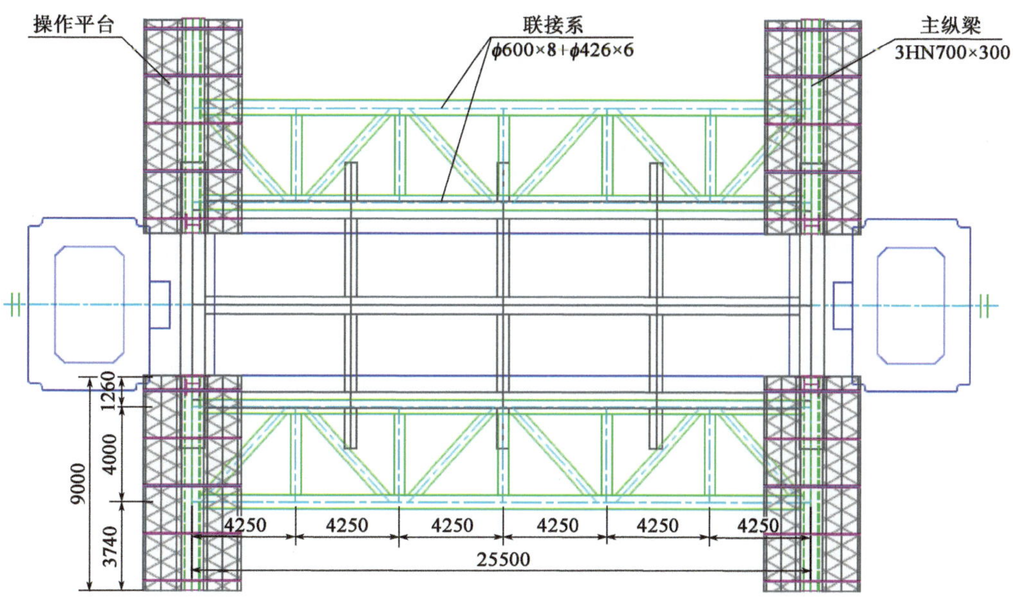

图 3-68　0 号块支架平面布置图（1-1 剖面）（尺寸单位：mm）

3）支架详细结构说明

支架包括主纵梁（3HN700×300）、支撑梁和牛腿柱（2HN700×300）、连接系（ϕ600×8+ϕ426×6）、对拉系统和操作平台组成。

（1）主纵梁和对拉系统。支架主纵梁设置在竖向支座垫石两侧，由3HN700×300组成，长9m。垫石两侧的主纵梁通过垫石内的14根JL32的精轧螺纹钢对拉整体受力。

支架主纵梁顶部较支座垫石顶面低31cm，较钢梁主梁底面低60cm，梁上设置钢垫块承重、定位。

（2）支撑梁和牛腿。支撑梁和牛腿柱由2HN700×300组成。支撑梁设置在下横梁下部，和主纵梁形成三角牛腿形式，整体承受荷载。牛腿柱设置在下横梁上部，支撑主纵梁，减小主纵梁承受的剪力。

（3）连接系。连接系由ϕ600×8+ϕ426×6钢管焊接组成，整体呈三角柱形。连接系把垫石南北每侧的主纵梁支撑梁三角牛腿连成整体，提高稳定性。连接系见图3-69。

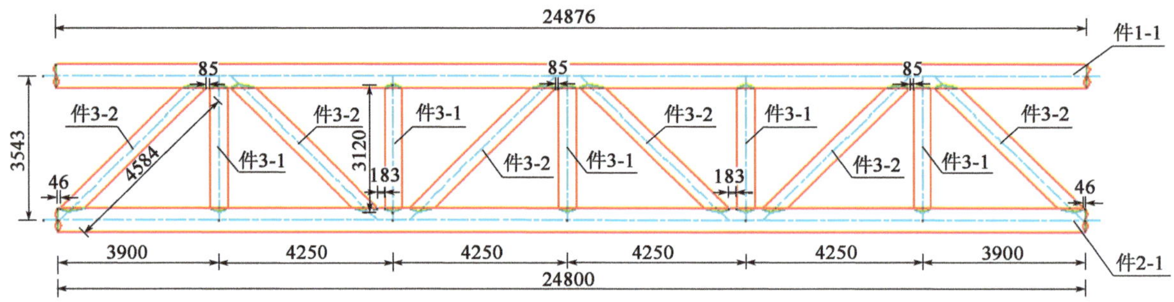

图3-69 0号块支架连接系示意图（尺寸单位：mm）

（4）操作平台。在主纵梁底部每侧设置1.5m宽的操作平台，用于0号块、1号块的安装。操作平台由分配梁、钢面板、防护栏杆组成。操作平台见图3-70。

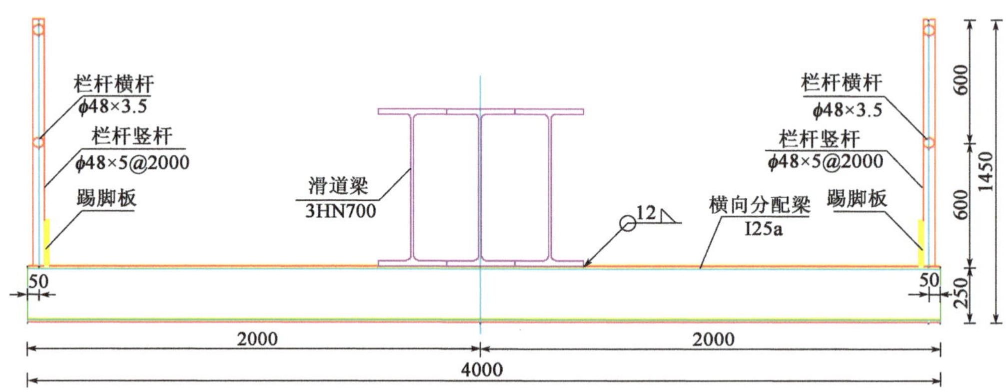

图3-70 0号块支架操作平台剖面示意图（尺寸单位：mm）

（5）滑道系统。塔梁区0号块的两个边主梁（主梁A）无法直接吊至设计位置，需依靠滑道系统横移。滑道系统由竖向钢管（Φ1020×10）、横梁分配梁（2HN588×300）、轨道梁（3HN400×200）、四氟乙烯板、橡胶块组成。施工时在四氟乙烯板上涂满黄油，减少边主梁滑移时的摩擦力。滑道系统见图3-71。

4）0号块支架安装

（1）预埋件施工

①支撑梁、牛腿埋件

支撑梁埋件采用锚筋和等强直螺纹锥形连接套筒配锚板组成，锚筋采用HRB400 28钢筋，锚固长度L=1000mm。下支点预埋细部图见图3-72。

牛腿埋件采用锚筋和等强直螺纹锥形连接套筒配锚板组成，锚筋采用HRB400 28钢筋，锚固长度L=1000mm。上支点预埋细部图见图3-73。

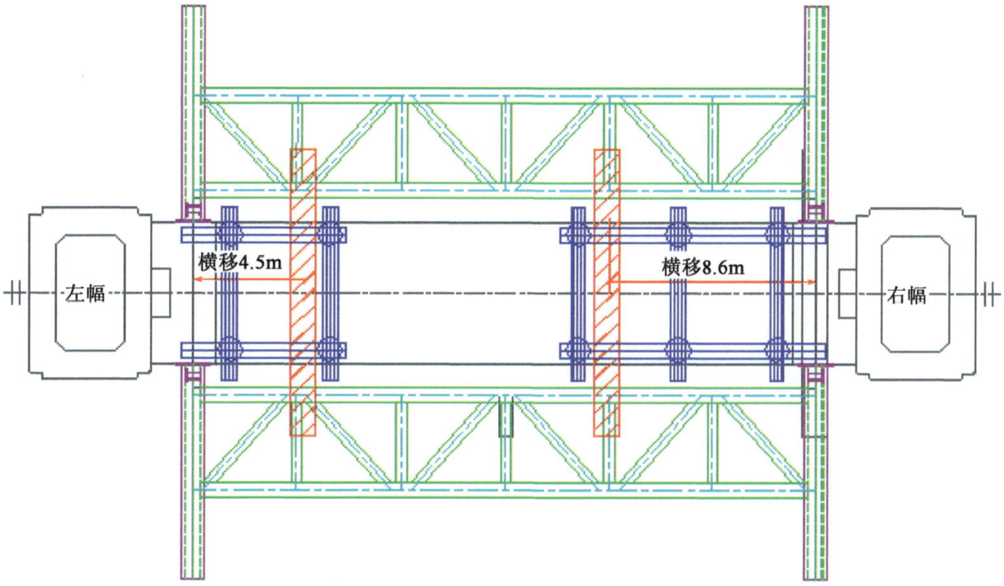

图 3-71 滑移系统平面示意图

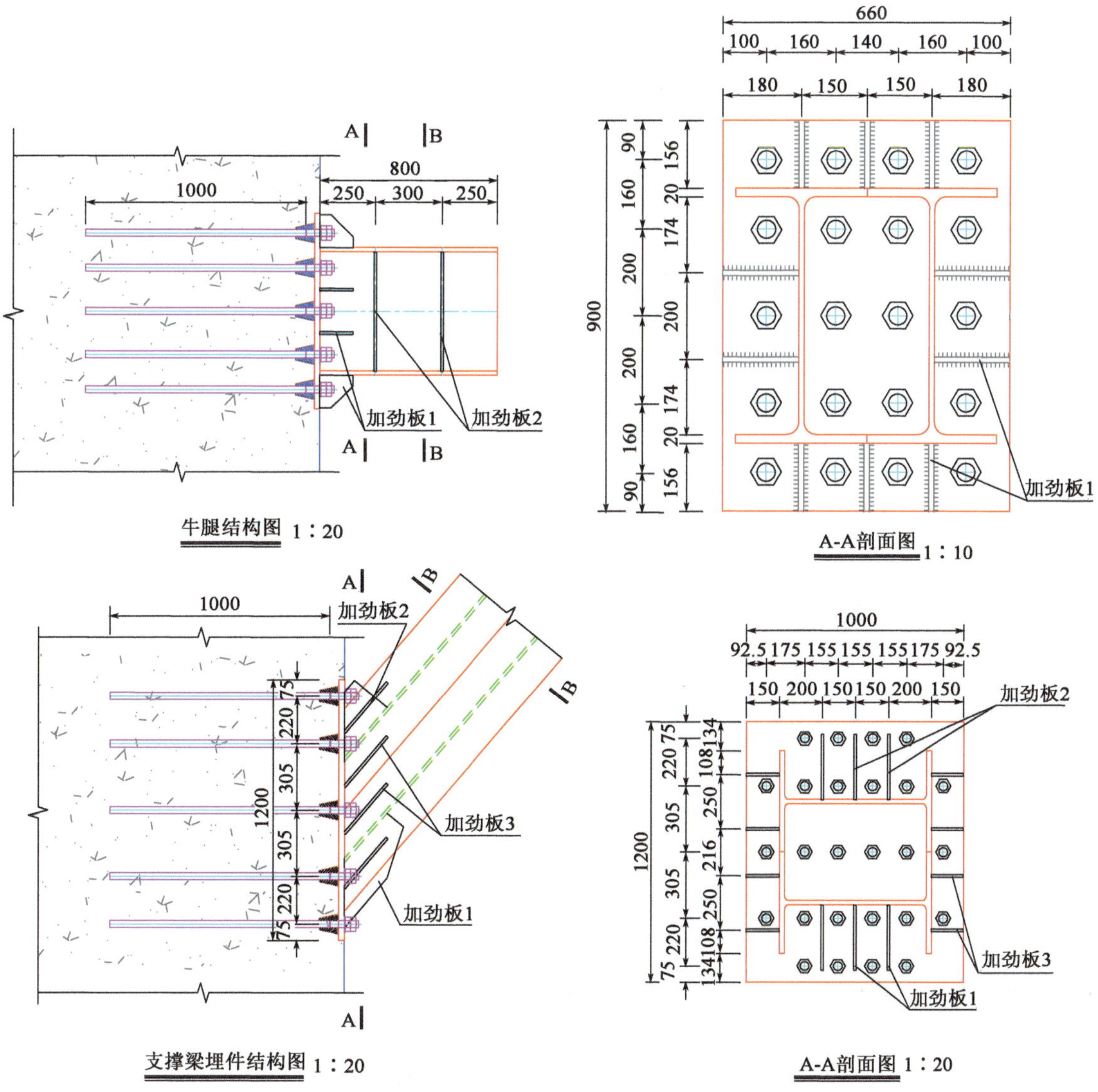

图 3-72 支撑梁支点预埋件细部图(尺寸单位：mm)

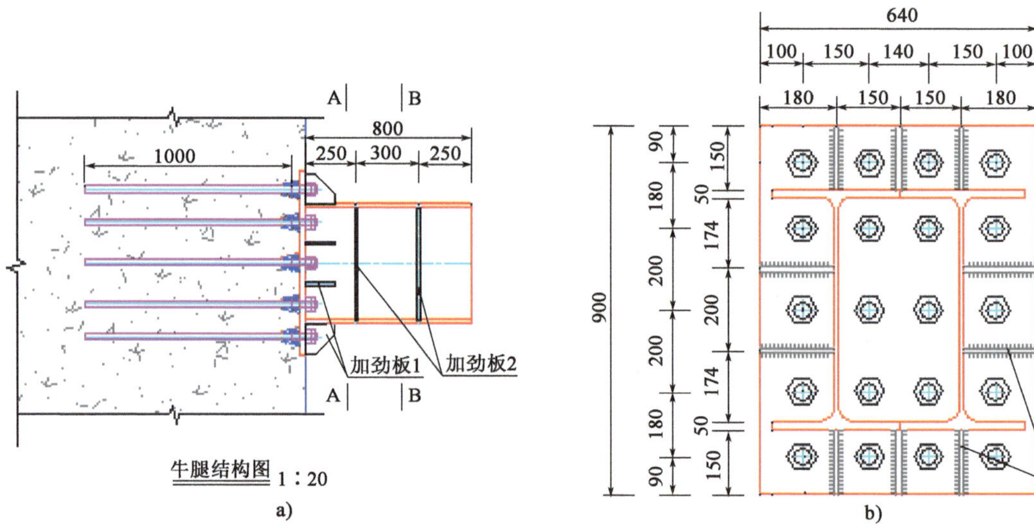

图 3-73 牛腿支点预埋件细部图(尺寸单位：mm)

支撑梁预埋件、牛腿预埋件在主塔横梁施工时精确预埋锚筋和锥形螺母。安装锚板在安装支架构件时，根据实际情况下料钻孔。

②对拉系统埋件施工

对拉系统采用 M32 精轧螺纹钢和锚板组成，预埋细部图见图 3-74。

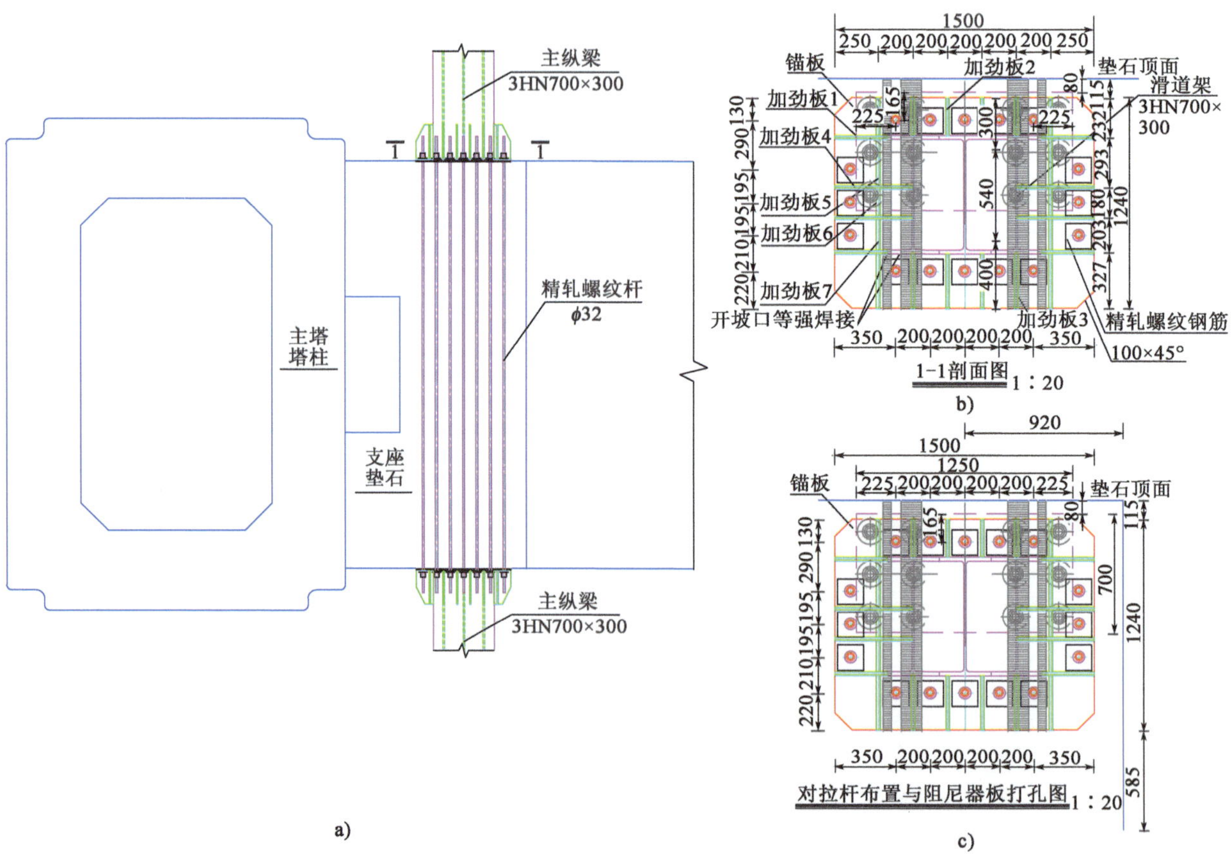

图 3-74 对拉系统细部图(尺寸单位：mm)

在竖向支座垫石施工时，预埋精扎螺纹钢管道，管道采用 $\phi48\times3.5$mm 的脚手管。

(2)牛腿安装

①施工准备

施工前安装操作平台，各埋件下 30cm，通过横梁套筒预埋搭设扁担梁，扁担梁上铺设木板固定作为安装支撑梁施工操作平台。安装见图 3-75。

②锚板安装

牛腿锚板尺寸为 900×660×25mm 钢板，后场加工完成。锚板与预埋件采用 M28 螺栓连接。现场采用 900×660mm 的纸块贴住预埋件，通过锤子敲击确定预埋件位置，随后把纸板贴在钢板上定位螺栓位置，用磁力钻打孔。钢板采用塔吊起吊到预埋件位置，采用螺栓螺帽连接安装锚板。

③牛腿安装

牛腿采用塔吊吊装就位，通过测量校核高程符合要求直接点焊固定，随后按要求施焊加固。安装完成后测量校核牛腿顶高程，确保牛腿顶高程与设计高程一致。安装示意图见图 3-76。

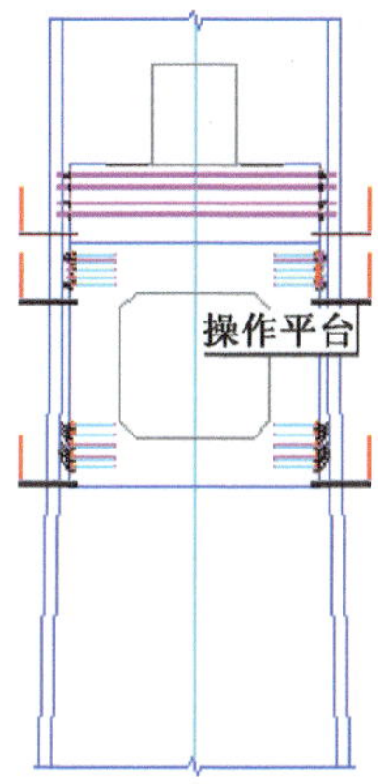

图 3-75 操作平台断面图

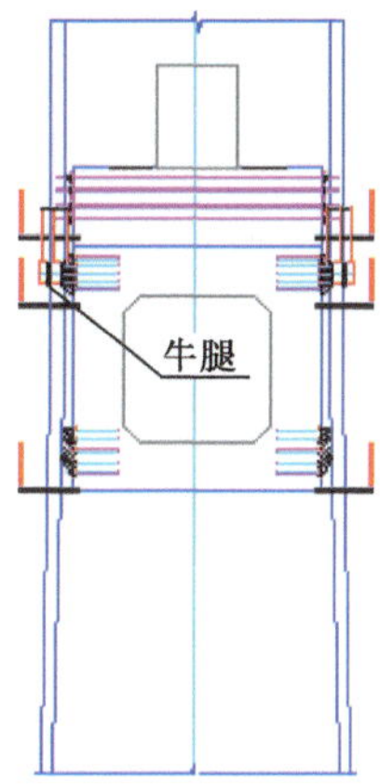

图 3-76 安装牛腿(单重 0.2t)

(3)主纵梁安装

①锚板安装

主纵梁锚板尺寸为 1500×1240×30mm 钢板，后场加工完成。精轧螺纹钢孔位根据现场实际位置确定。

②对拉体系张拉

主纵梁锚板安装完成后进行对拉体系张拉，对拉体系采用 14 根 ϕ32 精轧螺纹钢。精轧螺纹钢采用单端张拉，单根精轧螺纹钢张拉力为 20t。

主纵梁由长 9m 的 3HN700×300 的型钢组成，内侧与对拉系统锚板焊接，采用临近塔吊吊装安装。起吊时，内侧钢丝绳与主纵梁连接，外侧钢丝绳通过 10t 手拉葫芦与主纵梁连接，主纵梁起吊至设计位置，内侧放置于牛腿上精调至设计高程，主纵梁上口与锚板初步施焊，通过手拉葫芦调节主纵梁至水平，然后按要求焊接加固。安装示意图见图图 3-77。

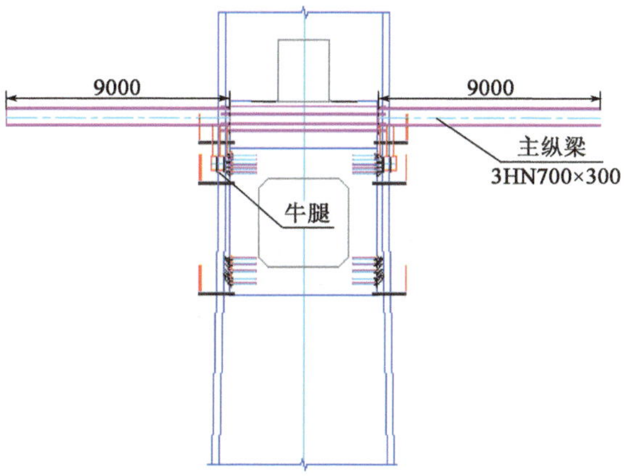

图 3-77 安装牛腿(单重 4.9t)(尺寸单位：mm)

(4)支撑梁安装

①锚板安装

支撑梁锚板尺寸为 1200×1000×25mm 钢板，后场加工完成。锚板与预埋件采用 M28 螺栓连接。现场采用 1200×1000mm 的纸块贴住预埋件，通过锤子敲击确定预埋件位置，随后把纸板贴在钢板上定位螺栓位置，用磁力钻打孔。钢板采用塔吊起吊到预埋件位置，采用螺栓螺帽连接安装锚板。

②支撑梁安装

支撑梁由 2HN700×300 组成，利用塔吊采用两吊点法起吊安装，其中内侧钢丝绳采用 10t 手拉葫芦连接支撑梁。塔吊吊装支撑梁至设计位置，采用手拉葫芦调节钢丝绳长度定位支撑梁至设计位置。支

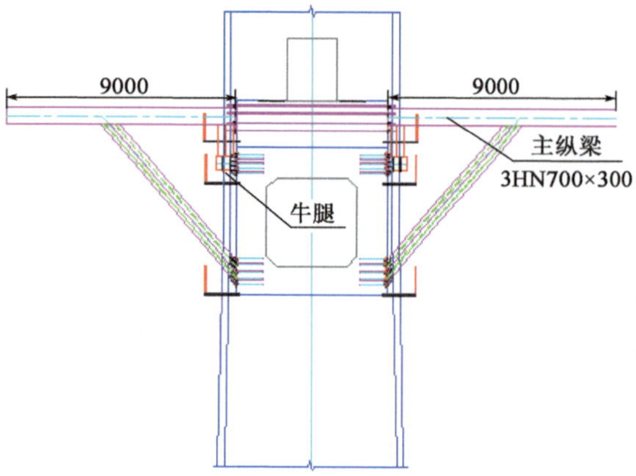

图 3-78　安装牛腿(单重 3.0t)(尺寸单位:mm)

撑梁定位时,先在主纵梁上定位水平位置,在定位下支点位置。施焊时严格执行图纸要求。支撑梁安装示意图见图 3-78。

(5)连接系安装

连接系由 $\phi600\times8+\phi426\times6$ 钢管焊接组成,后场拼装完成。连接系撑断面成三角形,最宽 4.347m,长 24.876m,采用 17m 平板车运送至施工现场,其中 4 号墩连接系运输至栈桥靠近附壁吊机拐角处,5 号墩连接系运输至南侧便道上。连接系单重为 17t,壁吊机起吊安装。连接系断面图见图 3-79、图 3-80。连接系起吊平面图见图 3-81、图 3-82。

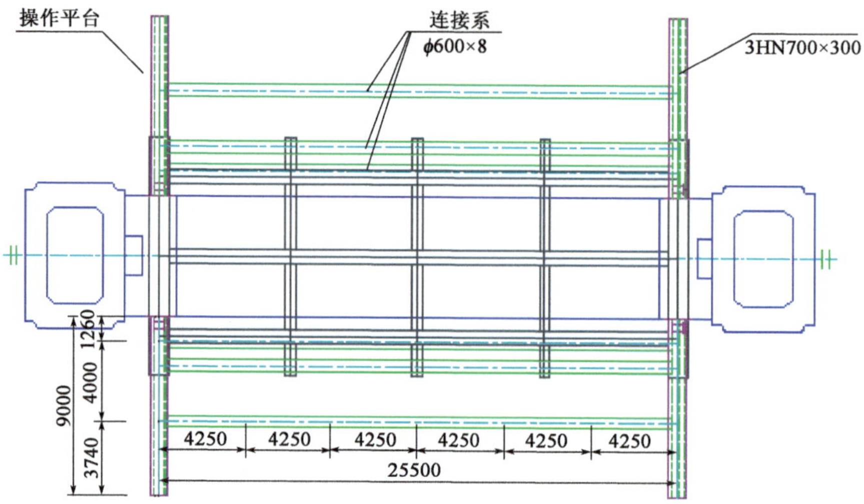

图 3-79　安装主钢管平面图(尺寸单位:mm)

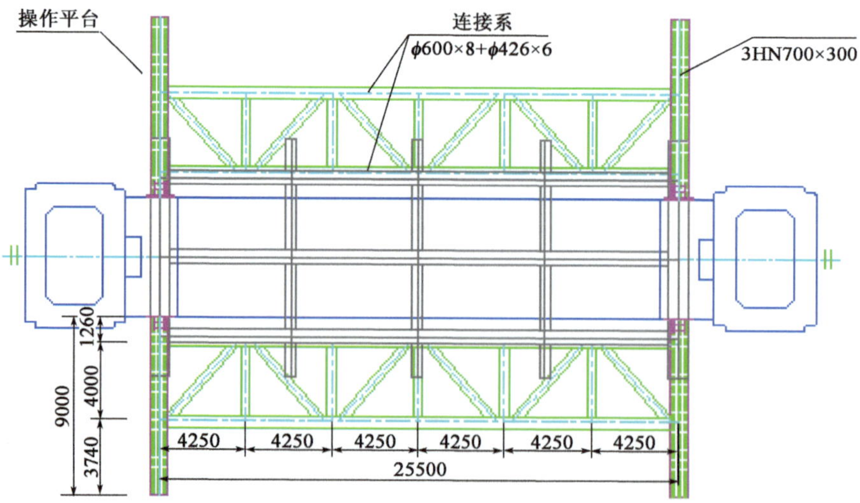

图 3-80　安装连接系撑平面图(尺寸单位:mm)

(6)滑移系统安装

0 号块边主梁采用附壁吊机无法直接就位,采用轨道滑移系统就位边主梁。滑道系统竖向钢管($\Phi820\times10$)、横梁分配梁($2HN588\times300$)、轨道梁($3HN400\times200$)、聚四氟乙烯板、橡胶块组成。安装时按照竖向钢管、横向分配梁、轨道梁、聚四氟乙烯板顺序安装,橡胶块与边主梁固定滑移。滑移系统见图 3-83、图 3-84。

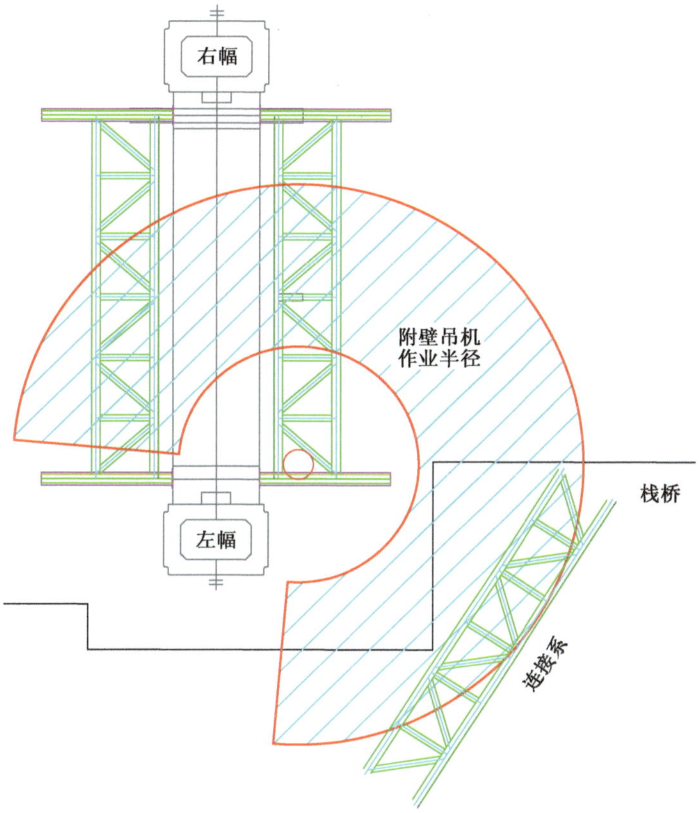

图 3-81　4 号墩连接系起吊平面图

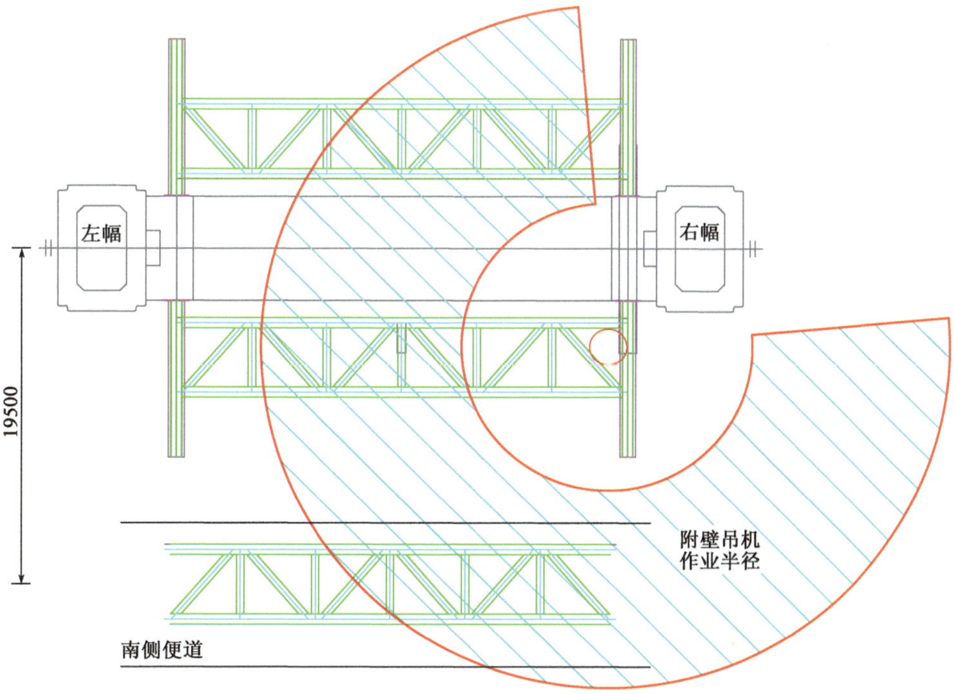

图 3-82　5 号墩连接系起吊平面图

2. 结合梁零号梁施工关键技术

结合梁的钢梁构件在工厂制造，预拼合格后散件陆运至现场，现场设置存放场。0 号块节段由附壁吊机安装，其余节段由 35t 桥面吊机安装。

1）设备选择

由于黄河为不通航河流，而且结合梁安装高度约 70m。为解决 0 号块钢梁拼装及桥面吊机的安装，在4号、5号主塔各布置一台附壁吊机。附壁吊机示意图、参数见图3-85,吊幅示意图见图3-86。

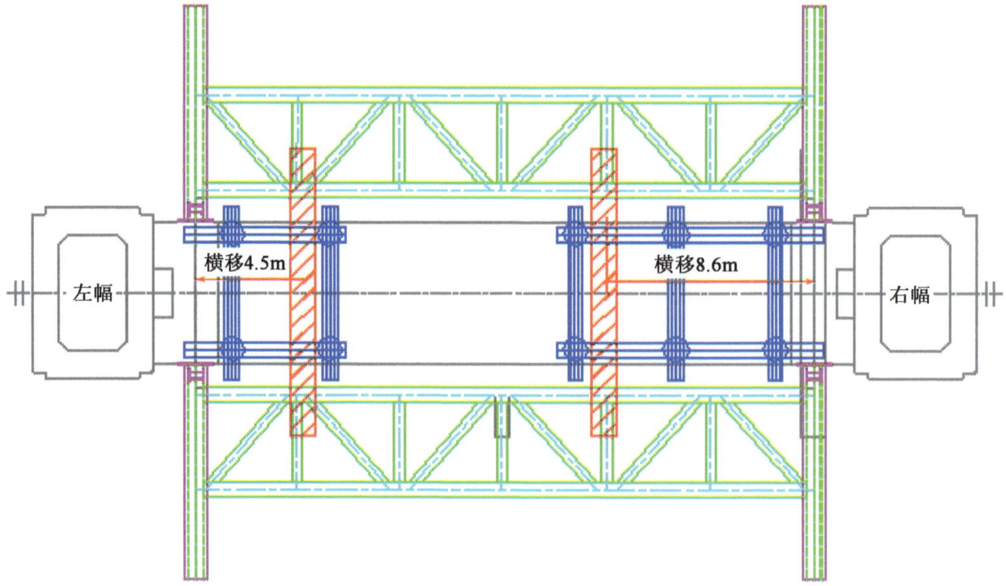

图3-83　滑移系统平面图

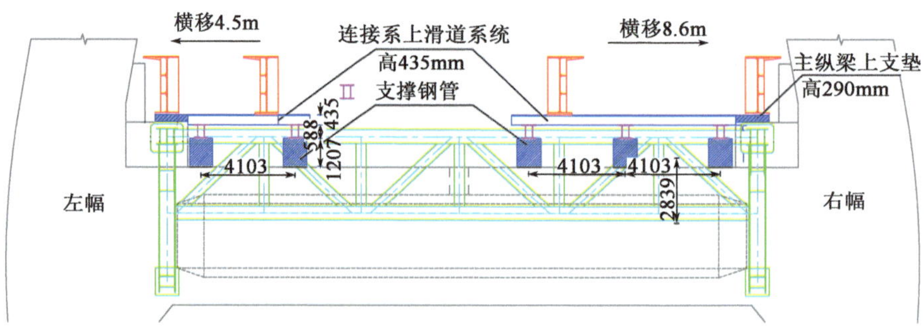

图3-84　滑移系统断面图

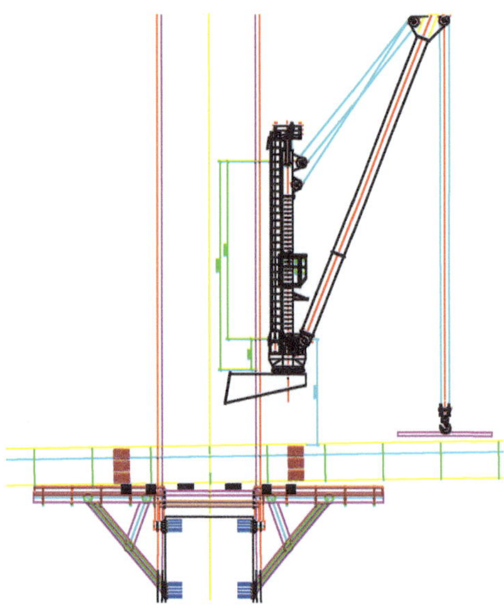

整机参数		起升机构	
工作级别	M4		主钩
起升高度	80m	额定起重量	35t
		额定载荷速度	0～5.0m/min
吊臂长度	23.9m	空载速度	0～10.0m/min
整机电源	60kW 380V	钢丝绳位率	4(2)
整机重量	43t	电机功率	37kW
变幅机构		回转机构	
变幅范围	9～19m	回转角度	270°
变幅速度	0～2.0m/min	回转速度	0～0.4r/min
钢丝绳位率	8	电机功率	2×7.5kW
电机功率	30kW		

图3-85　附壁吊机示意图

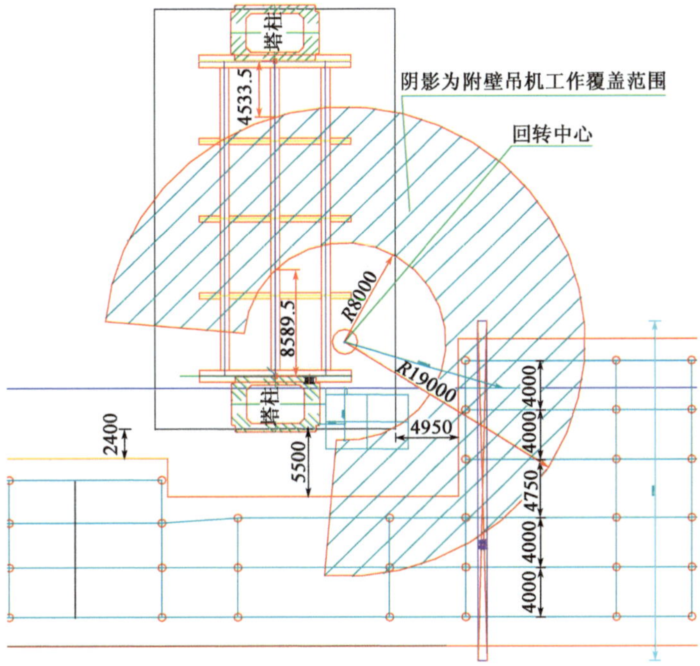

图 3-86　附壁吊机吊幅示意图(尺寸单位:mm)

2)总体工艺流程

0 号块钢梁钢构件在加工厂制作、预拼、涂装完成后,散件运到施工现场,采用附壁吊机起吊。由于附壁吊机吊幅原因,0 号块边主梁需要利用滑道横移到位。横梁及小纵梁可一次性吊装到位。0 号块施工工艺流程见图 3-87。

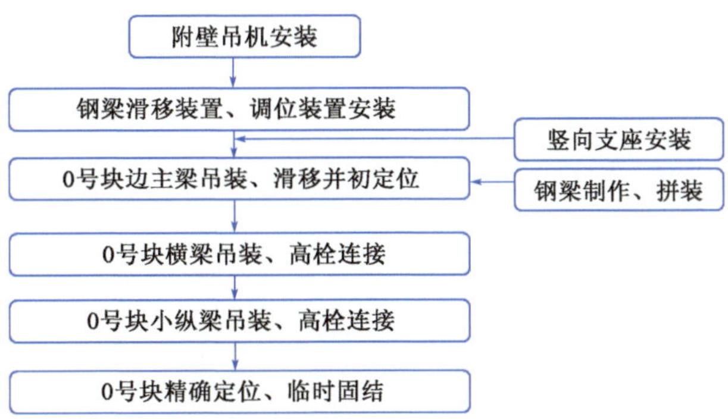

图 3-87　0 号块安装施工工艺流程图

(1)竖向支座安装

在 0 号块钢梁边主梁吊装前,需安装竖向支座。

竖向支座安装前,测量对支座垫石标高及支座预埋件高程进行复测,再利用 TC6515 塔吊吊装至垫石上,严格控制支座水平位置、高程,竖向支座对位后,M36 螺栓与垫石上预埋板进行拴接。

(2)0 号块安装

①边主梁:0 号块两个边主梁的安装到位需要通过滑道系统横移来实现,右幅侧的边主梁需要横移 8.6m,左幅侧边主梁需要横移 4.5m。

附壁吊机转运 0 号块边主梁至支架滑道系统上→利用滑道系统横向移动到位→调整纵向位置→边主梁滑移至安装位置后,利用千斤顶和钢垫块调整竖向标高。

滑移过程中,在滑道梁(3HN700)顶部两侧焊接型钢保护,防止主梁滑移过程中侧翻。示意图见图 3-88。

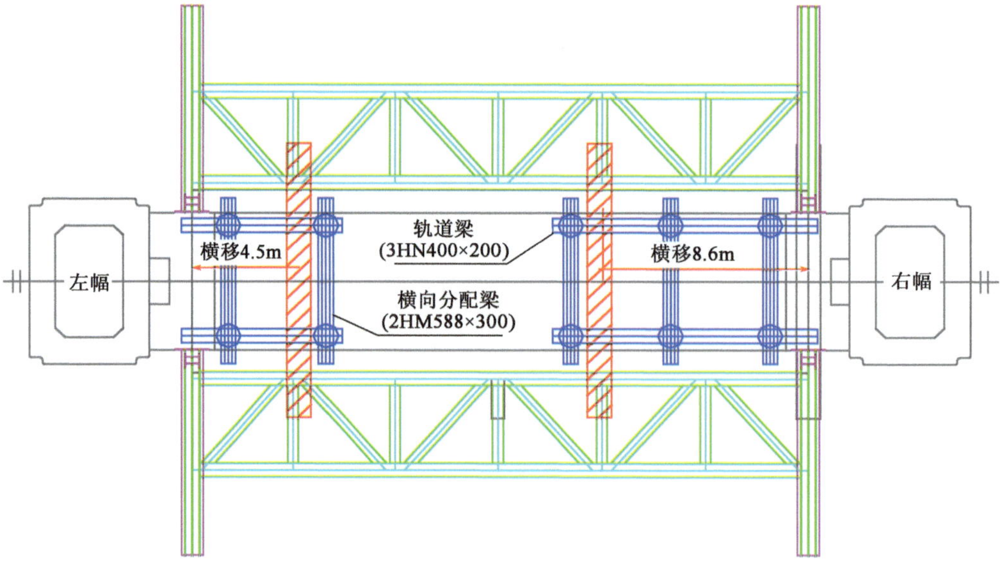

图 3-88　0 号块纵梁滑移示意图

②横梁、小纵梁安装。边主梁吊装至安装位置后，吊装横梁，先装中间横梁 H1，再两侧横梁 H2，再安装小纵梁(图 3-89)。

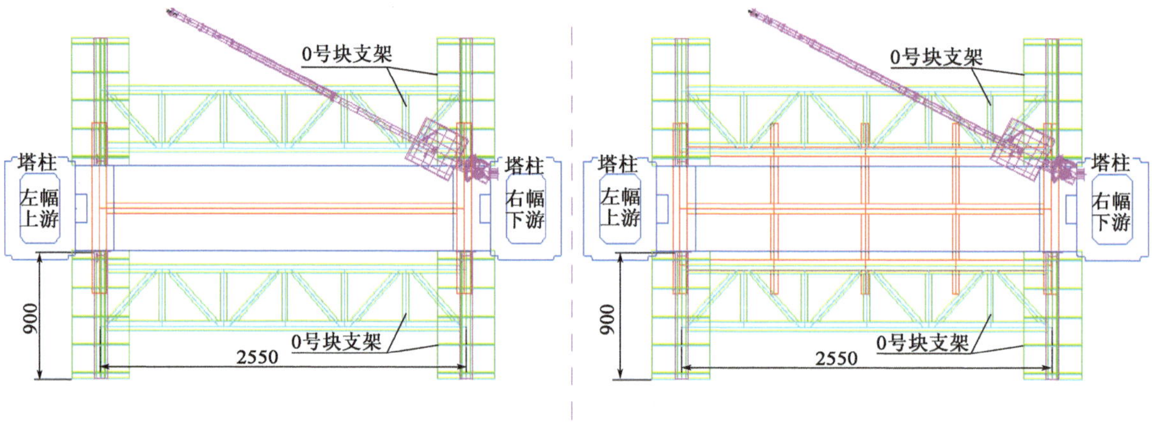

图 3-89　0 号块横梁、小纵梁吊装示意图(尺寸单位：mm)

(3)0 号块精确定位

0 号块初步安装完成后，对 0 号块的空间姿态重新进行调整，直至满足设计和监控要求。

①确调位支撑点布置，一个 0 号块设置 12 个临时支点(钢垫块)，每侧 6 个，布置见图 3-90。

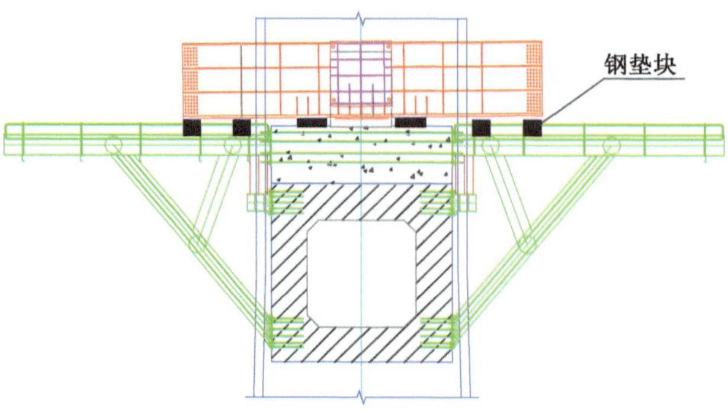

图 3-90　0 号块临时支点布置示意图

②高程及纵坡调整。按预定位置布置临时支点,根据设计坡度推算每个钢垫块理论加工高度,加工并安装钢垫块,钢主梁吊装完成后,测量各临时支点位置处实际高程,若需要调整,则利用千斤顶顶起(起顶点设置在临时支点旁边),抽出或填入钢板来调整,最终达到设计要求线型。

3. 结合梁临时固结设计及安装技术

0 号块精确定位后,根据监控和设计要求将 0 号块进行竖向、横向和纵向固结。

(1)横向限位:在 0 号块边主梁上的支座连接板与侧向支座垫石间填塞预制的钢垫块、不同厚度的钢板(图 3-91)。

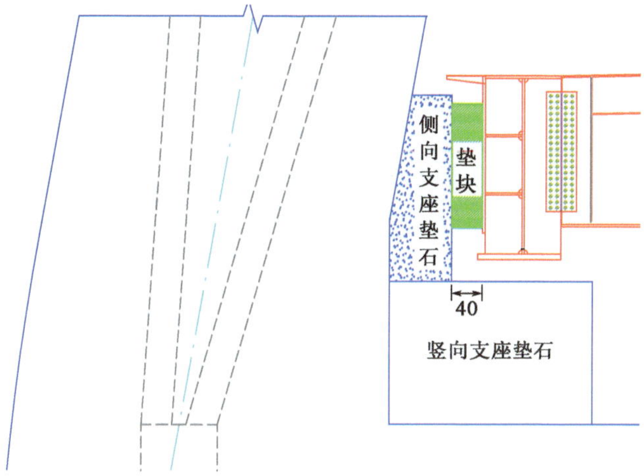

图 3-91　横向临时固结布置示意图(尺寸单位:cm)

(2)纵向限位:在中跨方向上,将拴接在 1 号块主梁底部的钢盒与固定在 0 号块支架上的钢盒连接固定。主梁底部的钢盒利用阻尼器的安装预留孔与主梁拴接(图 3-92)。

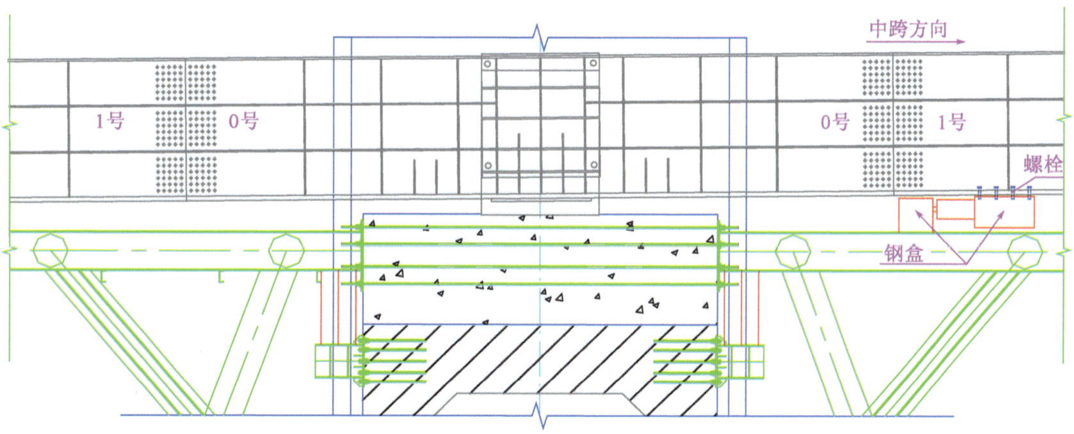

图 3-92　纵向临时固结布置示意图

纵向限位共设置 4 处,设置时间为 1 号段钢梁拼装完后。提前在 0 号块支架 3HN700 × 300 主纵梁上焊接好限位钢盒,并制作好和主梁连接的限位装置。安装时利用阻尼器预留孔用螺栓将 1 号块钢梁与限位装置拴接。

(3)竖向限位:竖向锚固按设计图纸,采用精轧螺纹钢筋将钢梁与下横梁进行固定(图 3-93)。

精轧螺纹钢上部锚固在边主梁底板上,并穿过垫石、下横梁,竖向锚固在下横梁底部,安装边主梁前提前安装。0 号块钢梁安装完后即进行竖向限位,采用 150t 穿心千斤顶张拉,张拉力为 1000kN。

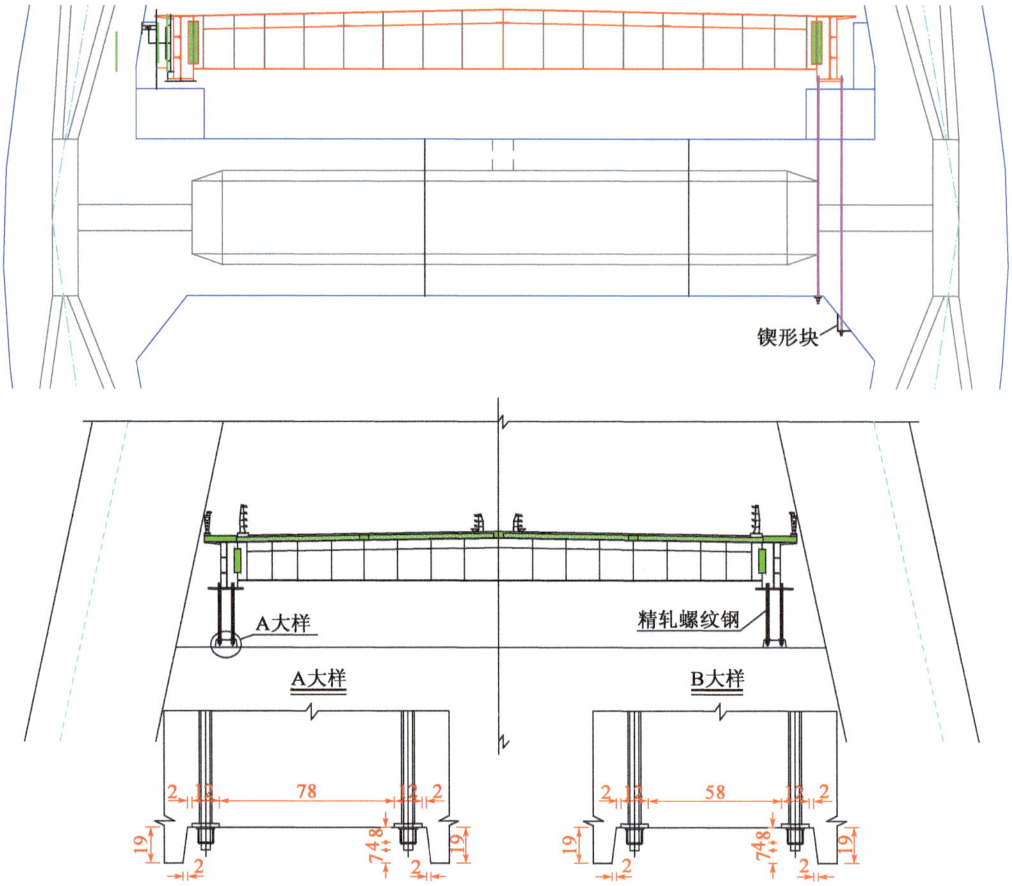

图 3-93　竖向临时固结布置示意图(尺寸单位:cm)

4. 现场施工

所依托工程主梁 0 号块底面距离承台高度 65m,采用高空牛腿支架,起重设备选用变幅附壁式吊机,并对 0 号块进行三向约束,有效解决了高空结合主梁零号块施工难题,保证了零号块在后续节段拼装时的稳定、牢固,见图 3-94。

a)　　　　b)

图 3-94　零号块支架安装、零号块钢梁滑移安装

二、结合梁快速化安装关键技术

1. 结合梁安装测量控制

1)结合梁线形控制基准

由于在桥梁施工过程中,建立桥梁施工控制网的目的不仅用于桥梁局部位置的测量、放样,而且也

要保证桥梁悬臂拼装过程中的线形。因此在建立桥梁控制网的过程中，为一次性满足控制网的精度要求，需考虑桥梁线形变化的精度进行布网。

2）独立控制网的建立

控制网是工程施工中各项测量工作的基础，其精度直接影响到工程进度和工程质量。根据西固斜拉桥施工特点以及外界地理因素，控制网在整个路线控制导线网的基础上，建立了以 JM2-1、JM4-1、JM5-1、JM7-1 4 个强制对中观测墩为基准点的大地四边形控制网作为控制主桥的独立控制网（图 3-95）。

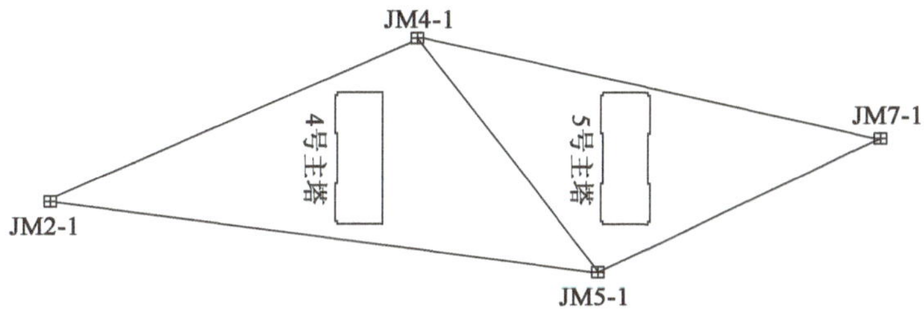

图 3-95　主桥独立控制网网形示意图

3）附壁式测量控制点

（1）附壁式测量控制点布置

西固黄河特大桥 4 号、5 号主塔上制作了一对强制对中控制点——附壁式测量控制点。采用一台全站仪在同一时段可以同时控制中、边跨主梁，解决了轴线在不同方向的偏位问题，减少了合拢时的横向、纵向误差。这种方法将测量主梁的高程面由地面转向主梁上方，能够使主梁的测量工作不受视线影响，提高了工作效率。并且测量主梁时由相同的控制点来检核，避免了仪器观测时的照准误差和不同控制点观测时的对中误差，提高了斜拉桥主梁的安装精度，也保证了现场施工进度。

附壁式测量控制点是通过在索塔侧壁安装固定杆和支撑板支撑测量仪器设备，索塔侧壁的操作平台作为操作人员的站立点，在索塔上测量控制点解决了视线受阻的问题，降低了测量作业的难度，提高了测量效率，也节省了大量的人力和物力。附壁式测量控制点现场图如图 3-96 所示。

测量仪器定位点（图 3-97）包括固定在索塔侧壁的固定杆 5 和安装在固定杆 5 上的其上端面保持水平的支撑板 6，首先在索塔侧壁上预埋第一预埋钢板 3，通过螺栓或是焊接的方式将固定杆 5 的端部固定在第一预埋钢板 3 上，固定杆 5 与索塔侧壁之间还设置有斜撑 4。斜撑 4 的下端固定在索塔侧壁上，其上端固定在固定杆 5 的下端面上，与固定杆 5 形成稳定的三角支撑结构。斜撑 4 与固定杆 5 之间的连接点位于支撑板 6 的下方。支撑板 6 上放置测量仪器，支撑板 6 必须保持水平。1、2、7 组成人员操作平台。

图 3-96　附壁式测量控制点现场应用图

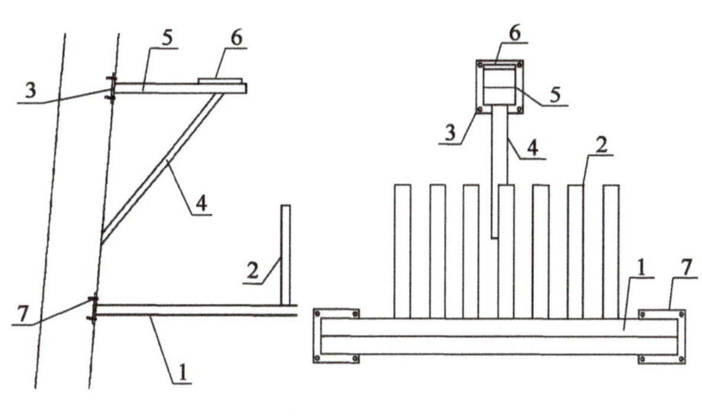

图 3-97　附壁式测量控制点示意图

（2）附壁式测量控制点稳定性分析

通过对斜拉索张拉、温度以及风速变化，对附壁式控制点坐标观测结果影响见表 3-6、表 3-7。

4 号墩附壁式控制点

表 3-6

项　目	温度(℃)	风速(m/s)	实 测 值			设 计 值			偏 差 值		
			L(m)	M(m)	Z(m)	L(m)	M(m)	Z(m)	ΔL(mm)	ΔM(mm)	ΔZ(mm)
0 号块	15	0.9	48371.683	-13.008	1619.779	48371.681	-13.005	1619.780	2	-3	-1
1 号块二张	16	0.6	48371.684	-13.007	1619.778	48371.681	-13.005	1619.780	3	-2	-2
2 号块二张	15	1.3	48371.680	-13.008	1619.4780	48371.681	-13.005	1619.780	-1	-3	0
3 号块二张	23	2.7	48371.679	-13.004	1619.781	48371.681	13.005	1619.780	-2	1	1
4 号块二张	12	1.1	48371.684	-13.005	1619.782	48371.681	-13.005	1619.780	3	0	2
5 号块二张	15	2.6	48371.683	-13.008	1619.779	48371.681	-13.005	1619.780	2	-3	-1
6 号块二张	25	1.8	48371.681	-13.003	1619.482	48371.681	-13.005	1619.780	0	2	2
7 号块二张	20	2.1	48371.682	-13.007	1619.778	48371.681	-13.005	1619.780	1	-2	-2
8 号块二张	21	1.8	48371.683	-13.006	1619.781	48371.681	-13.005	1619.780	2	-1	1

5 号墩附壁式控制点

表 3-7

项　目	温度(℃)	风速(m/s)	实 测 值			设 计 值			偏 差 值		
			L(m)	M(m)	Z(m)	L(m)	M(m)	Z(m)	ΔL(mm)	ΔM(mm)	ΔZ(mm)
0 号块	16	0.9	48728.633	-12.975	1619.65	48728.631	-12.972	1619.659	2	-3	-1
1 号块二张	16	1.6	48728.628	-12.971	1619.659	48728.631	-12.972	1619.659	-3	1	0
2 号块二张	15	1.3	48728.630	-12.975	1619.657	48728.631	-12.972	1619.659	-1	-3	-2
3 号块二张	22	2.7	48728.634	-12.971	1619.660	48728.631	-12.972	1619.659	3	1	1
4 号块二张	12	1.4	48728.634	-12.972	1619.657	48728.631	-12.972	1619.659	3	0	-2
5 号块二张	17	1.9	48728.630	-12.974	1619.661	48728.631	-12.972	1619.659	-1	-2	2
6 号块二张	25	1.8	48728.631	-12.970	1619.660	48728.631	-12.972	1619.659	0	2	1
7 号块二张	23	0.9	48728.632	-12.973	1619.661	48728.631	-12.972	1619.659	1	-1	2
8 号块二张	24	1.8	48728.631	-12.973	1619.658	48728.631	-12.972	1619.659	0	-1	-1

由表 3-6、表 3-7 可知，附壁式控制点随着温度、风速以及张拉的影响，变化值较小，其坐标成果稳定可靠。

2. 结合梁安装施工工艺优化

在结合梁施工时，传统施工方法是桥面吊机在桥面板上行走，安装后续的钢梁和桥面板并施工湿接缝，是单节梁段逐步进行的。经优化，本工程采取桥面吊机在钢梁上行走桥面板滞后安装施工的方法，即桥面吊机安装前个节段的桥面板和后续节段的钢梁，然后桥面吊机行走到后续节段的钢梁上，按照这个步骤依次进行，同时前两个节段的桥面板湿接缝同时浇筑，与传统方法相比施工工序更加紧凑，而且节省了一个节段湿接缝的等强时间，节省了工期。

传统方法与桥面板滞后安装工期对比，见表 3-8。

工 期 对 比 表　　表 3-8

<table>
<tr><th>项　目</th><th>桥面吊机在钢梁上行走(d)</th><th>项　目</th><th>桥面吊机在板上行走(d)</th></tr>
<tr><td>1 号节段主梁、横梁及小纵梁安装</td><td>3</td><td>1 号节段主梁、横梁及小纵梁安装</td><td>3</td></tr>
<tr><td>1 号斜拉索安装一次张拉</td><td rowspan="2">1</td><td>1 号斜拉索安装一次张拉</td><td rowspan="2">3.5</td></tr>
<tr><td>桥面吊机前移到 1 号节段</td><td>安装 1 号节段桥面板，开始绑扎湿接缝钢筋</td></tr>
<tr><td>2 号节段主梁、横梁及小纵梁安装</td><td>3</td><td>浇筑 1 号节段湿接缝，等强</td><td>3</td></tr>
<tr><td>安装 2 号斜拉索一张</td><td rowspan="2">1</td><td>1 号斜拉索二次张拉</td><td rowspan="2">1</td></tr>
<tr><td>桥面吊机前移至 2 号节段</td><td>桥面吊机前移到 1 号节段</td></tr>
<tr><td>安装 1 号节段桥面板，开始绑扎湿接缝钢筋</td><td>3</td><td>2 号节段主梁、横梁及小纵梁安装</td><td>3</td></tr>
<tr><td>3 号节段主梁、横梁及小纵梁安装</td><td>3</td><td>2 号斜拉索安装一次张拉</td><td rowspan="2">3.5</td></tr>
<tr><td>3 号斜拉索安装一次张拉</td><td rowspan="2">1</td><td>安装 2 号节段桥面板，开始绑扎湿接缝钢筋</td></tr>
<tr><td>桥面吊机前移到 3 号节段</td><td>浇筑 2 号节段湿接缝，等强</td><td>3</td></tr>
<tr><td>安装 2 号节段桥面板，开始绑扎湿接缝钢筋</td><td>3</td><td>2 号斜拉索二次张拉，桥面吊机前移至 2 号节段</td><td>1</td></tr>
<tr><td>1 号、2 号节段湿接缝浇筑，等强</td><td rowspan="2">3</td><td>3 号节段主梁、横梁及小纵梁安装</td><td>3</td></tr>
<tr><td>1 号、2 号斜拉索二次张拉，1 号、2 号节段完成</td><td>3 号斜拉索安装一次张拉</td><td>0.5</td></tr>
<tr><td>合计</td><td>21</td><td>合计</td><td>24.5</td></tr>
</table>

根据表 3-8，桥面吊机在钢梁上行走时，完成两个节段结合梁安装所需的工期为 21d；桥面吊机在板上行走时，完成两个节段结合梁安装所需工期为 24.5d。大桥共计 50 个标准节段(不包含合龙段)，共计节约工期 87.5d。

3. 结合梁快速安装总体工序

结合梁双悬臂施工时，钢梁采用桥面吊机空中散拼的安装工艺，类似桥梁标准节段一般悬拼工艺流程如图 3-98 所示。

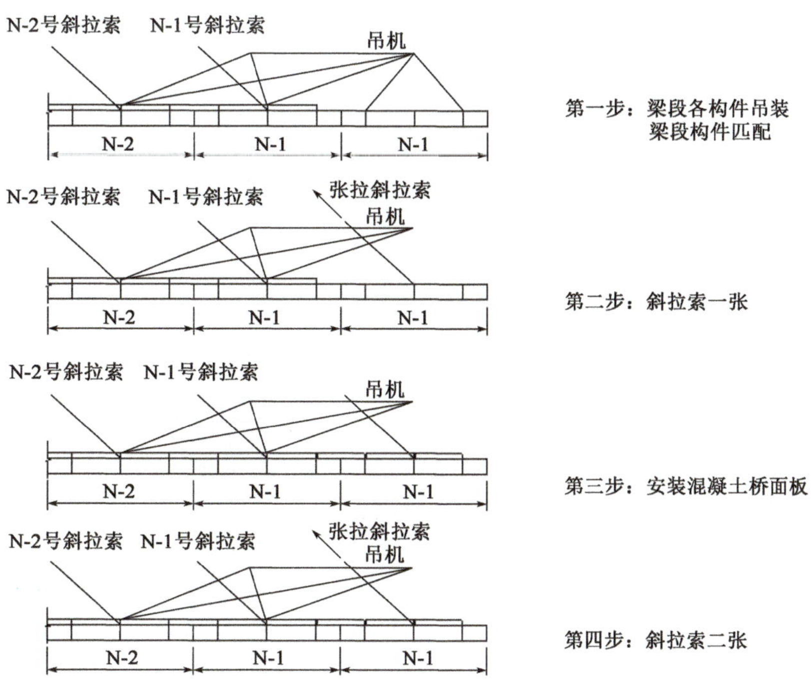

图 3-98

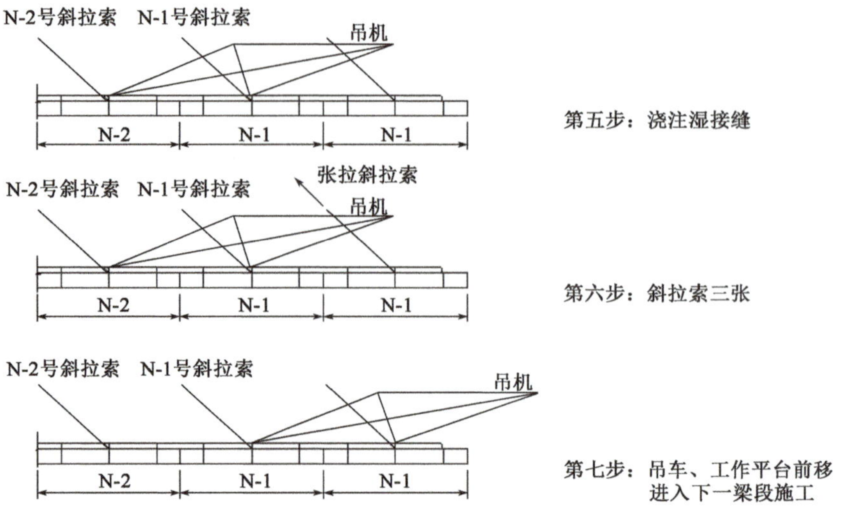

图 3-98　桥面吊机安装流程

本项目由于处于黄河河道不通航地区，存在超高空起吊、转运大构件的安全风险，为提高钢结合梁悬臂对称的安装质量，提高功效，缩短施工工期，经研究，采用“桥面吊机前置，两节段一循环”优化施工工艺，即：桥面吊机在钢梁上占位、行走，每吊装两个梁段施工一次湿接缝，大大提高了主梁标准梁段拼装工效。具体工艺流程如图 3-99 所示。

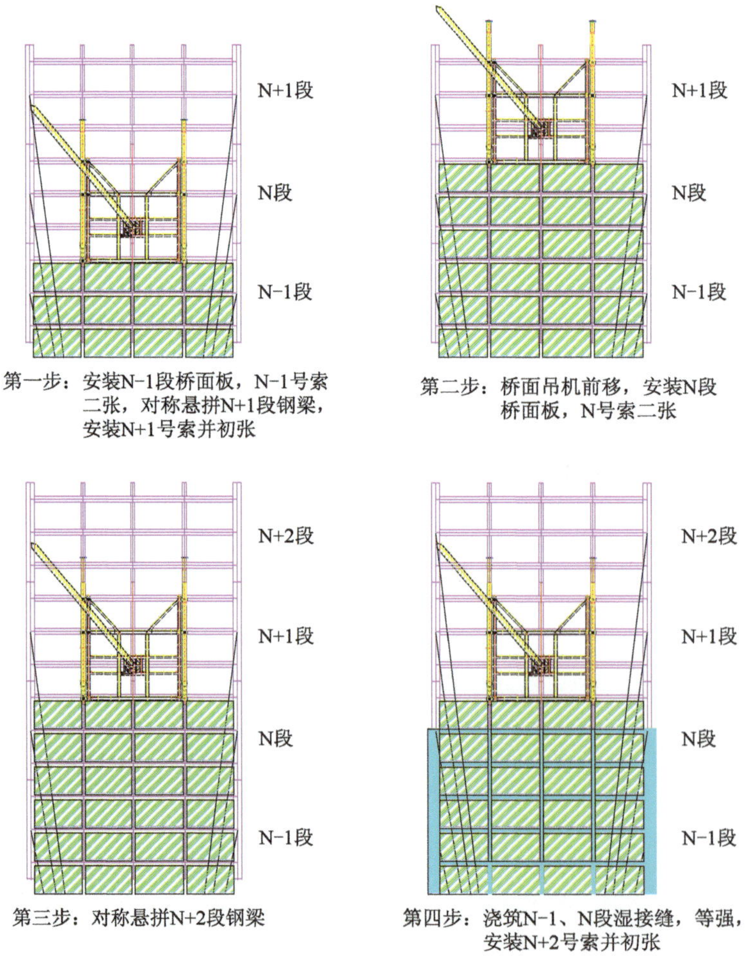

图 3-99　标准梁段吊装施工工艺流程图(两个梁段施工一次湿接缝)

4. 结合梁快速安装关键技术及控制原则

1)结合梁快速安装具体施工工序

以0号~3号节段结合梁施工过程来做说明,具体的施工工序为:

(1)0号块支架安装,采用塔吊及35t附壁吊机安装0号节段钢梁牛腿。

(2)附壁吊机安装0号节段钢梁及第一台35t桥面吊机,安装0号节段钢梁临时固结,设置测量控制点。

(3)第一台桥面吊机安装1号节段主纵梁,主纵梁拼接板打入冲钉、螺栓做一般拧紧,桥面吊机松钩,观测主纵梁临时测点轴线偏位及前后端高差,根据实测数据做适当调整。

(4)拼装横梁及小纵梁,完成螺栓终拧,安装1号节段斜拉索并进行第一次张拉,张拉数据由监控单位提供。

(5)第一台桥面吊机前移,安装第二台35t桥面吊机及0号节段桥面板。

(6)对称安装2号节段主纵梁,打入冲钉、螺栓做一般拧紧,观测主纵梁临时测点轴线偏位及前后端高差,并做适当调整。

(7)拼装2号节段横梁及小纵梁,完成螺栓终拧,安装2号节段斜拉索并进行第一次张拉。

(8)桥面吊机前移至2号节段,安装1号节段桥面板。

(9)对称安装3号节段主纵梁,对临时测点进行观测,并做适当调整,拼装3号节段横梁及小纵梁,完成螺栓终拧。

(10)完成0号、1号节段湿接缝浇筑,安装3号节段斜拉索并进行第一次张拉。

(11)前移桥面吊机至3号节段,对1号、2号索进行第二次张拉,按一次浇筑两个节段湿接缝的工序对称安装至9号节段。

2)结合梁快速安装主要控制原则

(1)钢梁安装时及时完成高强螺栓的初拧与终拧,间隔时间不要超过24h。

(2)桥面板安装时注意板的平面位置以及与钢梁的搭接宽度,以保证湿接缝的宽度符合设计要求。

(3)湿接缝浇筑时需及时收面覆盖,若气温太高则需要进行洒水养生,保证湿接缝强度及外观达到要求。

(4)斜拉索张拉需要在湿接缝强度达到设计90%以上进行,以免湿接缝在张拉时出现裂纹。

5. 现场施工

所依托工程主梁为钢-混凝土结合梁,主梁施工采用"桥面吊机前置,两节段一循环"施工工艺,即:桥面板与刚主梁构件通过钢栈桥运输,桥面吊机起吊至梁上,桥面吊机在钢梁上占位、行走,每吊装两个梁段施工一次湿接缝,大大提高了主梁标准梁段拼装工效。节省工期89d,节约施工成本共计498.75万元。结合梁快速安装现场施工情况见图3-100~图3-103。

a)

b)

图3-100 桥面吊机在钢梁上吊装

图 3-101 吊装桥面板、桥面板滞后安装

图 3-102 两个节段湿接缝同时浇筑

图 3-103 湿接缝养生等强

三、高空边辅墩墩顶块构造优化及施工关键技术

1. 高空辅助墩、过渡墩梁段结构优化

过渡墩和辅助墩一般一起出现在斜拉桥等大跨度桥梁中，并于辅助墩、过渡墩上设置有压重横梁，依靠重力平衡桥梁运营过程中不利荷载工况下的支座拉力。一般在边跨末梁段采用钢筋混凝土端横梁作为配重，端横梁采用现浇并与钢梁形成整体，并通过竖向支座与墩台连接。

本工程端横梁原设计采用混凝土包裹工字钢的型钢混凝土结构，具体如图 3-104 所示。

之后通过改进施工工艺，将原设计型钢混凝土结构优化为分节段拼装的钢裹混凝土箱体结构，从而减少了横梁模板的使用量，降低了吊装难度，提高了高空作业的安全性，同时分两次浇筑混凝土，保证了混凝土施工质量。

2. 主要临时结构设计

1）辅助墩墩顶支架

桥面吊机安装横梁 H4 前，辅助墩搭设墩顶支架。横梁 H4 重 56.04t，桥面吊机无法起吊，横梁 H4 分成 3 部分制作，然后分块吊装焊接成整体，一次浇筑横梁压重混凝土（222.2m^3），并同时浇筑现浇桥面板，完成辅助墩压重。

墩顶支架设置在辅助墩的挡块间和辅助墩顶上，采用钢管支架。辅助墩墩顶支架示意图如图 3-105 所示。

2）过渡墩墩顶支架

桥面吊机安装 H5 横梁前，过渡墩墩顶搭设墩顶支架。横梁 H5 重 54.7t。安装 H5 横梁前，在边墩顶搭设支架，把 H5 横梁分成 3 部分制作，然后分块吊装焊接连成整体，一次浇筑横梁压重混凝土（278.3m³），并同时浇筑现浇桥面板，完成过渡墩压重。

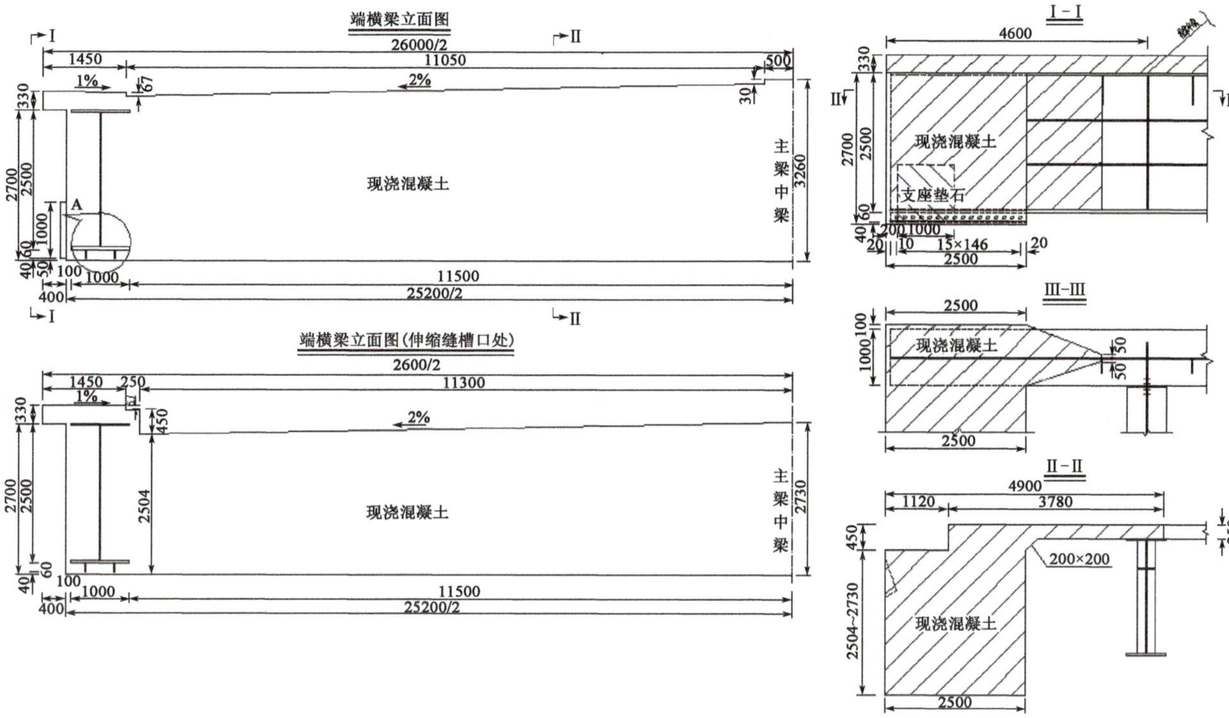

图 3-104　端横梁构造图（尺寸单位：mm）

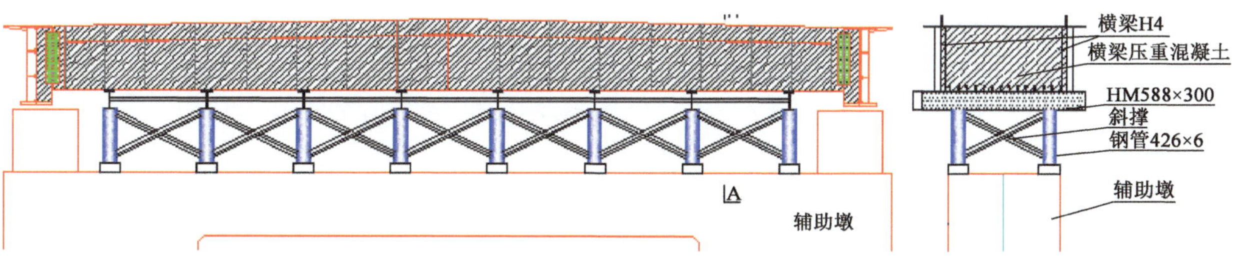

图 3-105　辅助墩墩顶支架示意图

过渡墩墩顶支架主要由 $\phi426\times6$mm 钢管支撑及连接系等组成，过渡墩墩顶支架示意图如图 3-106 所示。

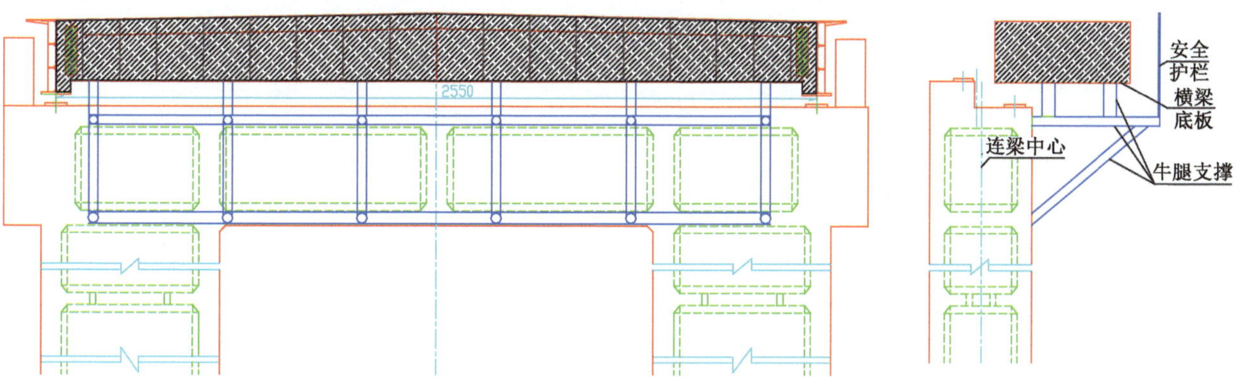

图 3-106　过渡墩顶支架示意图

3. 主要施工方法

结合梁过辅助墩、过渡墩采用桥面吊机对称悬拼施工，并浇筑压重混凝土的施工方法。

1)辅助墩墩顶块施工

(1)辅助墩钢梁吊装

9号节段边主梁与支座采用35t桥面吊机分开起吊方法安装。(边主梁、锚拉板31157.5kg+支座7140kg=38297.5kg,大于桥面吊机额定荷载35t,无法一起起吊安装)。9号段钢梁平面示意图见图3-107。

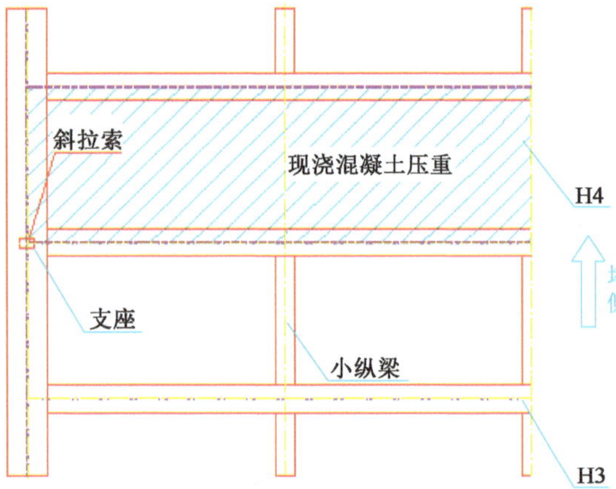

图3-107　辅助墩顶半E梁段图

①横梁H3安装。横梁H3安装同标节段横梁安装,采用桥面吊机起吊拼装。

具体施工步骤如下:

先将待安装支座、钢构件运输至桥面吊机作业区域。(4号墩边跨构件采用中跨桥面吊机垂直起吊,运梁小车水平输运时边跨桥面吊机作业区域)。

边跨桥面吊机起吊支座(QZ20000SX-LY)初步安放于辅助墩,支座正确就位,支座地脚螺栓放置于辅助墩垫石支座预埋孔内。

边跨桥面吊机起吊钢梁E就位,边主梁螺栓孔对位后,立即打入50%的冲钉,并安装50%的螺栓并一般拧紧。

桥面吊机起吊H3就位,横梁H3与边主梁螺栓孔对位后,立即打入50%的冲钉,并安装50%的螺栓并一般拧紧,使钢梁形成框架。

在辅助墩上利用手拉葫芦、千斤顶调整主梁轴线,主梁高程通过7号斜拉索放索调整。主梁轴线及高程调整完成后,在垫石与主梁间安装钢垫块。

利用撬棍和手拉葫芦对位钢梁E和支座螺栓孔,安装拧紧连接螺栓,使钢梁E与支座连接成整体。

支座里程控制。温差控制支座里程位置,当支座横向轴线与理论轴向重合时,灌环氧砂浆。控制支座位置、高程和设计值的误差在±2mm。垫石支座预埋孔采用Φ160×800mm PVC管。要求环氧砂浆5h强度达到40MPa以上。辅助墩顶QZ20000SX-LY支座安装图见图3-108。

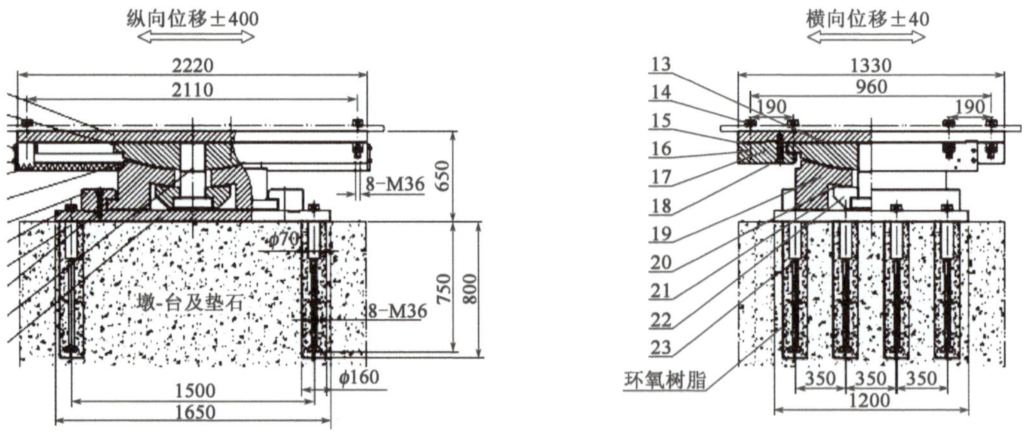

图3-108　辅助墩顶QZ20000SX-LY支座安装图(尺寸单位:mm)

主梁、横梁高强螺栓初拧,终拧。

拆除垫石与主梁间钢垫块。

②横梁H4安装。

墩顶支架安装。辅助墩施工横梁及支座垫石施工完成后,结合梁施工到9号节段安装H4横梁前,使用桥面吊机和塔吊配合搭设支架,在横梁顶面两侧设置栏杆。支撑钢管426×6底部与辅助墩横梁顶部设置16个卸荷砂箱,每4根钢管拼成一组,分组起吊放置于卸荷砂箱上,组间设平联,后铺设HM588×300的型钢,型钢顶面保证在一个水平面上。在型钢顶面支架搭设完成后,分段安装H4横梁,浇筑混凝土，在混凝土达到90%强度后，拆除支架。辅助墩墩顶支架示意图见图3-109。

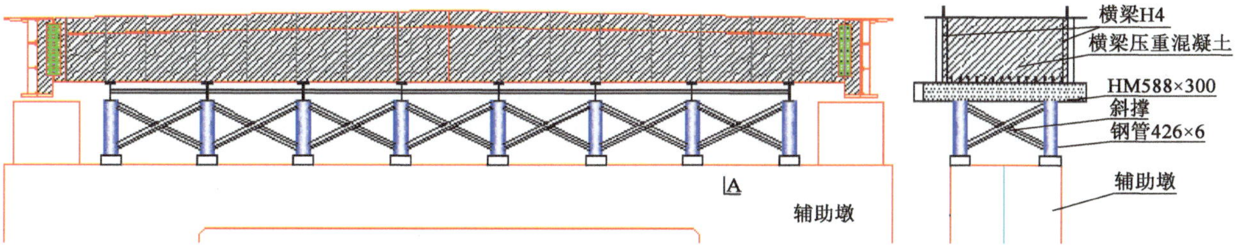

图3-109　辅助墩顶支架示意图

横梁H4安装。横梁H4重58.2t，桥面吊机无法起吊。横梁H5在制作时分为4部分：H4-1、H4-2、H4-3和挡块。其中H4-1和H4-3对称制作，长度均为8200mm，H5-2为中间段，长度为8100mm，挡块制作2个，分别与H4-1和H4-3焊接。然后横梁H4分块吊装焊接连成整体(图3-110)。

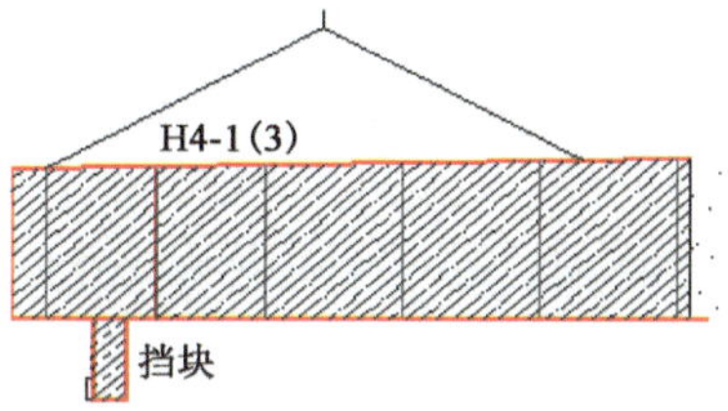

第一步：挡块与横梁H4-1(3)初步焊接

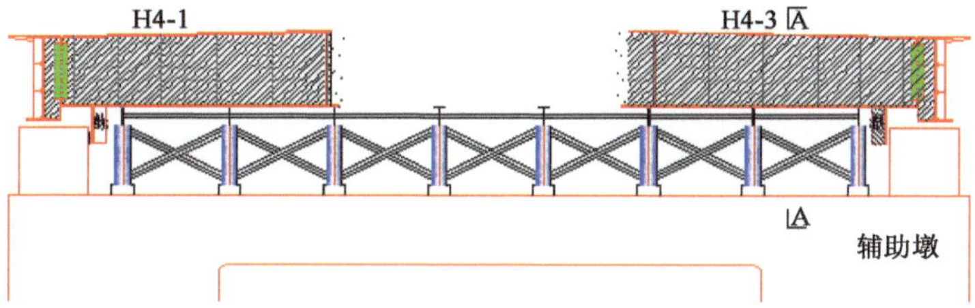

第二步：横梁H4-1、H4-3吊装就位、打冲钉

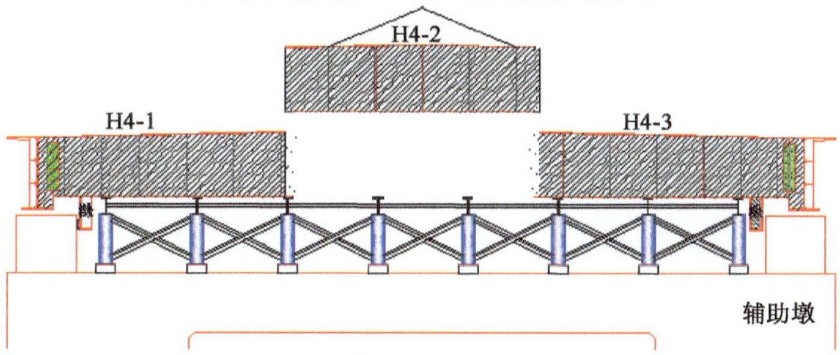

第三步：横梁H4-2吊装对接

图3-110　横梁H4分段安装布置图及现场施工照片

横梁 H4-1/H4-3 安装。横梁(H4-1、H4-3)、挡块箱体(N18a、N18b、N17 构成的箱体)、焊板 N16 板现场焊接组合。桥面吊机起吊接挡块箱体,使挡块箱体顶面与横梁 H4-1(H4-3)底面接触就位,采用间隔焊固定挡块箱体与横梁 H4-1(H4-3)。挡块焊板 N16 板横梁安装完成后辅助墩上安装施焊。

桥面吊机在主桥内侧上起吊横梁 H4-1(H4-3),慢慢旋转 180°至辅助墩正上方,缓缓落勾调整横梁位置,主梁、横梁螺栓孔对位后,立即打入 50% 的冲钉,并安装 50% 的螺栓并一般拧紧(图 3-111)。

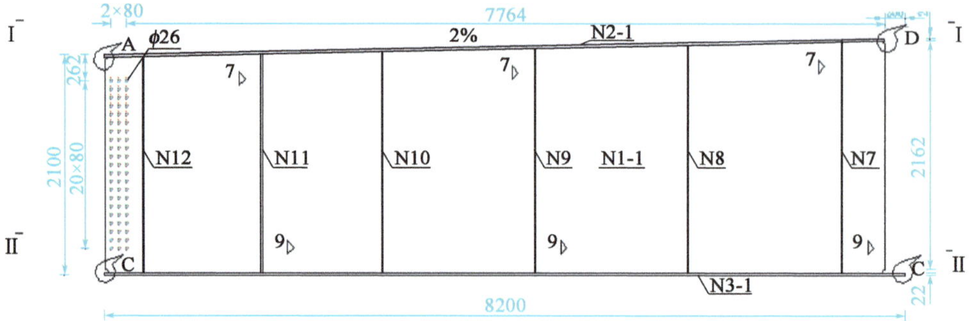

图 3-111　横梁 H4-1/H4-3(尺寸单位:mm)

横梁 H4-2 安装。横梁 H4-2 安装时选择在一天中温度较低的时段(图 3-112)。

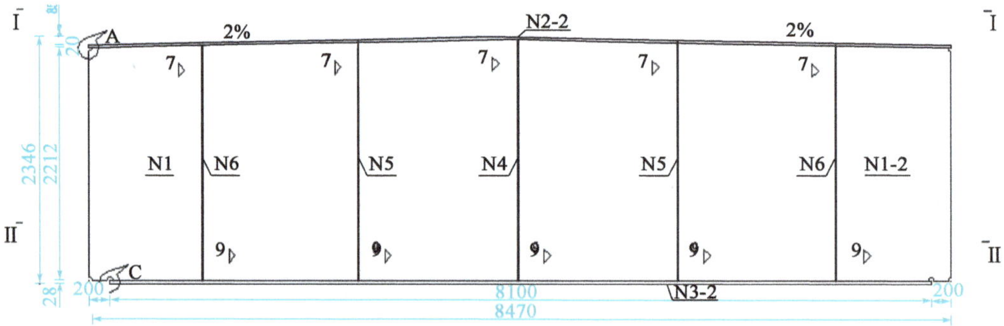

图 3-112　横梁 H4-2(尺寸单位:mm)

采用相同方法起吊横梁 H4-2。横梁 H4-2 从横梁 H4-1、H4-3 正上方中间慢慢落勾,在落勾时通过手拉葫芦、千斤顶对横梁 H4-1、H4-2、H4-3 三个节段准确对中。对中后对横梁接头施焊。

横梁分块对接及挡块焊接焊接章节钢梁焊接(图 3-113)。

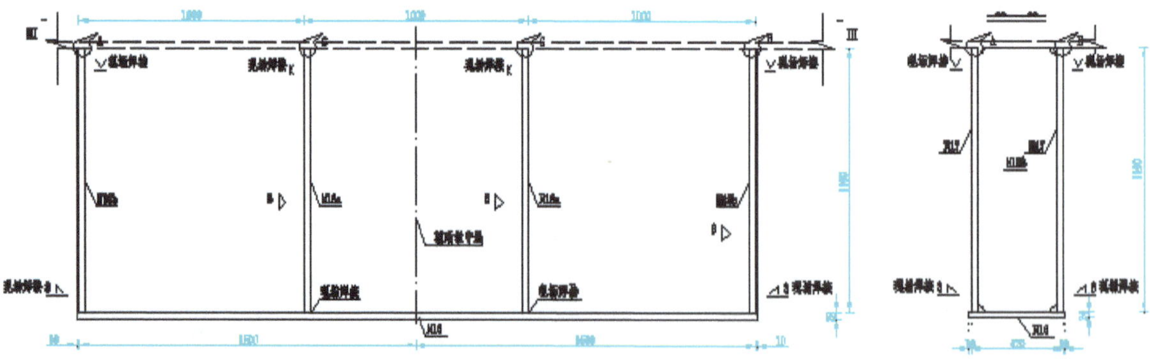

a)　　b)

图 3-113　横梁 H4-挡块(尺寸单位:mm)

小纵梁安装。小纵梁安装同标节段小纵梁安装,采用桥面吊机起吊拼装。钢梁接头采用高强螺栓连接。高强螺栓参照标准梁段高强螺栓施工。

(2)辅助墩桥面板及湿接缝施工

根据施工工艺流程,辅助墩压重后,浇筑 6 号、7 号节段湿接缝,再 9 号索初张。接着按标准梁段施工，安装8号节段桥面板，8号斜拉索二张，再10号节段钢梁，初张10号斜拉索。10号斜拉索初张后安装9号节段桥面板。

过辅助墩9号节段桥面板分为预制桥面板和现浇桥面板两种，过辅助墩桥面板布置图见图3-114。

①桥面板吊装。

桥面板采用平板车运输至中跨桥面吊机或附壁吊机处，吊上桥面，通过运梁小车配合运输至边跨桥面吊机作业区域。

桥面板采用35t桥面板吊机起吊安装，安装前在钢梁小纵梁与桥面板支撑面上粘贴20mm厚橡胶垫层，并用记号笔在钢梁上画出与桥面板搭接边线，用于精调就位桥面板。

②现浇桥面板及湿接缝。

桥面板之间接缝和现浇桥面板混凝土采用C55微膨胀低收缩混凝土，边主梁顶面锚拉区采用C55钢纤维混凝土。

8号、9号节段湿接缝混凝土一起浇筑。边跨侧湿接缝C55微膨胀低收缩混凝土设计方量66.02m^3（含现浇桥面板），边跨侧边主梁顶面锚拉区采用C55钢纤维混凝土36.54m^3。

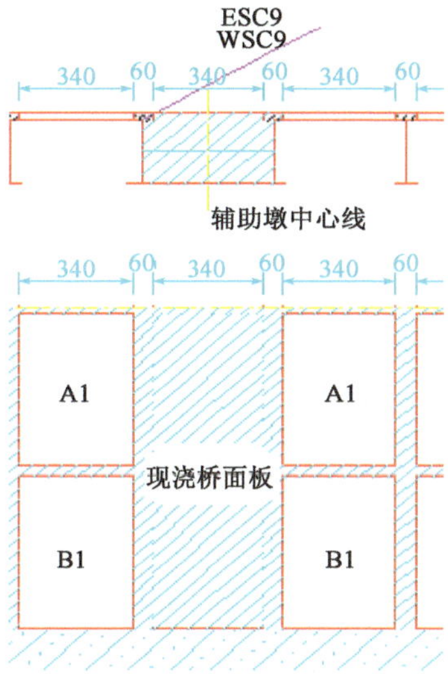

图3-114　过辅助墩桥面板布置图（尺寸单位：cm）

a. 钢筋工程

钢筋支垫高度不小于0.3m，并覆盖保护。钢筋在进场前必须进行检验，检验合格后方可使用。

普通钢筋施工注意事项：

所有钢筋的加工、安装和质量验收等均应严格按照《公路桥涵施工技术规范》（TG/T F50—2011）的有关规定进行。

搭接主筋采用单面焊接，焊缝长度不小于10d（d为钢筋直径）。

当钢筋和预应力管道在空间上发生干扰时，可适当移动普通钢筋的位置，以保证钢束位置的准确。封锚处普通钢筋如影响预应力施工时，可适当弯折和切断，待预应力施工完毕后应及时恢复原位焊接连接并封锚。施工时要求钢筋定位准确，保证各类钢筋保护层厚度，如钢筋相碰时，以挪动次要钢筋让主要钢筋为原则进行。

施工中注意附属工程的预埋钢筋及预埋件，防撞护栏底座钢筋预埋时带线安装，预埋钢板按工装安装。

剪力钉与普通钢筋相干扰时，可适当调整普通钢筋的间距。

钢筋安放过程中轻拿轻放，避免砸伤模板。

严格按设计要求控制混凝土保护层厚度。

b. 波纹管安装

桥面纵向预应力均采用9ϕ^s15.2钢绞线。预应力管道均采用塑料波纹管，桥面板之间波纹管需在湿接缝施工时进行联通。

波纹管制作完成后，需检测合格方可使用。波纹管应有一定的强度和刚度，管壁严密不易变形，管节连接平顺，位置准确，孔道锚固端的预埋钢板应垂直于孔道中心线。混凝土振捣时，注意不能损伤波纹管，且不允许波纹管移位。

预应力管道应准确定位并用定位网钢筋固定牢靠，预应力束直线段定位网钢筋片基本间距为80cm，弯曲段定位网钢筋片间距加密至50cm，定位网钢筋需同主钢筋牢固焊接。

预应力管道连接前应清除管道内杂质，接头处要封严，不得漏浆。

c. 模板工程

锚拉区湿接缝侧模采用组合钢模，其他封头模采用木模制作。

d. 混凝土工程

配合比设计：

配合比须经严格试配，满足要求后才能使用。

性能要求如下：

现浇桥面板及湿接缝：设计强度等级为C55，微膨胀低收缩，2d强度不小于55MPa。

边主梁锚拉区：设计强度等级为C55，钢纤维混凝土，2d强度不小于55MPa。

工作性能：坍落度160～180mm，2h后坍损不大于20mm。

初凝时间：根据一次浇筑最大方量及浇筑能力，初凝时间不小于8h。

具备良好的和易性、流动性。混凝土通过附壁吊机起吊到桥面，由专用混凝土运输车运输至施工处。

钢筋、波纹管、模板安装完毕，经监理工程师验收合格后，可进行混凝土浇筑。微膨胀底收缩混凝土和钢纤维混凝土分开浇筑。

混凝土采用运梁小车将料斗送至施工段，桥面吊机小钩钓起布料斗由外侧向内侧的顺序浇筑。振捣采用插入式振捣器，充分振捣直至混凝土表面翻浆不再下沉为止。浇筑完成后及时用刮尺刮平、抹面收浆、拉毛。初凝后混凝土表面覆盖薄膜，再覆盖土工布洒水养生。在湿接缝混凝土施工期间至达到设计强度90%以上前，桥面吊机不得工作，不得进行斜拉索张拉等施工操作，以免影响湿接缝混凝土的施工质量。横梁H4压重混凝土顶面需注意进行凿毛处理。

2）过渡墩墩顶块施工

结合梁过辅助墩后进入标准节段施工。当桥面吊机前移至13号节段，完成12号节段桥面板安装和12号斜拉索二张，边跨开始进入跨过渡墩（14号节段）施工。

（1）过渡墩钢梁吊装

为了保证14号节段边主梁与13号节段边主梁顺利对接，14号节段边主梁F和竖向拉压支座采用35t桥面吊机分开起吊安装。14号段钢梁平面示意图见图3-115。

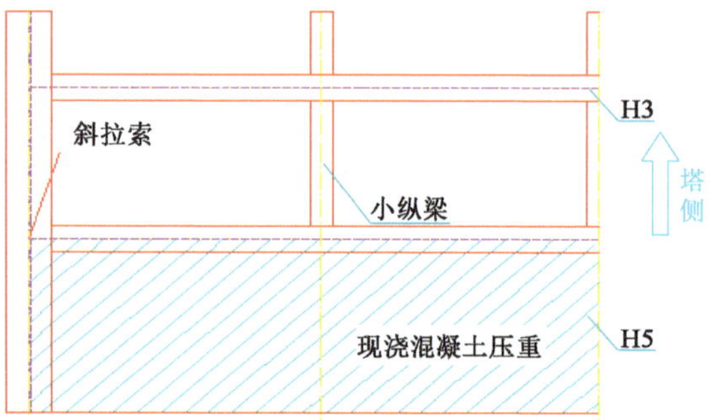

图3-115　辅助墩顶半F梁段图

①横梁H3安装。

横梁H3安装同标节段横梁安装，采用桥面吊机起吊拼装。

主梁、支座定位具体施工步骤：

先将待安装支座、钢构件运输至桥面吊机作业区域。（4号墩边跨构件采用中跨桥面吊机垂直起吊，运梁小车水平输运时边跨桥面吊机作业区域）。

边跨桥面吊机起吊支座（QZ9000SX-LY）初步安放于过渡墩，支座正确就位，支座地脚螺栓放置于辅助墩垫石支座预埋孔内。

边跨桥面吊机起吊钢梁F就位，边主梁螺栓孔对位后，立即打入50%的冲钉，并安装50%的螺栓并一般拧紧。

桥面吊机起吊H3就位，横梁H3与边主梁螺栓孔对位后，立即打入50%的冲钉，并安装50%的螺栓并一般拧紧，使钢梁形成框架。

在辅助墩上利用手拉葫芦、千斤顶调整主梁轴线，主梁高程通过13号斜拉索放索调整。主梁轴线及高程调整完成后，在垫石与主梁间安装钢垫块。

利用撬棍和手拉葫芦对位钢梁F和支座螺栓孔，安装拧紧连接螺栓，使钢梁F与支座连接成整体。

支座里程控制。温差控制支座里程位置，当支座横向轴线与理论轴向重合时，灌环氧砂浆。控制支座位置、高程和设计值的误差在±2mm。垫石支座预埋孔采用Φ160×800mm PVC管。要求环氧砂浆5h强度达到40MPa以上。辅助墩顶QZ9000SX-LY支座安装图见图3-116。

主梁、横梁高强螺栓初拧，终拧。

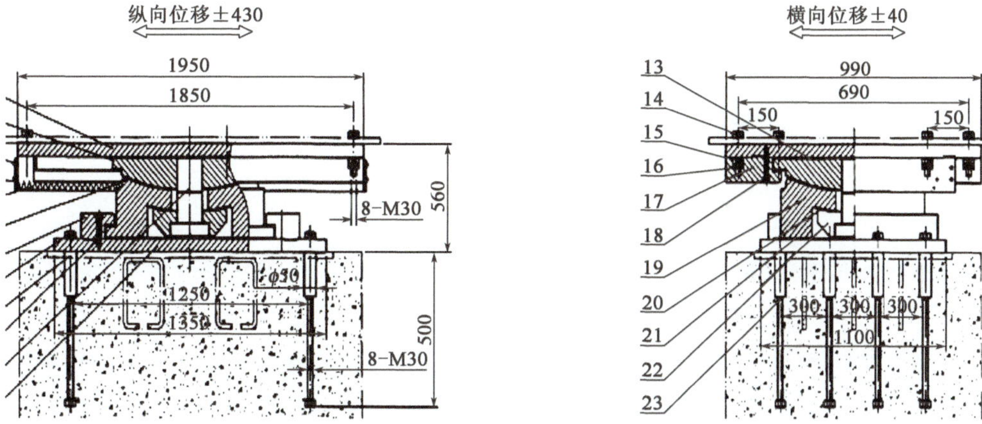

图 3-116　辅助墩顶 QZ20000SX-LY 支座安装图(尺寸单位:cm)

拆除垫石与主梁间钢垫块。

②横梁 H5 安装。

墩顶支架安装。在过渡墩施工完盖梁及支座垫石后,结合梁安装 14 号节段横梁 H5 之前,搭设过渡墩支架。

过渡墩支架搭设完成后,分段安装 H5 横梁,浇筑压重混凝土,在混凝土达到 90% 强度后,拆除支架。过渡墩墩顶支架示意图见图 3-117。

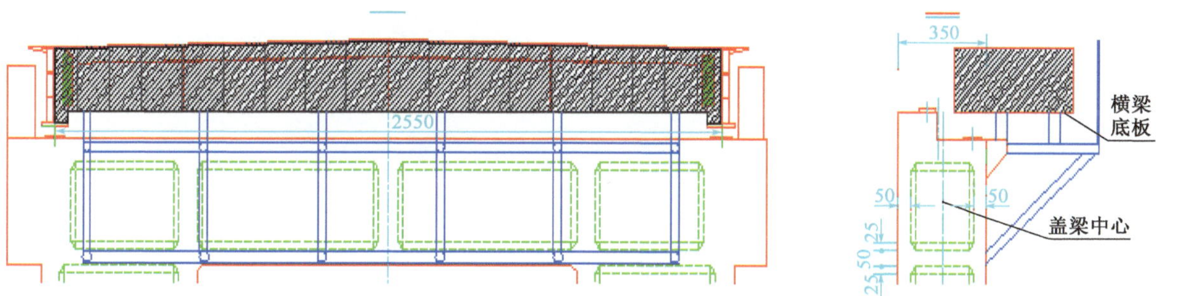

图 3-117　辅助墩顶支架示意图(尺寸单位:cm)

横梁 H5 安装。横梁 H5 重 55.4t,桥面吊机无法起吊。横梁 H5 在制作时分为三部分,其中 H5-1 和 H5-3 对称制作,长度均为 8200mm,H5-2 为中间段,长度为 8100mm。横梁 H5 分块吊装焊接连成整体,吊装顺序和过辅助墩横梁 H4 相同。

桥面吊机在桥上起吊横梁 H5-1(H5-3),慢慢旋转 180°至过渡墩正上方,缓缓落勾调整横梁位置,将横梁螺栓孔与主梁螺栓孔位放置与过渡墩墩顶支架上,立即打入 50% 的冲钉,并安装 50% 的螺栓并拧紧。

采用相同方法起吊横梁 H5-2。桥面吊机吊着横梁 H5-2 从横梁 H5-1、H5-3 正上方中间慢慢落勾,在落勾时通过手拉葫芦、千斤顶对横梁 H5-1、H5-2、H5-3 三个节段准确对中。对中后对横梁接头施焊。

横梁 H3 安装同标准节段横梁安装,采用桥面吊机起吊拼装。

③小纵梁安装。

小纵梁安装同标节段小纵梁安装,采用桥面吊机起吊拼装。

(2)横梁 H5 压重混凝土施工

混凝土浇筑前安装横梁 H4 腹板钢筋,腹板钢筋为 HRB400 16mm 25 根,钢筋平行穿过 N4 ~ N12 钢板孔洞。

单片横梁 H5 压重混凝土设计方量 378.3m^3。钢梁高强螺栓施工完成合格后进行混凝土工程施工,混凝土采用拖泵(接长辅助墩泵管)直接泵送。考虑混凝土浇筑时侧压力过大,横梁 H4 压重混凝土分两次浇筑,混凝土接触面凿毛处理。

(3)横向支座安装

主梁在过渡墩上设置横向支座。支座型号:GPZ(2009)15SX。钢梁安装完成后,利用手拉葫芦下放安装支座。支座与钢梁采用螺栓连接,与过渡墩预埋钢板焊接。过渡墩侧向垫石挡块与钢梁横向间距要求不小于295mm,用于横向支座安装。

(4)过渡墩桥面板及湿接缝施工

根据施工流程安排,14 号斜拉索二张后,安装桥面板。13 号斜拉索二张后浇筑 14 号节段和中跨合拢段湿接缝。

过渡墩 14 号节段桥面板分为预制桥面板和现浇桥面板两种,过渡墩桥面板布置图见图 3-118。

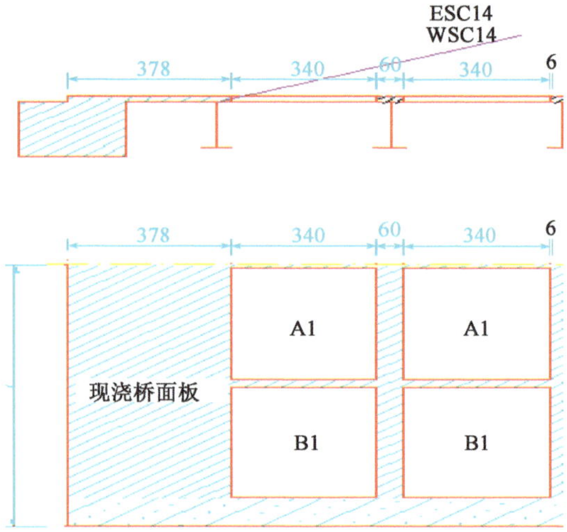

图 3-118 过渡墩桥面板布置图(尺寸单位:cm)

4. 现场应用

所依托项目高空边辅墩墩顶块构造优化为钢盒子与压重混凝土组合体系,大大提高了墩顶块的整体刚度,并简化施工工序,避免了高空临时支架搭设,降低了施工安全风险,节约工期 7d。现场应用见图 3-119、图 3-120。

图 3-119 墩顶支架

图 3-120 压重混凝土浇筑

四、西北地区结合梁预制桥面板标准化施工技术

桥面板采用预制钢筋混凝土板,预制板顺桥向设置齿形剪力键(图 3-121)。预制板平面尺寸为 585cm × 340cm × 25cm,吊重约 14t。预制桥面板采用 C55 混凝土,根据结构形式的不同,预制桥面板共分为 28 种型号,按设计要求需存放 6 个月以上方可安装。桥面板明细如表 3-9 所示。

桥面板明细表 表 3-9

预制板型	平面尺寸(cm)	数量(块)	单件方量(m^3)	总方量(m^3)
桥面板 A1	340 × 585	280	5	1400
桥面板 A2、A5	340 × 585	8	5.2	41.6
桥面板 A6、A7、A9 ~ A14	340 × 585	48	5.1	244.8
桥面板 A3、A4、A8	340 × 585	12	5.2	62.4

续上表

预制板型	平面尺寸(cm)	数量(块)	单件方量(m^3)	总方量(m^3)
桥面板 B1	340×585	280	5	1400
桥面板 B2	340×585	4	5.2	41.6
桥面板 B7、B8、B10～B14	340×585	44	5.1	224.3
桥面板 B3～B6、B9	340×585	20	5.2	104
总计	—	696	—	3518.8

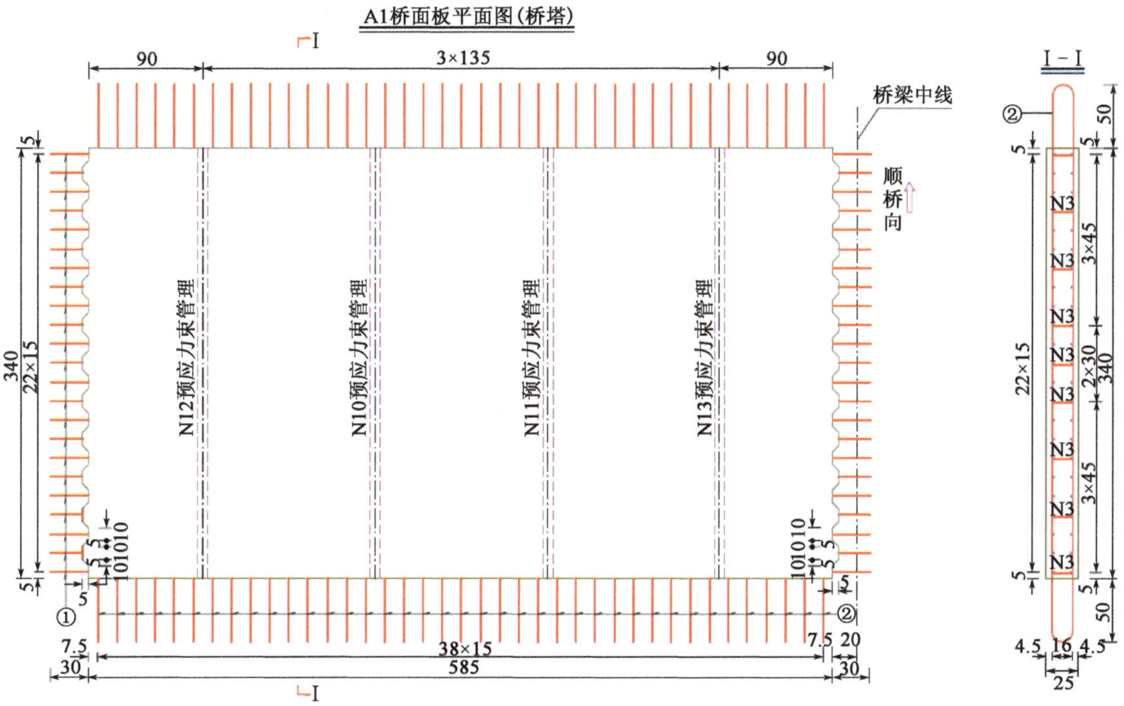

图 3-121　混凝土桥面板结构示意图(尺寸单位:cm)

1. 预制场布置

预制场占地总 $2700m^2$,分预制区、存板区、办公区、钢筋加工区;制板区设置 28 个台座(图 3-122)。梁场内设 25t 龙门吊 1 台,跨径为 22.5m,12t 龙门吊 1 台,用于混凝土浇筑。

1)场地处理

场地全硬化处理,采用 10cm 碎石或砂砾垫层 +15cm C20 混凝土(道路混凝土厚不小于 20cm),整个场地四周低、中心高,排水坡度 1.5%。在预制场设置有一处测量控制点,为避免控制点出现偏位影响测量精度,所以以控制点为圆心的 5m 半径内应避免施工。

2)台座设计

台座高度 40cm,标准板的制作台座采用混凝土台座上直接铺设底模(采用 6mm 厚钢板),在底模上安装侧模;异型桥面板(底部带有预应力齿块),按型号设计齿块预留槽口。

2. 模板设计

底模板采用钢模,根据主桥桥面板异型板底模采用分块进行组合使用,将底模根据桥面板的异型面分割 1 个标准块、5 个型号异型模板(图 3-123～图 3-128)。

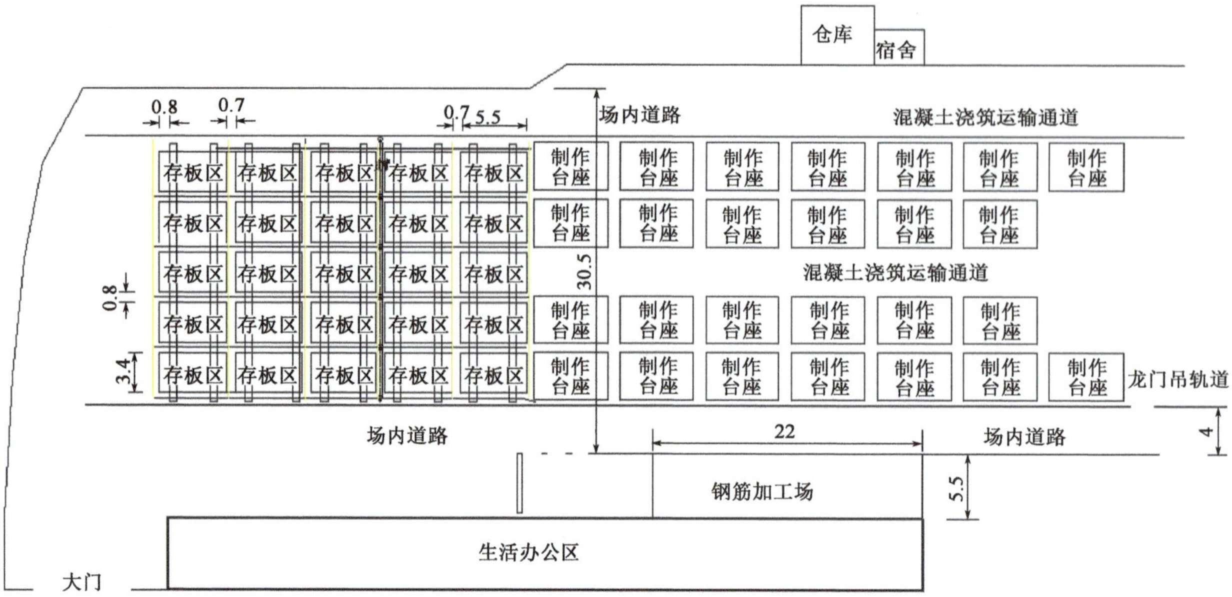

图 3-122 预制场平面布置图

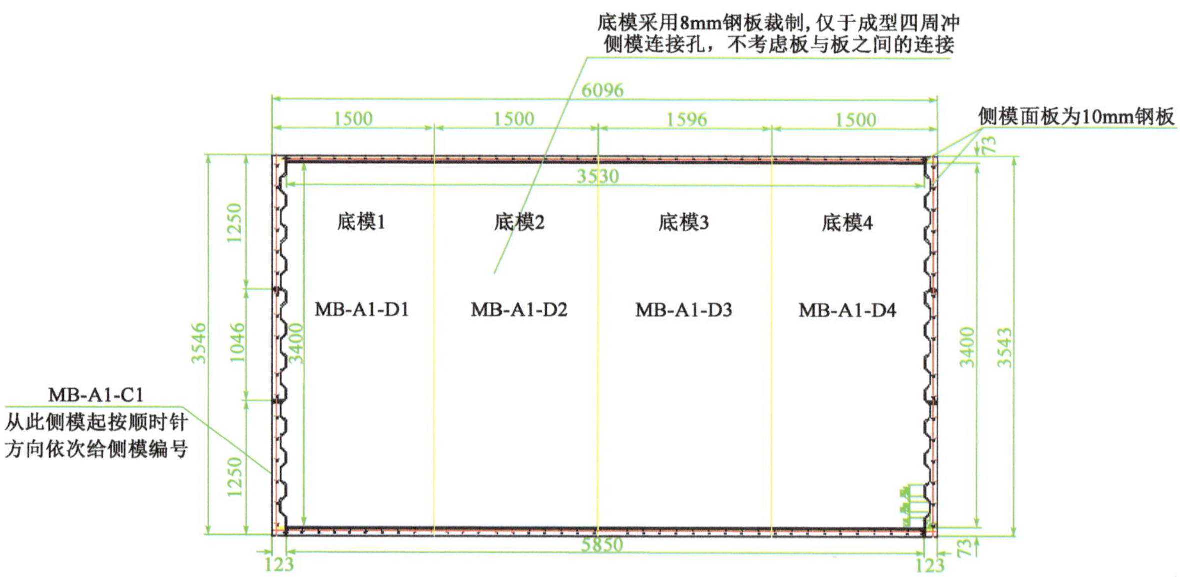

图 3-123 A1、B1 桥面板模板示意图(尺寸单位:mm)

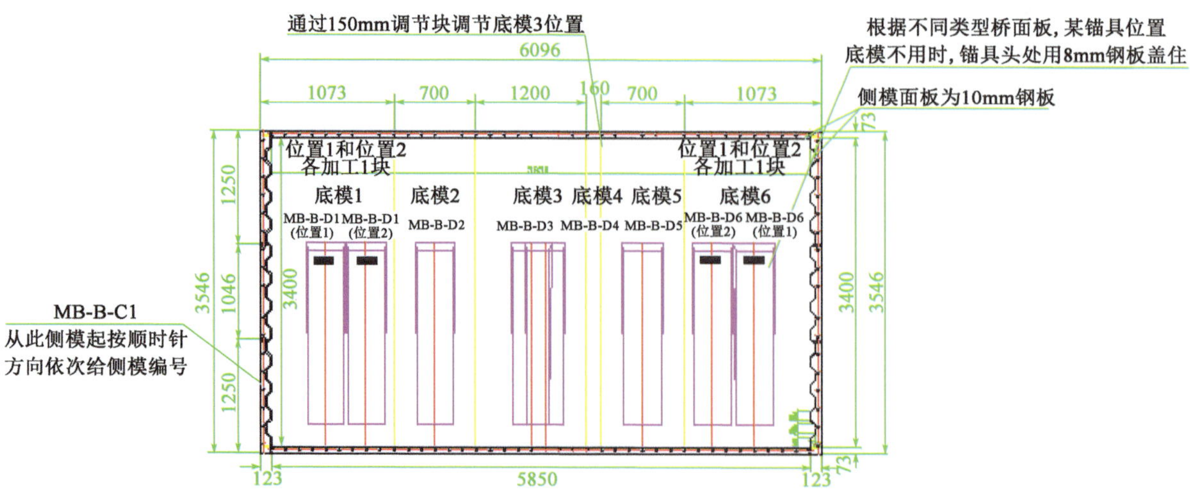

图 3-124 A2、B2、A8、B8 桥面板模板示意图(尺寸单位:mm)

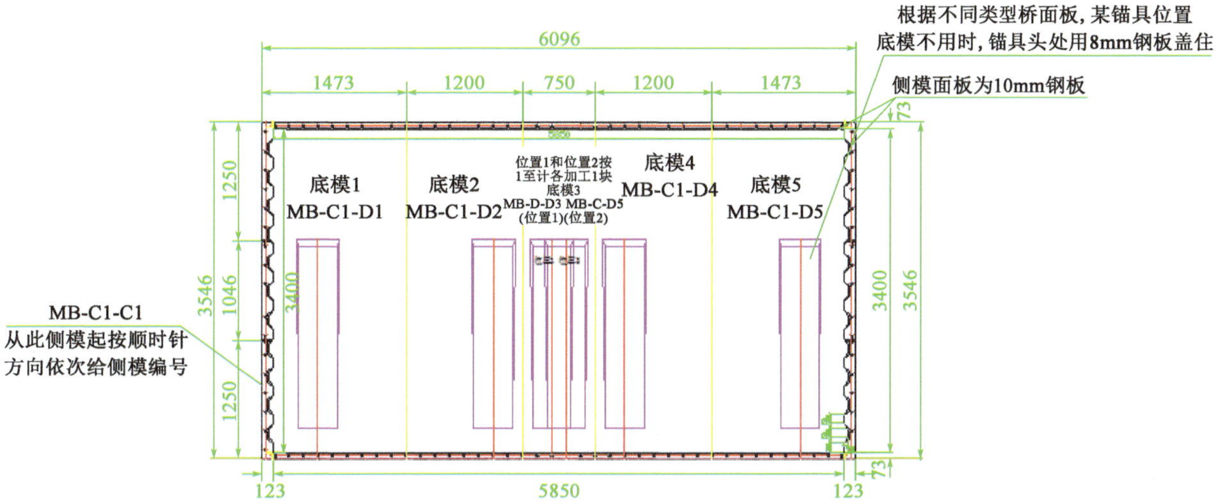

图 3-125　A9 ~ A12、B10 ~ B12 桥面板模板示意图（尺寸单位：mm）

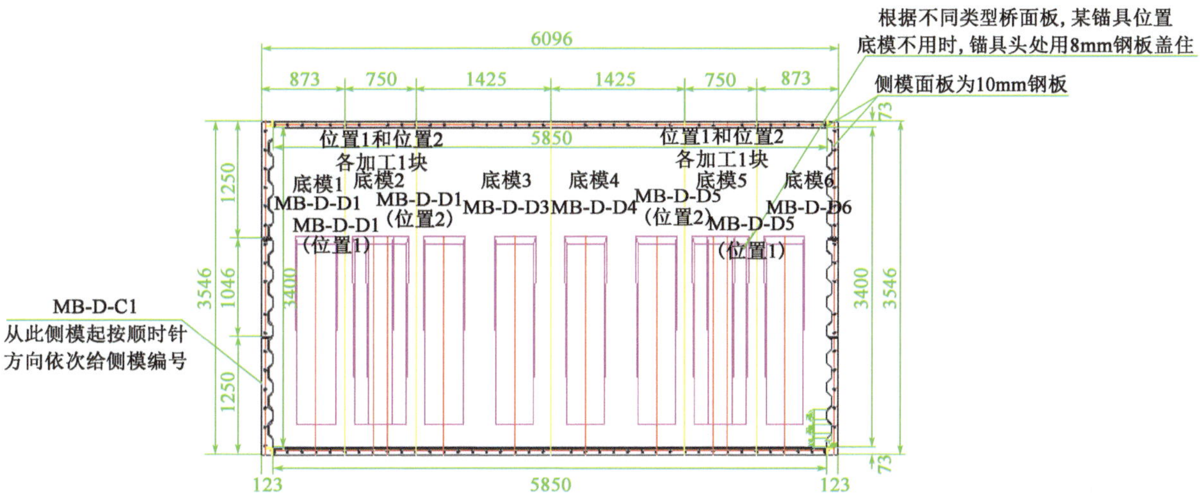

图 3-126　B5、B7 桥面板模板示意图（尺寸单位：mm）

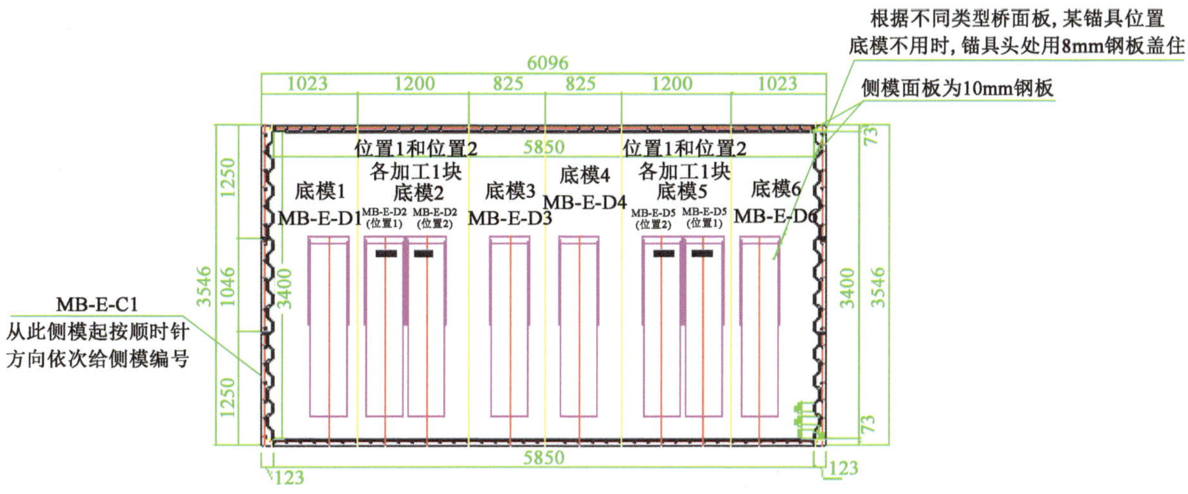

图 3-127　A5、A6、B9 桥面板模板示意图（尺寸单位：mm）

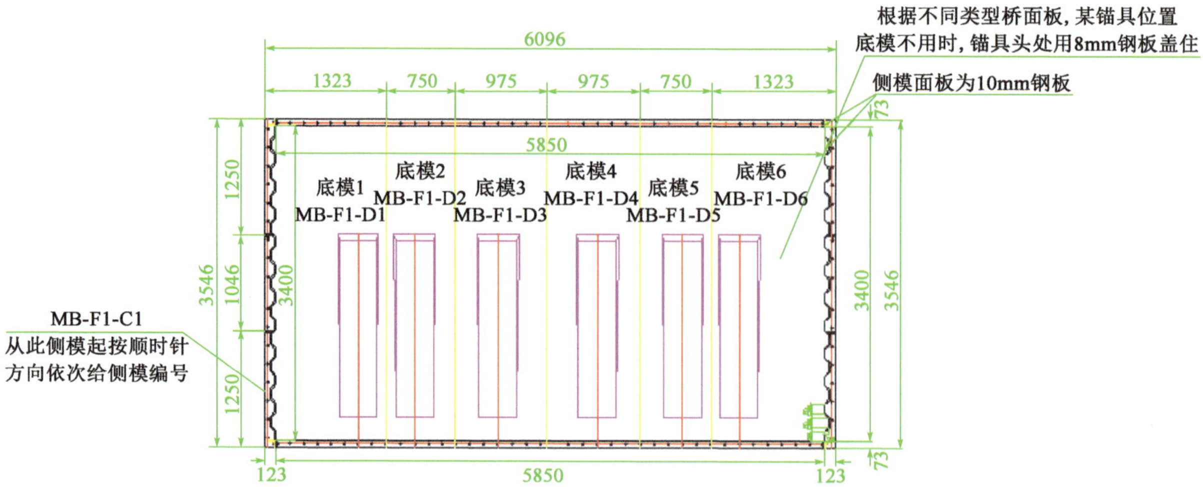

图 3-128　A3、A4、A7、A13、A14、B3、B4、B6、B13、B14 桥面板模板示意图

侧模采用钢模，根据设计预留钢筋要求，上下边模夹紧预留钢筋后，由木方条固定成整体，钢筋间隙用木块逐个填充平整、密实，保证施工质量。

3. 钢筋、混凝土施工

1）钢筋施工

为提高工效，钢筋在加工场加工成半成品后运至绑扎区绑扎成型（图 3-129）。绑扎顺序为：安装外层钢筋箍→穿里层钢筋箍→安装拉筋→安装预应力管道。

2）混凝土施工

混凝土入模前应对模板、钢筋及预应力管道进行检查，同时清理模板内的杂物、积水和钢筋上的污垢。混凝土采混凝土搅拌运输车直接入模，坍落度 160～200mm，自由倾落高度控制在 1m 以内。混凝土布料从一侧往另一侧推进，一层到底。混凝土振捣采用 ZN50 型插入式振动棒进行振捣。

混凝土浇筑完成后，在桥面板上覆盖土工布，洒水养生，预制期温度较高，且应注意洒水频率，保证土工布的湿润；湿接缝端头进行凿毛处理。

3）成品存放

堆放桥面板时，同一型号的桥面板尽量堆存在一起，每座 6 层，中间设置枕木。预制板存放一段时间后将桥面板按照施工顺序倒运现场存放（图 3-130）。

图 3-129　桥面板钢筋绑扎

图 3-130　桥面板存放

①在预制板起吊前需仔细检查吊具及起重设备，确保无误后起吊；

②预制板转运到位后应缓慢下放，对准位置后轻轻放下；

③堆存区地基应碾压密实(压实系数为0.96),避免不均匀沉降;

④预制板层间以木方相隔,每层2根,木方放置位置与存放台座位置一直,木方尺寸2500×250×160mm;

⑤预制板应堆放整齐,摆放平整,避免发生倾斜或倾倒,并不定期检查梁板存放情况。

4. 现场应用

所依托项目布置桥面板预制场一座,占地总2700m²,分预制区、存板区、办公区、钢筋加工区。根据工期安排,通过线性规划法对制板台座与存板面积进行合理规划,设置制板台座28个。梁场内设25t龙门吊1台,跨径为22.5m,12t龙门吊1台,用于混凝土浇筑,确保了桥面板施工质量,快速标准化地完成桥面板的预制。

五、高空跨铁路公路结合梁安防系统研究及应用

西固黄河大桥跨越及邻近兰新铁路施工,其与铁路的立面关系示意简图如图3-131所示。

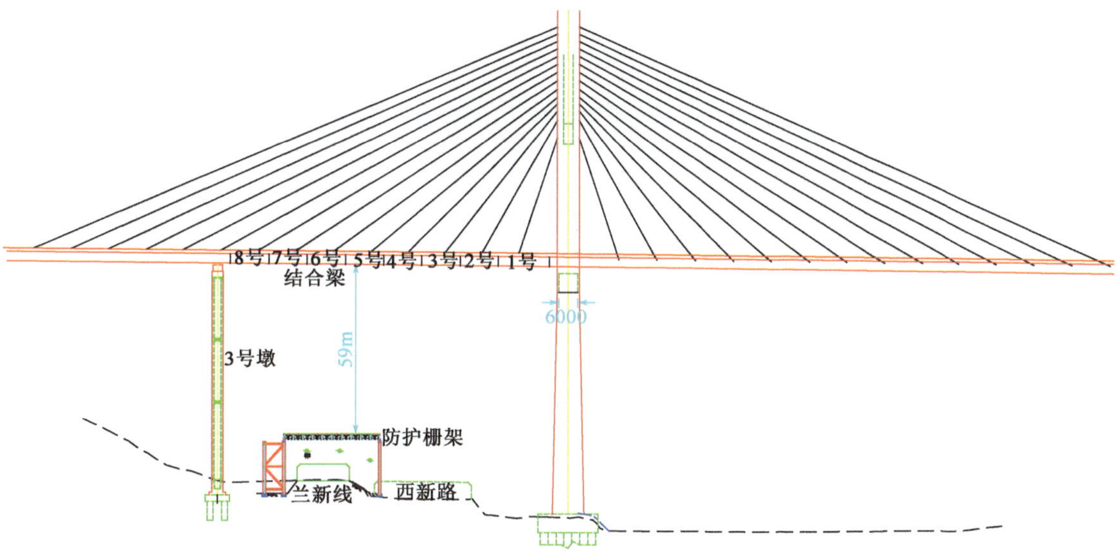

图3-131 桥梁结构与铁路关系立面示意图

1. 施工类别界定

西固黄河大桥根据桥址情况、桥梁与兰新铁路位置关系,本项目涉及铁路施工有3号墩桩基和承台、墩身(含盖梁)以及结合梁南岸边跨5~7号节段安装,其中3号墩桩基及承台的基础施工已完成相关方案的评审。根据施工工艺,同时结合不同施工期间对铁路所产生的影响,以及《兰州市南绕城高速公路西固黄河大桥跨越和邻近既有兰新铁路施工安全咨询报告》的意见,本项目涉铁施工可以界定的施工类别,情况如表3-10所示。

西固黄河大桥跨线及邻近铁路施工界定情况　　表3-10

序　号	施工部位	施工内容	施工工艺	施工与铁路性质
1	铁路防护棚架	安装及拆除	型材吊装	营业线施工
2	3号墩	墩身(含盖梁)	翻模法施工	邻近营业线施工
3	结合梁南岸边跨	5~7号节段	对称悬拼施工	营业线施工

经研究比选,本项目决定采用安全防护棚架与移动防护平台双重防护型式进行跨既有线施工。

2. 安全防护棚架

1)棚架概况

兰州西固黄河大桥跨越兰新铁路线和西新公路,相交角度约69°。西固黄河大桥红线范围与该交

通线路的相对位置关系如图3-132所示。为尽量减小项目施工对社会交通的影响，拟于跨线红线范围进行棚架防护，防止上部施工时小型坠落物对车辆和行人形成伤害。

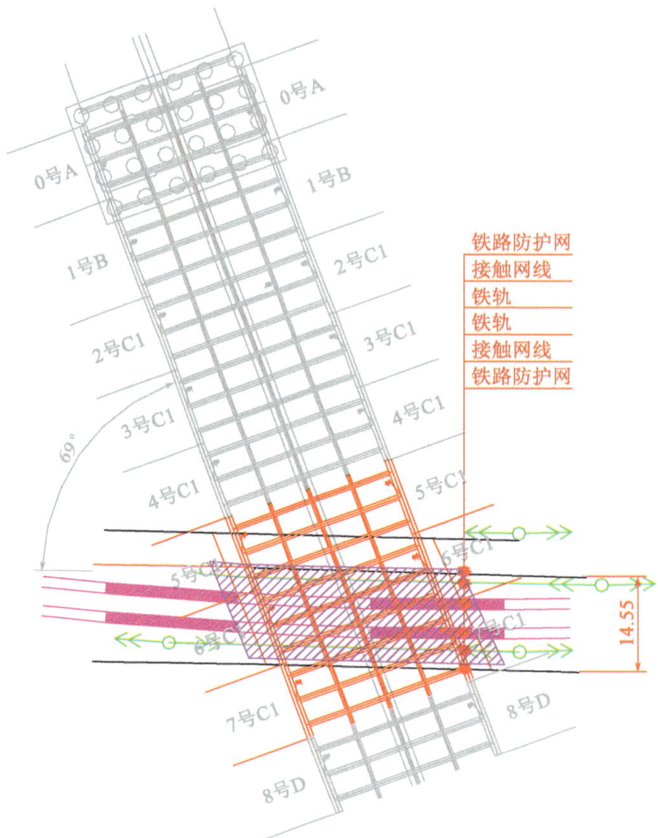

图3-132 桥梁结构与铁路关系平面示意图

棚架防护平台平面位于跨线区域西固黄河大桥红线范围内，平台以上约59m即是西固黄河大桥结合梁。平台下方即为西新路、人行道和兰新线，比下方接触网线高3.7～3.8m。

棚架各构件参数如下（图3-133～图3-135）。

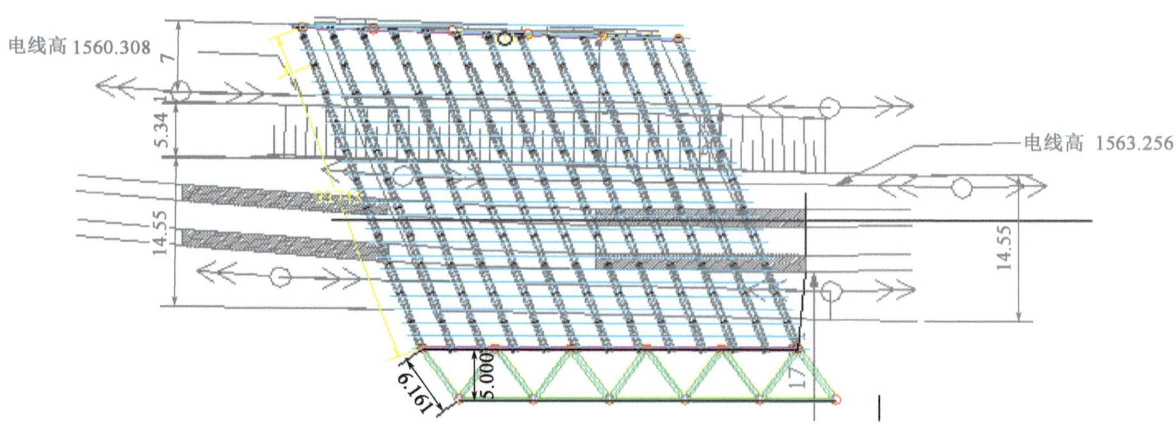

图3-133 棚架平面布置图

棚架平台距上部主纵梁高度：约59m，距下面钢轨面高度：约13.3m；

棚架尺寸：平面为平行四边形结构，长33m（顺桥向）×宽39.6m×高约16m；

钢管立柱：棚架单根钢管立柱重量：3.5t～3.7t；
横梁：每侧双拼横梁分为两节，单节最重6.6t；
棚架贝雷梁：一榀长33m，重6.6t；
棚架钢板：单块重0.7t。

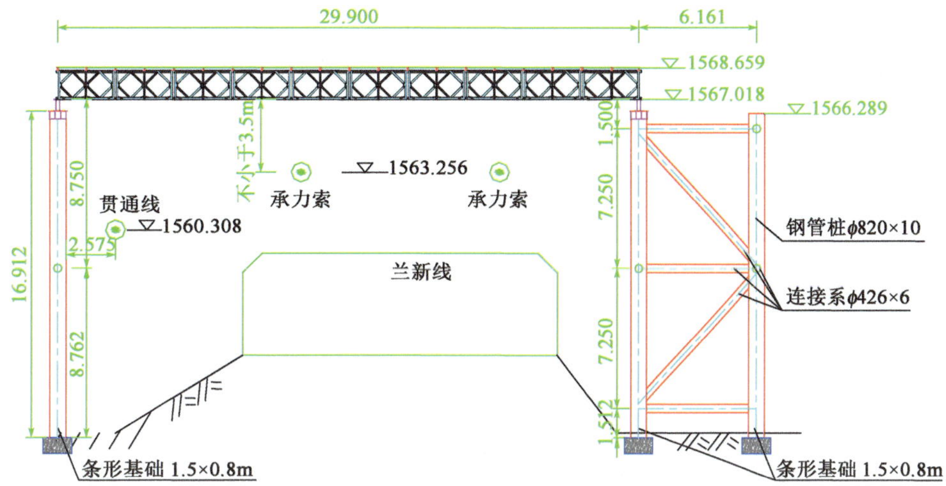

图 3-134 棚架沿顺桥向剖面布置图

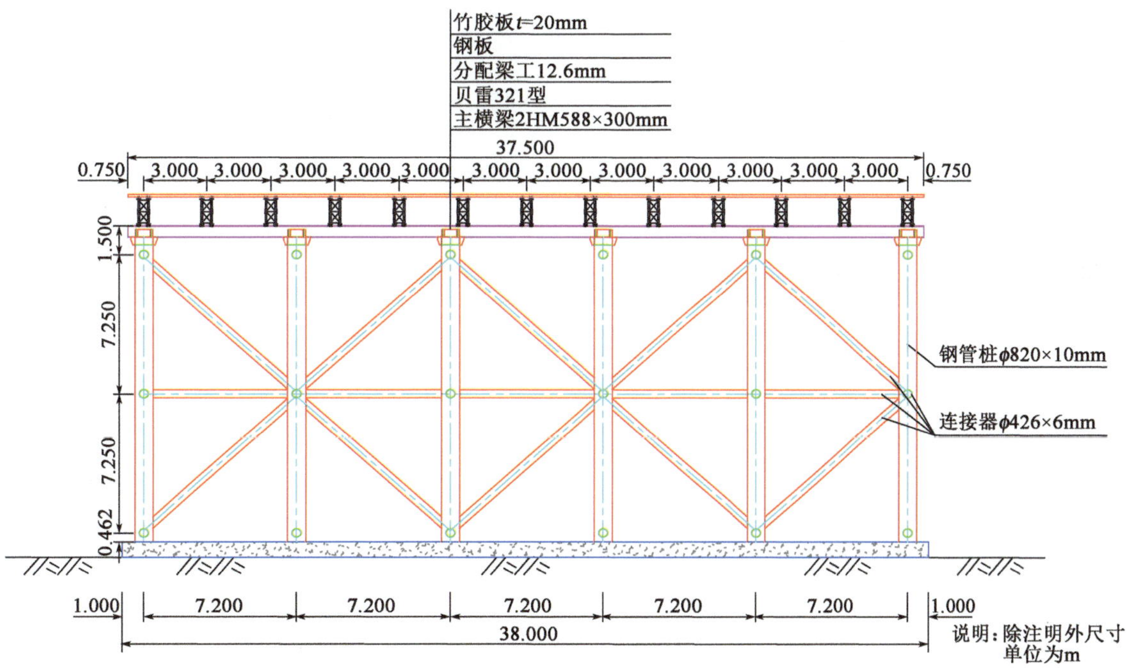

图 3-135 棚架典型断面布置图

2）总体施工方法

防护棚架主要施工流程：浇筑铁路两侧3段条形基础→安装钢管立柱及立柱上的横梁→安装贝雷梁→安装分配梁→安装钢板→安装竹胶板。棚架的拆除顺序为从上至下逆向进行。

防护棚架的施工主要为吊装作业，棚架需要吊装的构件主要有钢管立柱、横梁、贝雷梁、分配梁、钢板等，根据棚架各组成的构件参数，吊装选取2台25t汽车吊和2台QAY220汽车吊进行施工。各施工内容选用吊机及天窗点计划见表3-11，吊机站位示意图见图3-136。

棚架施工吊机选用表　　表 3-11

序号	施工内容	天窗点	单次吊装重量	吊机选用		
				西新路上2台QAY220汽车吊	人行道上25t汽车吊	铁路南侧25t汽车吊
1	条形基础(南侧)	不用天窗点	人工支模浇筑			
2	钢管立柱	天窗点,不停电	3.7t		√	√
3	钢管立柱上横梁	天窗点,不停电	6.6t		√	√
4	贝雷梁	天窗点,停电	6.6t	√		
5	分配梁	天窗点,不停电	1.28t	√		√
6	钢板	天窗点,不停电	2.1t	√		√
7	竹胶板	不用天窗点	人工安装			

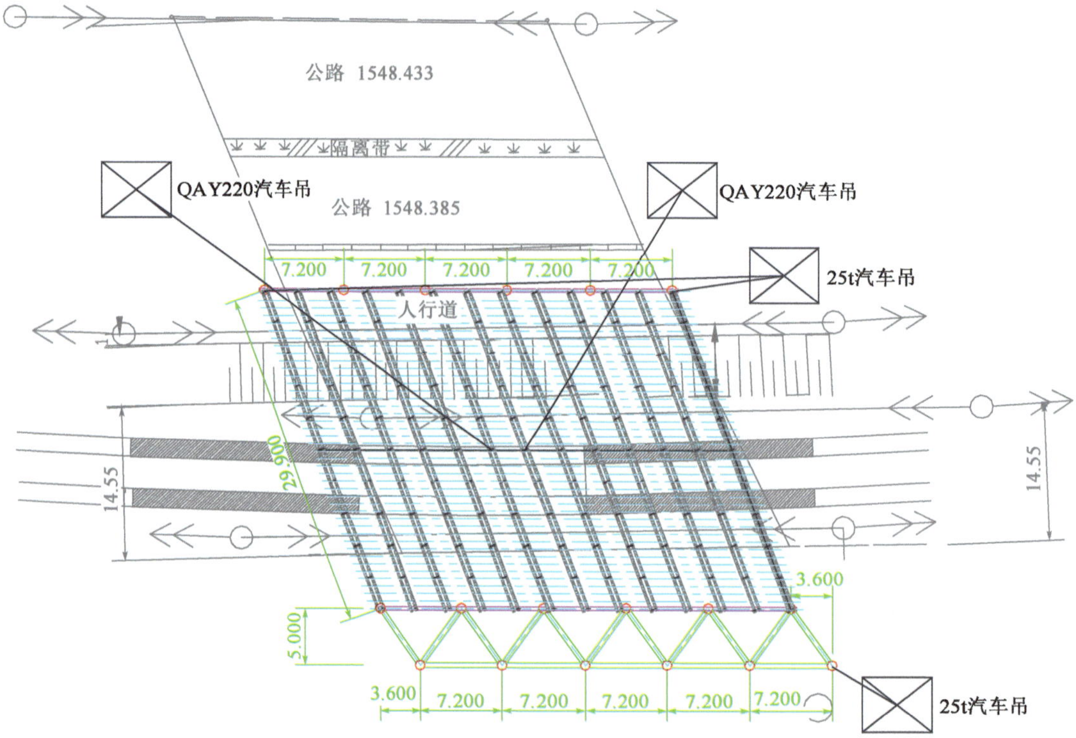

图 3-136　汽车吊站位平面示意图

单根钢管立柱重量为3.7t左右。安装钢管立柱时,要保持钢管立柱对准桩位,应检查钢管立柱的偏差及倾斜度,确保满足要求。钢管立柱就位后与预埋钢板焊接,钢管立柱外侧加焊加劲钢板。钢管立柱焊接加固牢固后,采用手拉葫芦安装 $\phi426\times6$mm 平联、斜撑连接系进行焊接,平联、斜撑安装不需要天窗点。

具体吊装时,在天窗点内(不停电),直接用25t汽车吊进行钢管立柱及横梁安装。南侧为两排钢管立柱,靠近铁路侧的一排和铁路北侧钢管立柱一样采用天窗点内施工。需要天窗点(不停电)施工的南北两侧各设置1台25t吊车在1个天窗点内分开吊装施工。

钢管立柱及横梁吊装过程中,用缆风绳牵引,防止意外。缆风绳固定在承台或混凝土结构物上,防止向铁路倾倒。

如图3-137所示,每边横梁2HM588×300长37.5m,分成15.15m和22.35m两节,最重为6.6t,天窗点内用25t汽车吊吊装放置于钢管立柱上并点焊加固。

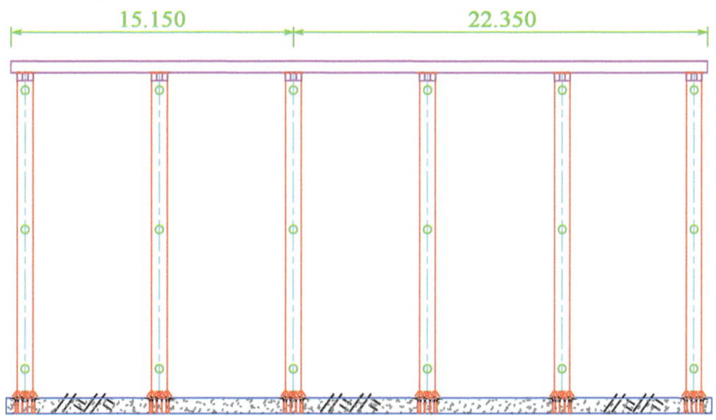

图 3-137　25t 横梁分节示意图(尺寸单位:m)

3)贝雷梁施工

贝雷梁用 2 台 QAY220 汽车吊在天窗点内吊装。用 2 个 90min 的天窗点(停电)。贝雷梁在指定位置拼装,标准节贝雷梁连接拼装成一整片,再每两片贝雷梁由花架进行横向连接成一榀后,长 33m,宽 0.6m,重 6.6t,单次吊装一榀贝雷梁,总计 13 榀。

根据现场实际地形条件及 QAY220 汽车吊技术参数,2 台汽车吊站位于西新公路上,臂长皆为 61m,吊装前构件在铁路外旋转到位。东侧汽车吊最远时吊幅 28.71m,臂长 61m 吊重 6.6t,离接触网水平距离 16m,垂直距离 4m,满足要求。西侧汽车吊最远吊幅 35.76m,吊重 6.6t,离接触网水平距离 18.7m,垂直距离 4m,满足要求(图 3-138)。QAY220 汽车吊吊装贝雷梁示意图见图 3-139、图 3-140。

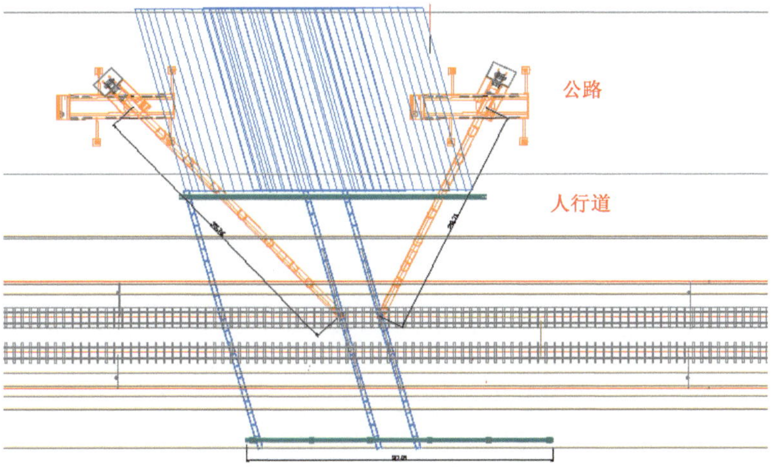

图 3-138　QAY220 汽车吊站位及吊幅分析图

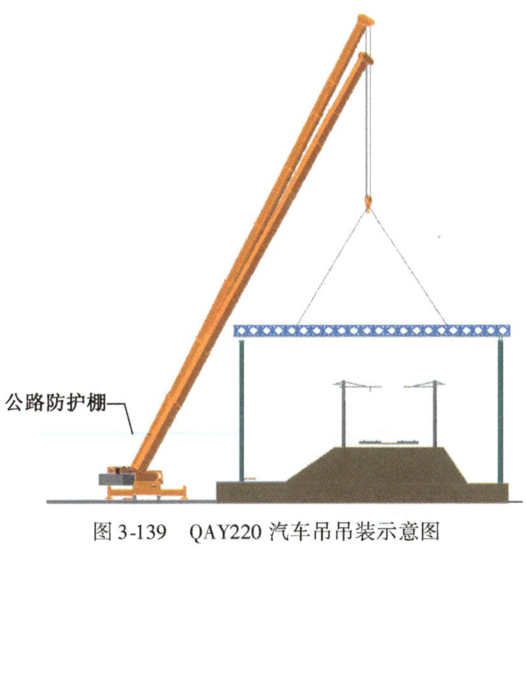

图 3-139　QAY220 汽车吊吊装示意图

图 3-140　QAY220 汽车吊吊装三维示意图

所有13榀贝雷梁的吊装在天窗点内(停电)吊装,选用2台QAY220汽车吊。

每台汽车吊每次吊装一榀贝雷梁用时20min,13榀贝雷梁需2个90min的天窗。第1个天窗点,2台汽车吊每台各吊装4榀,计8榀,剩下的5榀贝雷梁在第2个天窗点吊装完成。

4)贝雷梁以上构造施工

贝雷梁架设完毕后,接着继续搭设分配梁工字钢12.6mm,顺桥向间距1.5m一道。然后满铺10mm厚钢板和20mm厚竹胶板。

在天窗点内(停电),用3台吊机吊装分配梁,如图3-141所示。每10根工字钢打成捆,重1.28t,则8次即吊完,每台吊机吊3或2次即可吊完,每次吊装只需10min,需要1个90min的天窗点即可。每捆工字钢所铺设的位置如图3-141的标识所示,吊到位后,天窗点内采用人工将工字钢铺设到位。

在分配梁的首尾每处的底部,提前焊接两个钢筋头,分配梁放置于贝雷梁上后,卡住贝雷梁,防止分配梁滑动,示意图见图3-142。

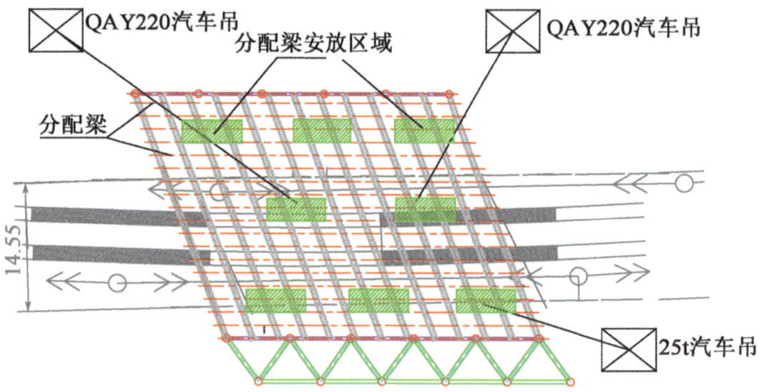

图3-141 分配梁吊装布置示意图

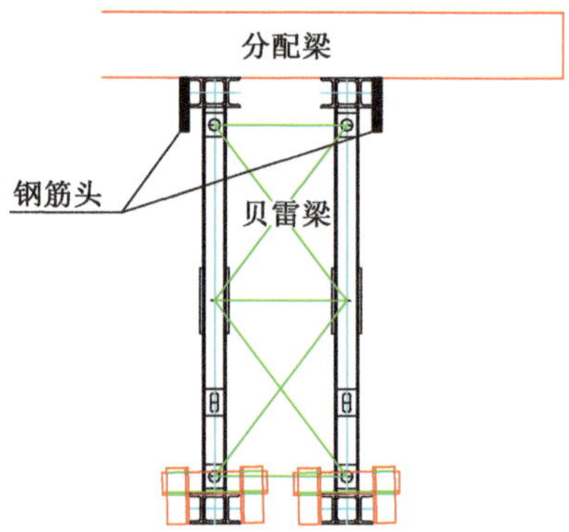

图3-142 分配梁加固示意图

钢板天窗点内(停电)安装。分配梁安装完后,在分配梁上满铺10mm厚的钢板,单块钢板尺寸为1.51m×6m×0.01m,单块钢板重711.21kg,总计126块。每块钢板打2个孔,方便挂钩。每次起吊3块钢板,每次起吊循环用时10min,3台吊机吊装,10min内可以吊3×3=9块钢板,126块钢板用140min,加上施工准备及施工完场地清理时间,钢板安装用2个90min的天窗点。

如图3-143所示,提前将钢板的安放位置划分好,吊装的时候直接将钢板吊装到相应的位置。每安装完成一块钢板,立即将钢板与工字钢点焊加固,防止滑动。

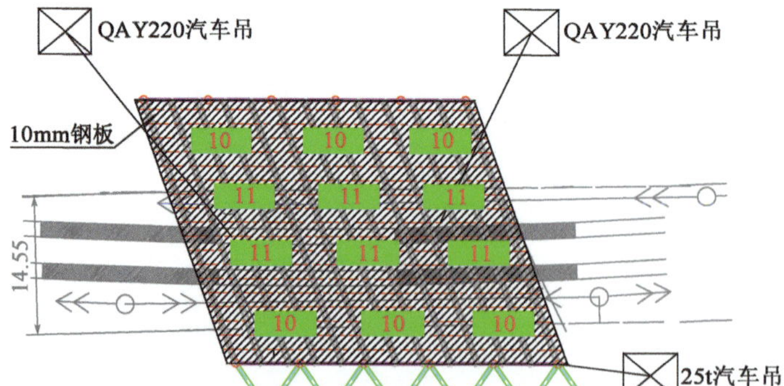

图3-143 钢板吊装示意图

钢板上铺设20mm厚竹胶板,此时下面已用钢板封闭,不用天窗点。在竹胶板顶面用钢筋压紧加固。竹胶板铺设不需天窗点。在竹胶板安装完后,在棚架顶部外侧两端,垂直于铁路方向,每端布置一道防护网。防护网高2m,防止坠物落到棚架上弹出至铁路上。防护网由间距1.5m、高2m的钢管组成,防护网布置图如图3-144、图3-145所示。

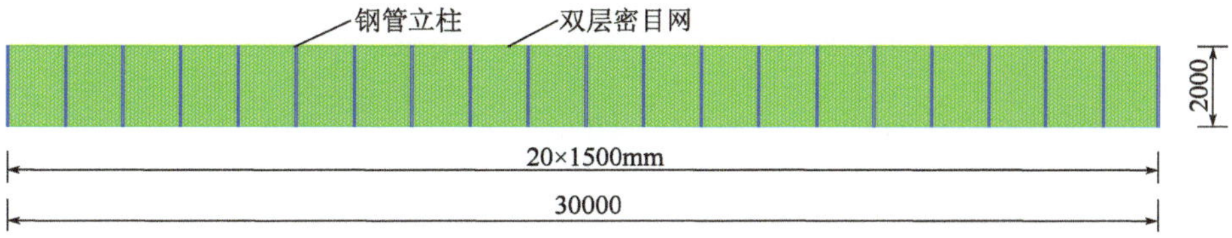

图 3-144　棚架顶部两端防护网布置图(垂直铁路方向)(尺寸单位:mm)

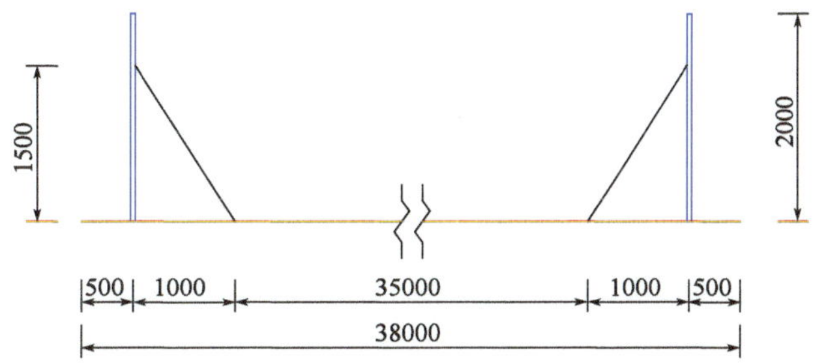

图 3-145　棚架顶部两端防护网侧面布置图(顺铁路方向)(尺寸单位:mm)

3. 移动防护平台安装及运行

为保证安全,南侧边跨从 2 号节段开始,在钢梁下方安装移动防护平台,并运行。安装平台时,不需要天窗点,当在铁路上方运行(安装 5 ~7 号梁段),每次移动和 5 ~7 号结合梁施工一起在天窗点内,移动防护平台布置图见图 3-146 ~ 图 3-148。

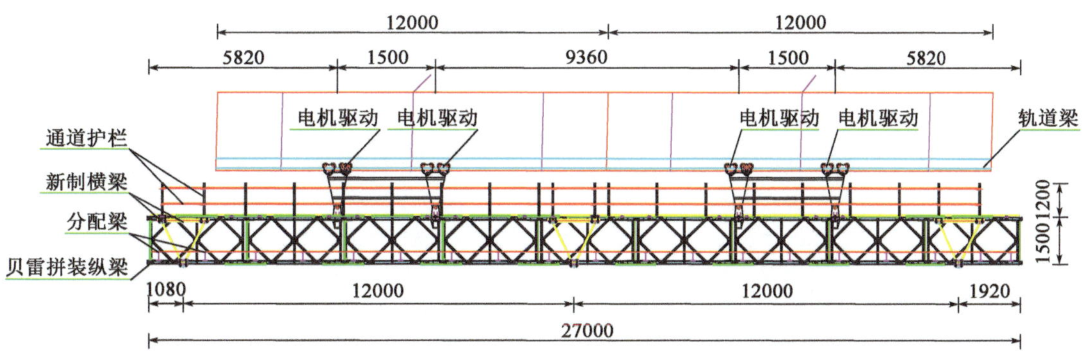

图 3-146　移动防护平台总体布置(尺寸单位:mm)

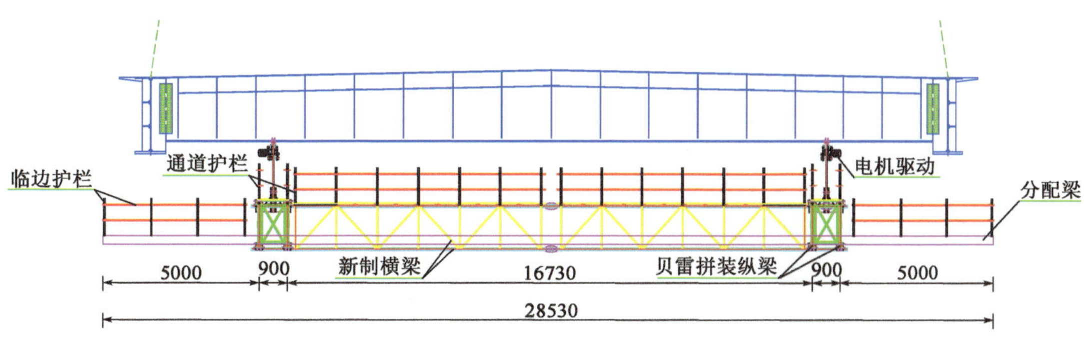

图 3-147　移动防护平台立面布置图(尺寸单位:mm)

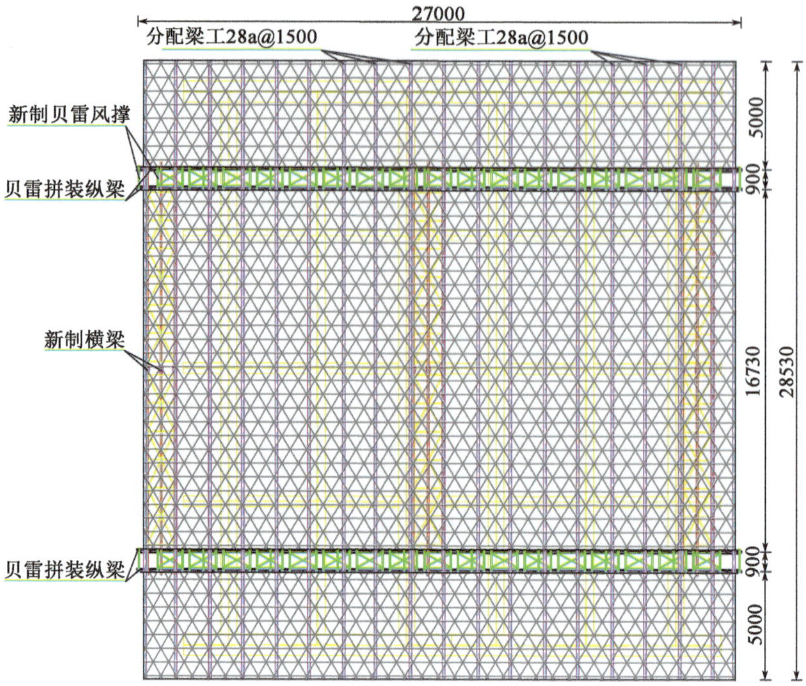

图 3-148　移动防护平台平面布置图(尺寸单位:mm)

防护平台纵梁由贝雷梁(321 型)、风撑拼装而成,横梁为新制桁架,采用型钢和圆管(2I8 + ϕ38 × 4)制作而成,平台设三道新制横梁,纵梁及横梁顶部铺设防裂钢筋网及竹胶板作为人行通道,用于平台维护和杂物清除;贝雷下弦杆之间搭设工字钢(I28a)、钢筋网及竹胶板形成防护平台。

移动防护平台的安装对铁路无影响,不需要天窗点。移动防护平台的每次前移和 5 ~7 号结合梁施工一起在天窗点内。

移动防护平台在 3 号、4 号节段下方时,开始安装 5 号节段钢梁。此时平台可防止 4 号与 5 号节段钢梁主纵梁拼接、5 号节段第一个横梁拼接(远离营运线侧)的意外坠物。在 5 号节段第一个横梁安装完后,接着安装轨道,然后平台在电机驱动下前行至第二道横梁位置,安装第二道横梁。按照这个施工工序依次进行至 8 号节段,保证下方铁路运行安全。

移动防护平台前行为下坡,设置限位装置,防止滑出(图 3-149)。

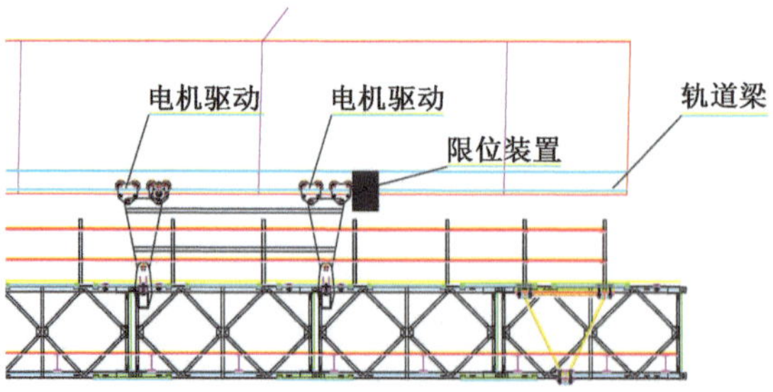

图 3-149　限位装置示意图

施工前,和兰州铁路局联系,完善程序,签订施工安全协议,设置日常联络人员。侵限的吊装施工在铁路局给定的天窗时间内进行,并高度重视安全防护工作。

4. 现场施工

本项目跨 109 国道与兰新高铁,为避免高空结合梁施工对既有线路运营的影响,在桥梁投影与既有线重合区域搭设落地防护棚,为抵抗高速列车干扰,在落地防护棚一侧安装辅助柱,增大其整体稳定性;

并在梁底安装移动式防护平台，实现了施工部位全防护，保证的既有线路运营，有效防止了施工过程中发生高空坠物的情况，降低了施工中的安全风险，见图 3-150、图 3-151。

图 3-150　移动防护平台（跨铁路）

图 3-151　防护棚

第四章

隧道工程

第一节　一衬液压模板台车施工工艺

一、前言

隧道开挖成型后，需要进行初期支护。目前的隧道初期支护通常采用新奥法原理的锚喷支护形式。但对湿陷性黄土等特殊地质结构，采用锚喷支护并不完全适用，目前国内外黄土隧道开始采用一次模筑混凝土衬砌和二次模筑混凝土衬砌这种复合式衬砌方式，一衬模筑混凝土施工一般采用小钢模拼装施工，即开挖完成后由人工进行小块钢模板及模板支撑体系的安装，模板拼装加固完成后进行混凝土浇筑施工，该种施工方法因隧道断面大，小块钢模数量多，线形难以控制，同时工人安装时间长，人员在有掉块坍塌隐患的开挖面下方工作时间长，因此该方法机械化程度低、耗用劳力多、施工进度慢、施工安全性较差。

二、适用范围

用于公路和铁路黄土隧道一次模筑混凝土浇筑。

三、设计结构

1. 结构描述

黄土隧道一次衬砌液压模板台车（图 4-1、图 4-2），主要包括门形框架和模板，门形框架包括上下纵梁、上下横梁、竖撑、斜撑、轨道梁和工作平台梁，门形框架底部安装有轮胎用于台车前后移动，上部设置有与横梁垂直的导轨，导轨上方有两块并列的模板，每块模板包括一块拱形的顶模板和顶模板两侧各一块可转动的大边模及一块可折叠的小边模，共 5 块模板，各块模板之间采用螺栓连接，利用外露的连接板和销轴进行转动，从而实现模板收缩的目的，底部小边模折叠后采用倒链进行固定；顶模板底部与导轨正对的位置设有与导轨配合滑动的支撑框架及走行框架，支撑框架与模板采用连接板和销轴进行连接，取掉销轴即可实现模板与台架的分离，门形框架上还设有牵引模板走行框架沿导轨移动的卷扬机，卷扬机主机位于台车上平台后端中部，在门式框架上平台中间纵梁上设置转向滑轮，卷扬机通过钢丝绳牵引模板走行框架沿导轨移动；门形框架上还设置有液压系统用于模板的就位调整，其中在轮胎轴承支撑块上设置竖向千斤顶用于台车的上下调节，从而实现模板的升降就位功能，在模板走行框架上设置横向千斤顶，用于模板支撑框架的左右横向移动，从而实现模板的左右横移调节就位功能，在底纵梁下设置机械式千斤顶支撑于地面，实现一衬混凝土浇筑时的支撑功能（此时走行轮胎处于不受力状态）；模板与门式框架间采用可调丝杠进行连接支撑，丝杠与模板和门式框架的连接采用销轴连接。小边模采用机械式螺旋千斤顶支撑于地面。

2. 创新点

（1）设置竖向和横向千斤顶实现模板的就位调节，简化了烦琐的模板就位调节工作。

（2）模板采用整体大块钢模板，既保证了一衬混凝土外观线型，又节省了人力。

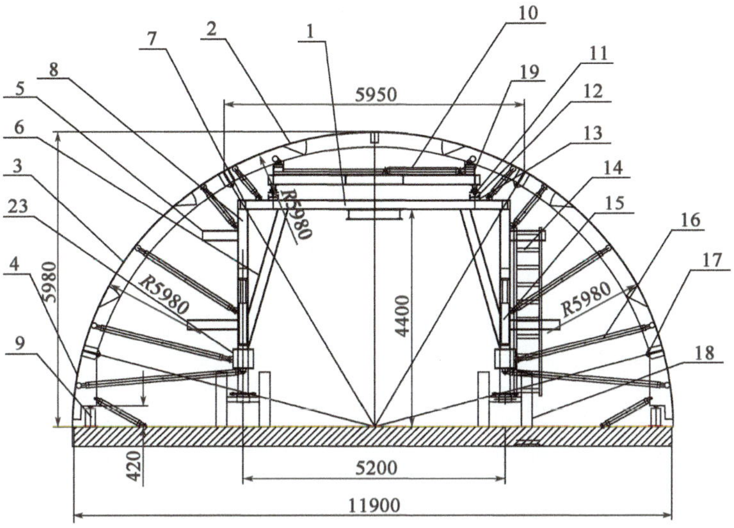

图 4-1　一衬液压模板台车正视图(尺寸单位:mm)

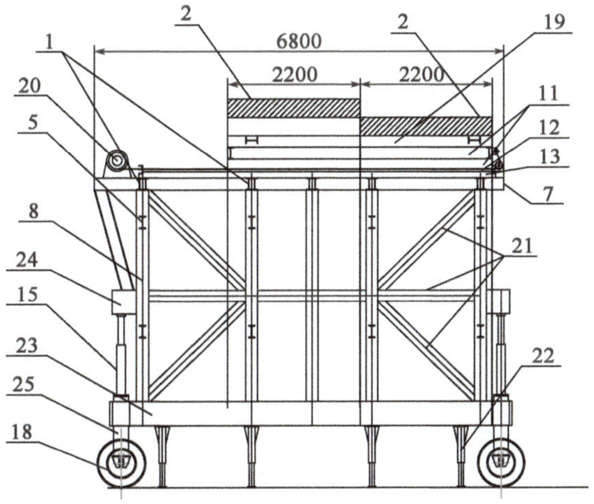

图 4-2　一衬液压模板台车侧视图(尺寸单位:mm)

1-门形框架上横梁;2-顶模;3-大边模;4-小边模;5-工作平台梁;6-斜撑;7-上纵梁;8-竖撑;9-小边模竖向支撑千斤顶;10-模板横向调节千斤顶;11-模板走行框架;12-导轨;13-轨道梁;14-上下爬梯;15-台车升降调节千斤顶;16-爬梯;17-模板支撑丝杠组;18-轮胎;19-模板支撑框架;20-卷扬机;21-横向连接;22-底纵梁下对地千斤顶;23-底纵梁;24-升降调节千斤顶垫块;25-轮胎轴承支撑块

(3)台车顶部设导轨,两块模板可沿导轨滑动进行纵向位置调整。

(4)模板具备可收缩功能,从而实现从另一块下方穿越,两块模板交替前行,轮流浇筑,缩短混凝土等强时间,从而提高生产效率。

(5)设置轮胎用于台车走行,可很好地适应复杂的不平整的地面状况。

(6)模板设置工作窗(图 4-3)用于混凝土振捣,可克服小块钢模混凝土浇筑振捣困难的缺点。

四、工艺流程

隧道开挖完成后,检查隧道施工条件是否满足模板台车设计要求,模板台车行走至衬砌位置后立模,立模前台车处于脱模状态。立模完成之后即可进行混凝土浇筑。混凝土浇筑完成之后,必须让混凝土凝固一定时间后才能进行脱模。模板台车脱模之后先收起底纵梁下支撑千斤顶,使台架重量落于轮胎上,然后顶紧轮胎竖向支撑千斤顶,用装载机推拉台车即可行走,收缩模板穿越前一块已浇筑混凝土模板,反复循环立模、浇混凝土、脱模、行走、穿行这 5 个工作过程,就完成了一衬液压模板台车的整个作业(图 4-4)。

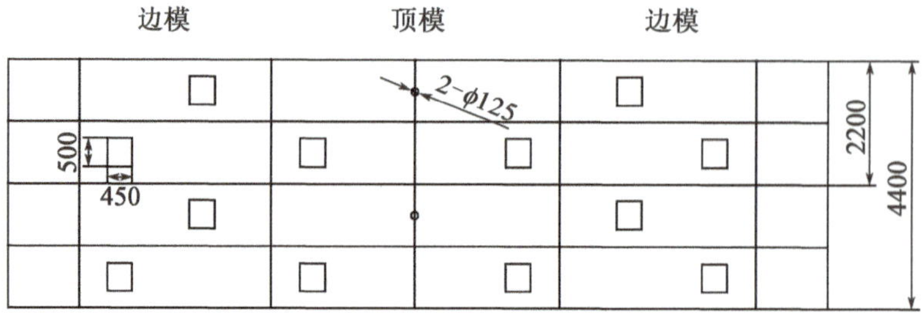

图 4-3　模板工作窗布置图(尺寸单位:mm)

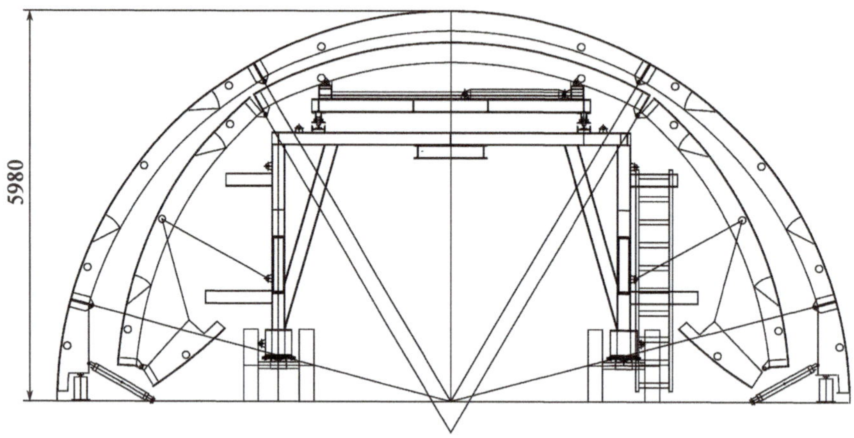

图 4-4　模板穿行图(尺寸单位:mm)

1. 具体实施方式

该模板台车由门形框架(底纵梁、横梁、上纵梁、竖撑、斜撑、工作梁、模板支撑框架、模板走行框架)、模板(顶模板、大边模、小边模)、行走系统(橡胶轮胎)、液压系统(千斤顶、控制系统)构成(图 4-5 ~ 图 4-13)。模板台车为拖拉行走、液压自动伸缩模板,台车架体长 6.8m,模板长 4.4m,每次衬 2.2m,为一套架体,两套 2.2m 长模板。

图 4-5　黄土隧道一衬液压模板台车总体图

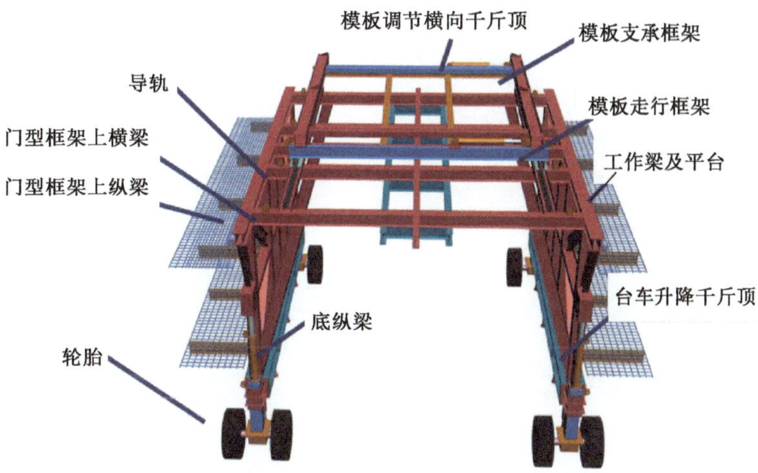

图 4-6　门形框架总装图

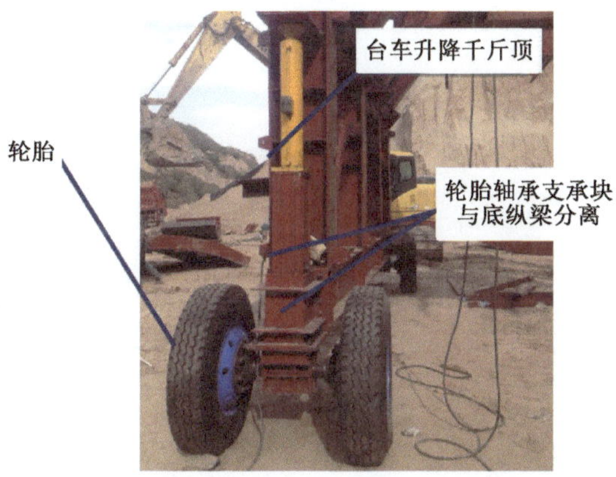

图 4-7　一衬液压模板台车门形框架行走系统及升降千斤顶

图 4-8　一衬液压模板台车模板横向调节千斤顶

图 4-9　底纵梁下对地千斤顶

图 4-10　卷扬机

图 4-11　液压控制系统

图 4-12　大小边模板

图 4-13　顶模与支撑框架连接细部图

2. 操作流程

(1)检查。隧道掌子面开挖完成后,检查隧道施工条件是否满足模板台车设计要求,由于模板台车属于非标设备,使用条件必须满足设计要求方可衬砌。

(2)立模。模板台车行走至衬砌位置后便可立模,立模前钢模板台车处于脱模状态。立模按以下几个步骤进行:

①台车移动至衬砌位置后,通过卷扬机对模板纵向位置进行调整;

②启动液压电机,操作手动换向阀手柄,使台架竖向调节油缸上升,调整模板台车模板,使其接近预定高度;

③操作手动换向阀手柄,使模板水平调节油缸平移。调整钢模板台车模板,使其中心线与衬砌中心线对齐,然后再操作手动换向阀,使竖向油缸上升到预定位置,安装并旋紧台架底纵梁下部竖向千斤顶使其与地面顶紧;

④操作手动换向阀手柄,使侧向油缸撑出。粗调钢模板台车侧模板(大小边模)至预定位置(侧模油缸应单边分别进行);

⑤装好侧向丝杠;

⑥关闭电机,来回摇动手动换向阀手柄,使侧向油缸卸压。调节侧向千斤顶,使钢模板台车侧模板达到灌注状态;

⑦装好小边模竖向对地千斤顶、堵头板。

(3)浇筑混凝土。立模完成之后即可进行混凝土浇筑。混凝土灌注之前,钢模板台车外表面需涂抹脱模剂,以减少脱模时的表面黏力。输送口包括工作窗口和注浆口。混凝土灌注时,先从钢模板台车模板最下排工作窗口进行,浇筑至混凝土快要平齐工作窗口时,关闭工作窗,然后从第二排工作窗口进行灌注,以此类推,最后通过注浆口封顶。

(4)脱模。混凝土浇筑完成之后,必须让混凝土凝固一定时间后才能进行脱模。脱模按以下几个步骤进行:

①拆掉模板支撑丝杠、小边模竖向对地千斤顶和堵头板;

②利用倒链先收起小边模，再收大边模，收起台架底纵梁下支撑千斤顶，使台车重量通过竖向油缸置于轮胎上；

③操作手动换向阀手柄，控制竖向油缸。使钢模板台车钢模板面全部脱离衬砌表面。油缸收缩时，必须分次收缩，切忌一次性强制脱模。

(5)行走。模板台车脱模之后用装载机或其他设备拖拉台车即可行走。

(6)内外模板穿行说明。取掉丝杠，先收小边模，再收大边模；取掉纵底梁下千斤顶，降下顶模，使模板与衬砌面分开并且降到比前一组模板低位置；穿过前一组模板到达衬砌位置；升起顶模，调整到位，撑开边模和小边模，连上支撑丝杠，及达到下一次衬砌状态。

反复循环立模、浇混凝土、脱模、行走、穿行这 5 个工作过程，就完成了一衬液压模板台车的整个作业。

五、实施注意事项

(1)在每次浇筑混凝土前，应检查丝杠、千斤顶是否有松动，防止在浇筑时台车变形。

(2)浇筑混凝土时，钢模板台车前后混凝土高度差要求不超过 600mm；左右混凝土高度差要求不超过 500mm。

(3)混凝土浇筑到最后通过注浆口封顶的后期，必须使用低速挡进行灌注，并时刻注意注浆口压力的变化，避免因混凝土注满后强行注入而导致压力过大使模板变形。

(4)每一个工作循环后要检查各部位螺栓、销子的松紧状态，对各种连接件重新检查紧固。

(5)台车行走机构、丝杆千斤顶要定期打黄油。

(6)液压系统应无泄漏现象，液压油应清洁，工作时压力表开关应打开，随时观察压力的波动情况。

(7)钢模板台车行走时，边模板下端与地面间不得有风管、水管等障碍物，严防台车行走时有拖带现象。

(8)台车浇筑前，底纵梁下对地千斤顶务必顶牢固于地面。

(9)为了安全，要按规范操作台车，并勤于保养，杜绝一切事故发生。

六、施工工艺总结

(1)这是一种为黄土隧道二次模筑混凝土衬砌而专门设计的一衬液压模板台车，具有液压自动立模、脱模功能，衬砌表面光洁度高，衬砌速度快的特点，大大简化了混凝土浇筑施作操作过程，实现快速机械化施工，大大提高了生产效率，保障了施工人员的安全。

(2)使用液压控制系统对整体模板进行就位浇筑混凝土，只需要 1 个工人即可操作模板就位，轻松完成立模任务。

(3)采用模板和台车支架分离系统特殊设计，可有效克服模筑混凝土等强时间较长，影响施工工效的特点。

(4)台车走行采用轮胎式拖拉走行，能有效利用隧道施工既有机械设备，行走方便快捷。

(5)台车浇筑时支撑采用对地千斤顶，能满足较差的地基要求。

第二节　工字钢拱架加工连接施工工艺

一、前言

以往隧道施工时，下台阶边墙拱架与仰拱工字钢采用斜插法进行连接，为折线连接，不能很好地实现设计的环形意图，减弱了隧道结构承载能力。

二、适用范围

黄土隧道台阶法施工中下台阶边墙拱架与仰拱工字钢连接。

三、工艺特点

使用工字钢拱架加工连接工艺后（图4-14），隧道的结构线形得到了保证，隧道一衬和仰拱实现了设计意图的环状结构。

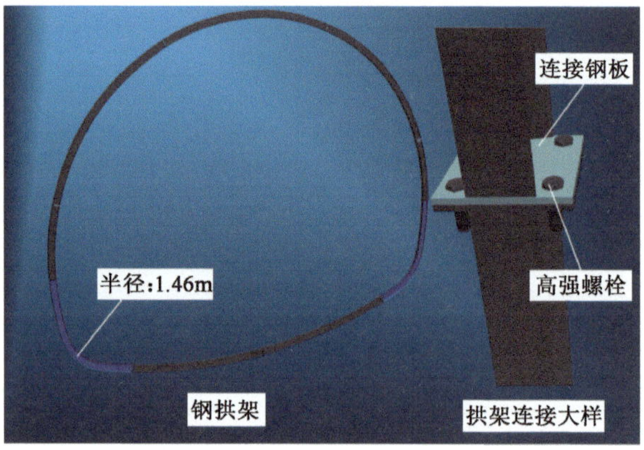

图4-14　工字钢连接示意图

四、工艺流程

1. 采用特制的小半径冷弯机实现一衬小圆弧拱架制作

通过特制的小半径冷弯机加工时，能够按照设计意图保证工字钢水平度及弧度，达到标准化要求，也为现场施工中下台阶边墙拱架与仰拱工字钢连接提高效率（图4-15）。

a)　　b)

图4-15　现场拱架加工

2. 投入剪板机(图 4-16)、冲孔机(图 4-17)、等离子切割机、二保焊等设备保证连接钢板质量

图 4-16　剪板机

图 4-17　冲孔机

加工完成的连接钢板及焊接效果如图 4-18 及图 4-19 所示。

图 4-18　加工完成的连接钢板

图 4-19　二氧化碳保护焊焊接效果

3. 工艺优点按照隧道衬砌类型设计参数,连接板采用剪板机统一制作,定位后采用冲孔机成孔,拱架焊接采用二保焊,通过一系列设备运用,达到流水线规模化生产,确保质量,避免了在后续施工中不熟练工人用错连接板的情况。

第三节　一衬边墙大模板施工工艺

一、前言

原小模板拼装施工下边墙,模板加固难度及工作量较大,线形控制较难,难以拼装出设计要求的弧形,与上台阶接头处容易错台。改进后采用整体式大模板(图 4-20)解决了一衬下边墙圆弧形的设计要求,实现了设计意图的环状结构,不仅降低工作量而且易加固。

二、工艺流程

(1)一衬下边墙左右侧交错开挖(图 4-21)。

(2)清理上台阶底部杂物(预先用砂袋对上台阶底部进隔离处理),如图 4-22 所示。

(3)安装边墙钢拱架(图 4-23)。

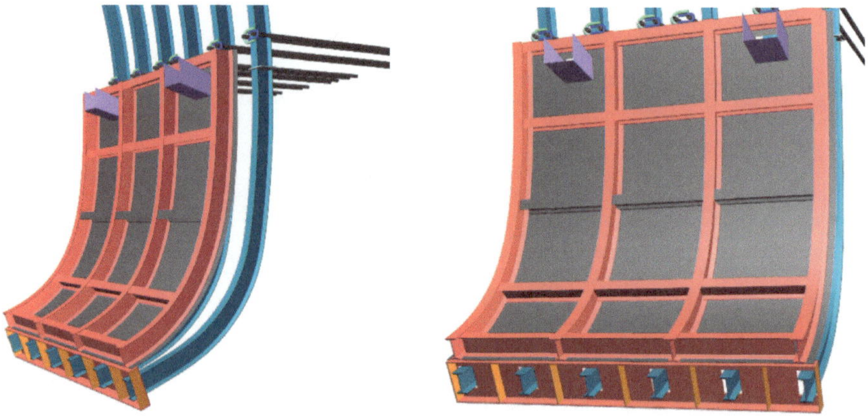

a)

b)

图 4-20　一衬边墙边墙大模板示意图

图 4-21　一衬下边墙左右侧交错开挖

图 4-22　清理上台阶底部杂物

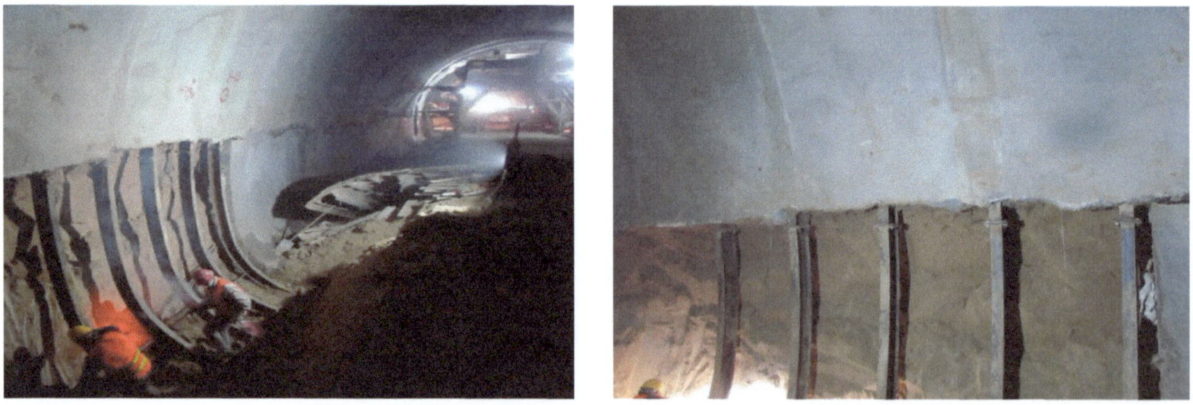

a)

b)

图 4-23　安装边墙钢拱架

(4)人工配合挖掘机吊装模板。

(5)一衬浇筑。

三、施工工艺总结

采用整体式大模板施工,单侧施工只需要 3 个人配合挖机吊装到位(图 4-24),模板支撑简单,缩短加固时间;采用泵送浇筑,保证了混凝土内部密实,同时较好地与上、下台阶顺接。

a)

b)

图 4-24　人工配合挖掘机吊装模板

按单侧施工 2.9m 分析，原小模板拼装施工需要 4 个人 1 个工日，改进后只需 3 个人 6h（中途挖机配合半小时）浇筑完混凝土，可轻松节约一个半工日。完成效果如图 4-25 所示。

a)

b)

图 4-25　完成效果

第四节　仰拱整体式堵头模板施工工艺

一、前言

隧道施工中对仰拱及填充层施工不重视，下边墙与仰拱交接处施工混乱，导致后续工序衔接不到位，采用仰拱整体式堵头模板工艺保证了仰拱线形及厚度，实现了设计意图的环状结构（图 4-26）。

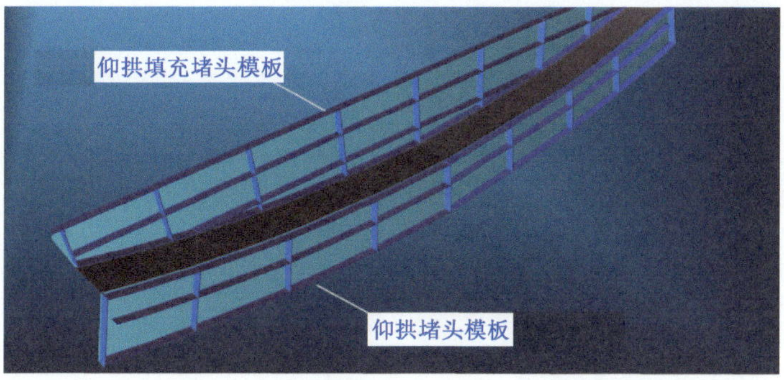

图 4-26　仰拱整体式堵头模板工艺示意图

二、施工工艺流程(图4-27、图4-28)

(1)一衬下边墙(Ⅰ)浇筑后,开挖下部土体,安装仰拱钢支撑,仰拱端头模板,固定仰拱纵向挡头模具,浇筑仰拱(Ⅱ)。

(2)待仰拱(Ⅱ)终凝后,浇筑仰拱填充层(Ⅲ)。

(3)拆除仰拱纵向挡头,全断面铺设TMF环向排水管、防水层、半圆孔背贴式止水带(二衬与防水层之间)、HDPE纵向波纹管(Ⅳ)。

(4)安装固定边墙钢筋,安装二衬钢筋,按二衬要求的混凝土标号浇筑剩余仰拱填充及二衬边墙(Ⅴ)。

(5)移动二衬台车就位,浇筑剩余全部二衬(Ⅵ)。

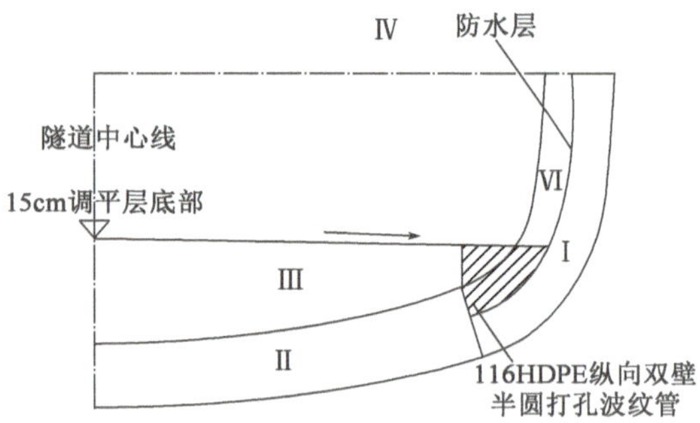

图4-27 仰拱、填充及二衬施工示意图

图4-28 仰拱整体式堵头模板工艺

第五节 三角槽整体模板施工工艺

一、前言

原来未采用三角槽整体模板施工,两侧拱脚需要预埋防水板及背贴式止水带等,造成防水板及止水带接头增加,既增加了工作量,接头质量又难以保证。采用三角槽整体模板后,纵向排水管安装位置完全满足了设计要求,完全实现了防水板及止水带一次全断面铺通,杜绝了纵向搭接接头。

二、工艺特点

(1)采用三角槽整体模板,防水板及止水带实现了一次全断面铺通,纵向排水管便于安装和检查。

(2)防水板一次性全断面铺设成型,节约中间搭接,避免人为焊接质量不到位现象,提高防排水整体性。

现场施工及完成效果如图4-29、图4-30所示。

图4-29 现场施工照片

图4-30 完成效果

(3)纵向盲管安装简单快速、位置准确,环向止水带一次安装成型,避免接头,保证防排水质量。

(4)二衬钢筋一次性安装,避免原预埋小边墙钢筋预埋精度问题,很好地解决了立焊问题,达到工厂化加工要求后,直接安装。

三、工艺总结

(1)一次性铺设防水板及止水带:按一环二衬 12m 分析,原焊接两道纵向防水板接头,需 4 个人 1.5h,改进后直接节省该工序。

(2)纵向盲管安装:原安装盲管需采用射钉枪及锚固环进行固定后才能满足要求,按一环二衬 12m 分析,安装两侧纵向盲管需 2 个人 1h,改进后直接节省该工序及材料。

(3)仰拱端头定型钢模:原采用木模,关一环堵头模需 4 个人 4.5h,改进后需 4 个人 2h 内就可以完成,且便于加固。

(4)二衬钢筋安装:原先预埋钢筋后再焊接,焊接接头及预埋需 4 个人 5h,改进后直接节省该工序。

第六节 防水板止水带二衬钢筋整体安装施工工艺

一、前言

利用预留三角槽,防水板、止水带实现了一次全断面铺通,减少了纵向接头,确保了防水层施工质量,消除了运营期间可能发生渗水等质量安全隐患。

二衬钢筋实现一次性整体安装,减少了钢筋接头,有利于钢筋整体线形的实现,保证了二衬的受力性能(图 4-31)。

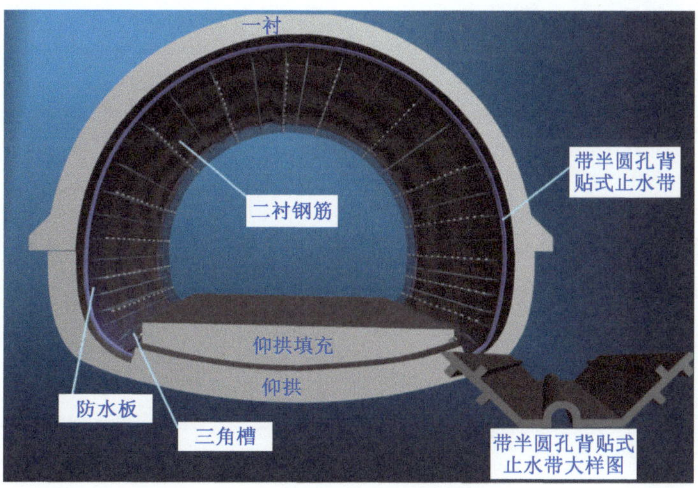

图 4-31 防水板止水带二衬钢筋整体安装

二、工艺流程

(1)一衬施工完毕,局部打磨处理。

(2)轨行式挂板台车就位。

(3)防水板一次性铺挂,不再预留预埋小边墙的防水板,减少纵向搭接(图 4-32)。

(4)二衬钢筋整体绑扎(图 4-33)。

(5)二衬钢筋整体绑扎后再进行三角槽混凝土浇筑回填。

图 4-32　轨行式挂板台车就位后,防水板整体挂设

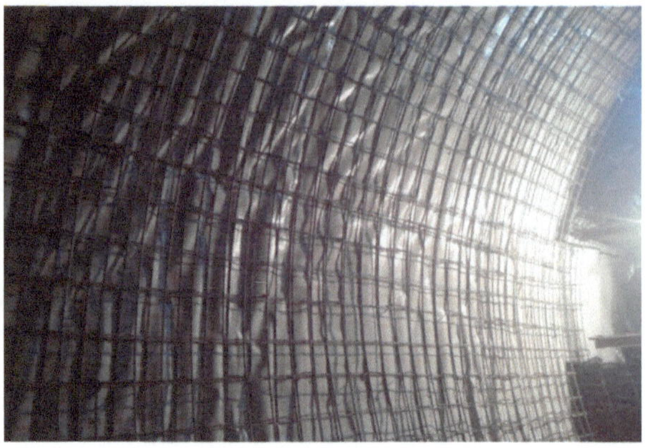

图 4-33　二衬钢筋整体安装工艺

三、工艺特点

(1)完全实现防水板及止水带一次全断面铺设,节约中间搭接,避免人为焊接质量不到位现象,提高防排水整体性。减少中间纵向防水板焊接工序,减少止水带预埋至小边墙工序。

图 4-34　施工完成的二衬外观

(2)实现了二衬钢筋一次性安装,避免原预埋小边墙钢筋预埋精度问题,避免预埋钢筋与拱墙二衬钢筋的焊接,减少接头很好地解决了立焊问题,达到工厂化加工要求后,直接安装。

(3)实现了纵向排水管安装位置完全满足设计要求,纵向盲管安装简单快速、位置准确。

(4)隧道的结构线形得到了保证,完全实现了设计意图的环状结构。

施工完成的二衬外观如图 4-34 所示。

四、工艺总结

按一环二衬 12m 分析,原来爬焊机需焊接两道纵向防水板接头,需要 2 个人 1.5h,改进后直接节省该工序。

第七节　电缆槽整体模板台车施工工艺

一、前言

隧道电缆槽传统施工方法采用小块模板进行拼装,整体性差,线形难以控制,整体式电缆槽模板台车采用整体钢模设计,模板刚度大、稳定性好,避免施工过程中出现“跑模”现象,混凝土外观质量明显提高,线形可控。

二、工艺流程(图 4-35)

1. 施工放样

测量人员放出隧道中线、电缆槽高程及施工位置控制点。由于台车长度为 12m,现场放样点纵向间距定为 6m,保证每一浇筑段电缆槽模板有 3 个平面和高程控制点;施工放样点应布设于电缆槽外模靠线路侧 10cm，避免施工过程中点位被模板遮挡或点位被破坏。

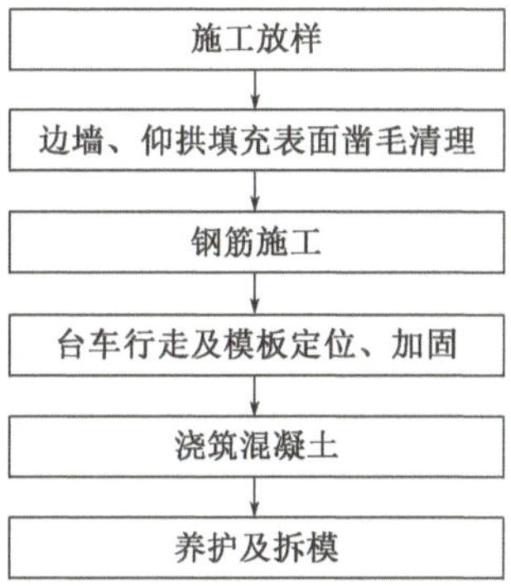

图 4-35　电缆槽施工工序流程图

2. 边墙、仰拱表面凿毛清理

将两侧要施工的电缆槽部位的边墙及仰拱接触面凿毛。要求凿除混凝土表面的浮浆，见到粗集料，露出新鲜混凝土面积不低于 80%，凿毛后要清除混凝土凿毛面的杂物，混凝土表面用水清洗干净，不得积水。

3. 钢筋施工

施工电缆槽墙身钢筋，并将衬砌引出的综合接地钢筋接长并焊接于墙身最上面一根纵向通长钢筋，按综合接地要求该通长钢筋必须每 100m 断开一次。

4. 台车行走及模板定位、加固

电缆槽移动台车（图 4-36）行走钢轨安装位置根据隧道中线确定，两侧对称布置，然后人工操作，由电机带动行走系统通过钢轨向前行走并就位。两侧模板通过液压系统实现升降和横向移动，再根据放样好的中线和高程定位好模板位置。定位完成后技术人员复核电缆槽结构尺寸、平面位置、高程，确认无误后禁止随意开启液压系统开关，避免模板移动造成尺寸不符合要求。电缆槽台车模板通过液压系统和整体台架进行加固，其电缆槽外模通过在仰拱填充混凝土上植入钢筋进一步加固；表面每 6m 通过角钢钢架限制相对位置并加固；端头模板利用钢模端头焊接圆箍，再插入钢管固定（图 4-37）。

图 4-36　电缆槽模板台车

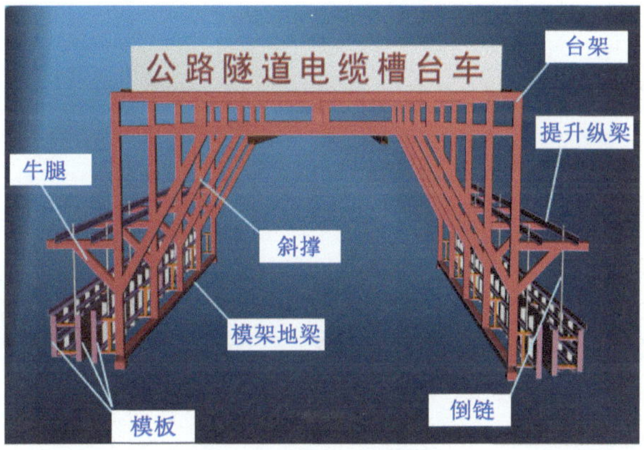

图 4-37　电缆槽台车原理示意图

5. 浇筑混凝土

混凝土浇筑过程中，采用定型溜槽，便于引导混凝土入模，混凝土分层均匀浇筑并振捣，使电缆槽内混凝土均匀上升，避免造成模板胀模。凝土浇筑过程中，两侧电缆槽混凝土同时浇筑，避免台车发生偏移，造成电缆槽偏距不符合隧道净空要求。

6. 养生及拆模

混凝土实行洒水养生，不得少于 14d。因拆模全部通过液压系统操作，容易破坏混凝土，因此要求拆模前养生不得少于 12h。拆模时，先拆除端头模板及加固设施，再通过液压系统拆除电缆槽外模，最后通过升降系统将电缆槽模板整体上移。拆模过程中禁止启动横向液压系统，避免模板横向移动破坏电缆槽结构。

三、工艺优点

（1）隧道自行式电缆槽模板台车采用整体钢模设计，模板强度大、稳定性好。且由于其不易变形可在不同项目多次使用。

(2)减少了传统拼装模板拆除、转运、安装的繁杂工序,降低了劳动力的投入,基本实现了隧道电缆槽机械化、标准化施工。

(3)避免了混凝土浇筑过程中“跑模”现象,混凝土外观质量明显提高,线形可控。

(4)采用传统小模板施工,每循环施工模板采用人工倒运,施工效率低,每循环施工周期约3d;采用整体式电缆槽模板台车进行施工,施工快捷,每循环施工周期1d。

四、施工工艺总结

以项目广家坪隧道进口施工双侧12m电缆槽为例(自行式电缆槽台车长12m)。施工前凿毛和安装钢筋约需要2h,其双侧拆模时间仅20min,模板表面清理刷油约需30min,移动仅需要5min,其双侧定位25min,其模板加固基本靠台车本身,因此只需要安装端头模板,加固外模底部,安装角钢限位,仅需40min;浇筑混凝土需要2h,因此整个施工过程6h即可。而传统拼装式模板要施工相同长度,施工前凿毛和安装钢筋约需要2h,拆模需要2.5h,模板清理、定位及加固约需要3.5h,浇筑混凝土约需要2h,因此整个施工过程10h。与之相比,自行式电缆槽台车节省施工时间4h,大大提高了工作效率,并且主要利用机械作业,因此劳动强度大大降低。考虑到拆模时间,基本上自行式电缆槽台车可以保证每天浇筑1次,而传统拼装模板一般需要2d才可浇筑一次。就每次施工双侧12m电缆槽而言,确实提高了施工速度,加快了工程进度且保证了施工质量。其施工效果如图4-38所示。

图4-38 施工效果图

第八节 隧道监控量测实时传输技术

一、前言

传统隧道监控量测经现场量测对数据处理后,信息共享不及时,时效性不高。本项目充分采用互联网搭建信息平台,利用蓝牙技术和网络信号,可实现实时查看监控量测信息的功能,确保了信息共享。

二、实时传输技术原理

开发手机端(南绕城隧道施工监控信息系统),通过蓝牙将全站仪量测数据导入手机端,手机端上传监控量测数据到信息化平台,通过网络实现在电脑端实时查看南绕城隧道施工监控量测信息,对全线隧道监控量测的断面、监测值、累计值、速率等及时查看反馈信息(图4-39~图4-43)。

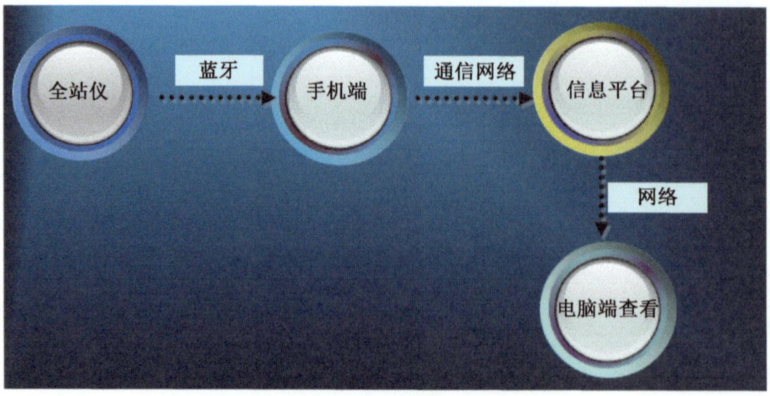

图4-39 隧道监控量测实时传输技术

图 4-40　南绕城隧道施工监控信息系统(手机界面)

图 4-41　通过蓝牙连接传输量测数据(手机界面)

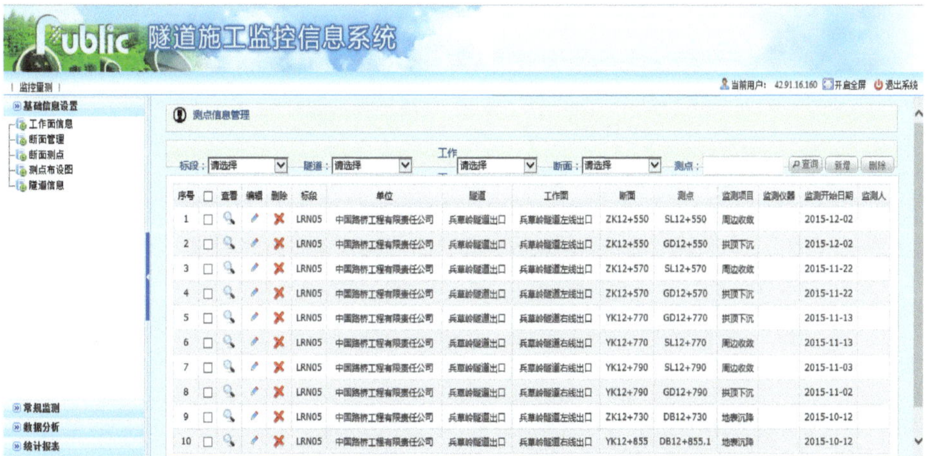

图 4-42　电脑端实时查看南绕城隧道施工监控量测信息

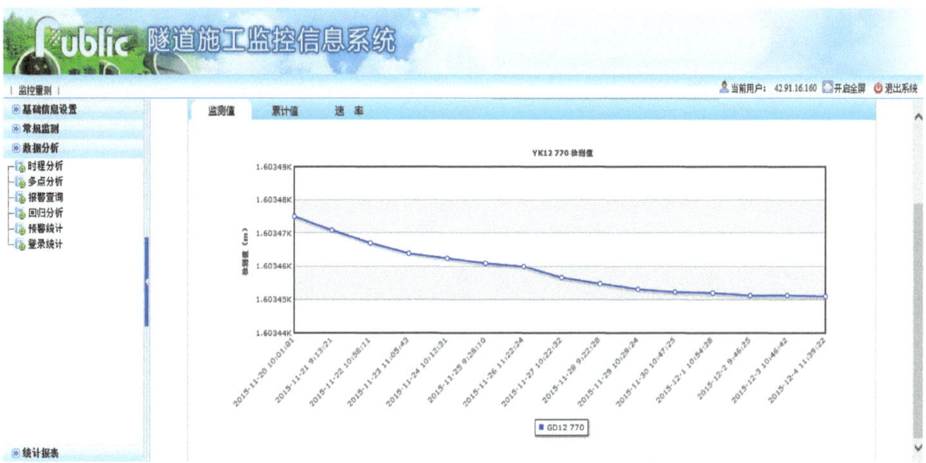

图 4-43　电脑端实时查看南绕城隧道施工监控量测信息(监测值)

第五章
机电工程

第一节　公众服务与低碳运营指示系统

一、前言

为应对公众日益增长的低碳出行需求，通过跨部门跨区域数据共享，在公路运营中实现交通信息整合、低碳运营效果量化，向公众提供全方位的融合交通信息及低碳运营的服务内容。

依托兰州南绕城高速公路机电工程，以物联网、大数据、云计算等先进的信息化技术为基础，构建基于多源交通信息融合的移动互联网出行服务平台，服务公众便捷出行，有效提升交通行业的出行信息服务水平。借助全程监控、信息采集等技术全面收集外场（路段气象环境、交通流参数、监控视频图像等）和附属场站（服务区入驻流量、各场站水电消耗、养护工区库存及养护量等）的各项运营数据，依托运营信息综合系统整合处理形成融合路段限控导流、运营能耗及实时碳排放等的数据信息，通过路段可变信息板、广播、移动终端、网络等媒介发布（图5-1）。

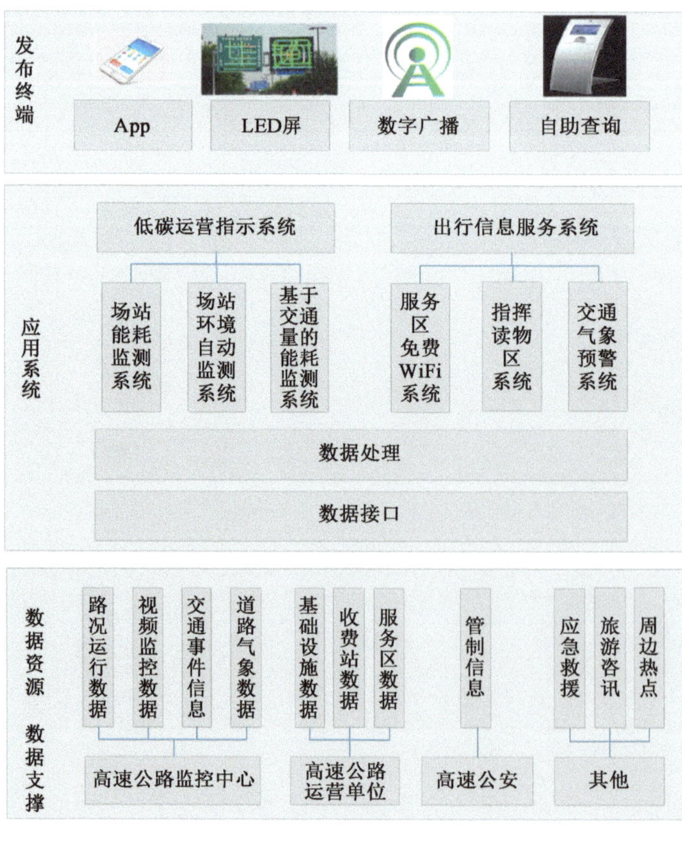

图5-1　总体架构图

二、低碳运营指示系统

1. 场站能耗监测管理系统

(1)系统简介。场站能耗监测管理系统对运营管理中心、收费站、服务区等部门的能源消耗进行在线监测和统计,参考交通特点、自然条件等因素制定合理的能源控制策略。运营管理单位可以实时掌握能源消耗的具体情况,统计能源消耗总量、结构与变动趋势,分析能源成本与总成本的比例关系。能源监控管理信息平台的建设可以帮助运营管理单位内部建立节能减排的相关标准、制度,为节能减排绩效考核与奖惩机制提供可靠的依据。

(2)系统构架。场站能耗监测管理系统的总体架构由能耗监测中心管理系统和远程能源消耗采集系统组成(图5-2)。

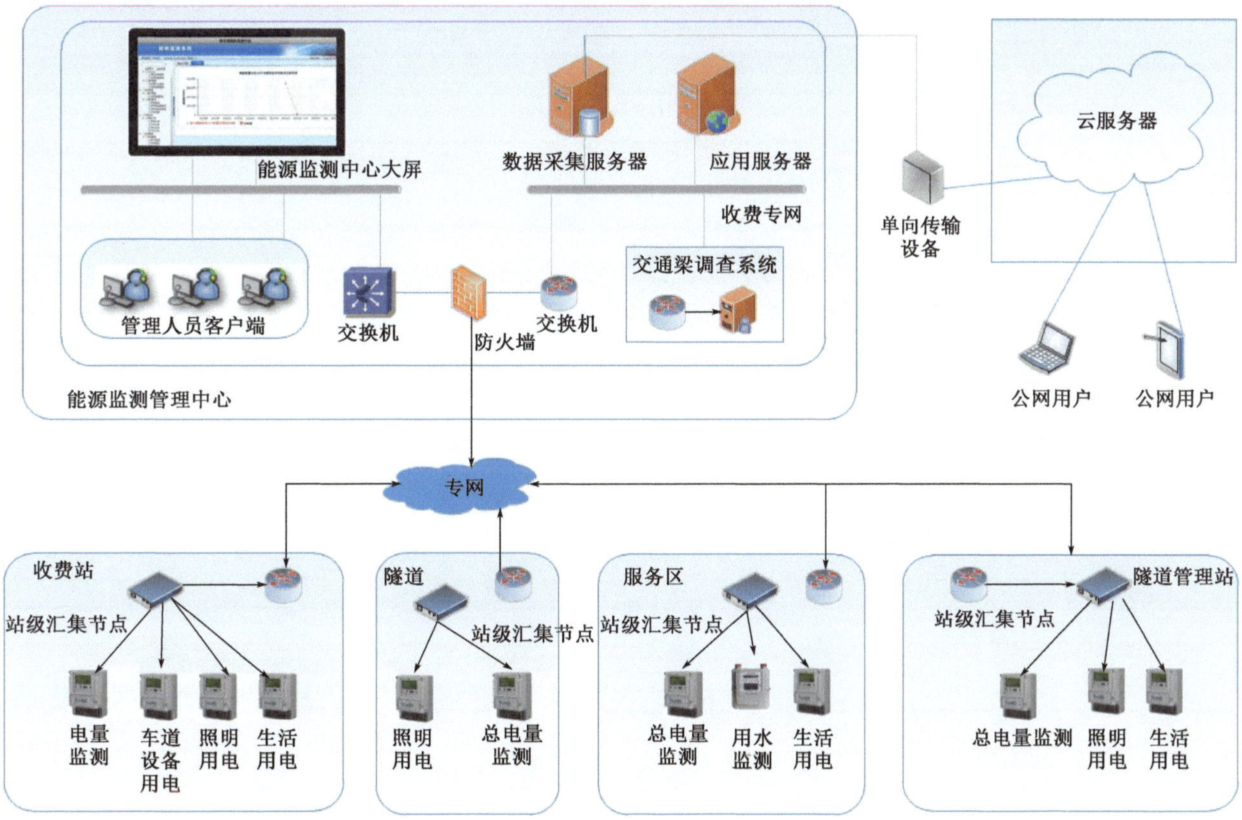

图5-2 系统架构图

能耗监测中心管理系统实现水、电、油等能耗数据的汇总、计算、分析,形成各管理节点能耗情况的综合评估报告,为管理机构制定节能减排方案提供依据。

远程能源消耗采集系统实现对收费站、服务区等场站水、电能源的消耗数据的实时采集。

鉴于本项目中主要能源消耗为电能,因此本期建设主要安装用电监测平台。

(3)能耗监测中心管理系统的组成及功能。监测中心管理系统由应用服务器、网络传输设备、监控大屏、管理客户端等设备组成,本设计需新增应用服务器、交换机和单向传输设备。

①应用服务器:与远程能源消耗采集系统进行实时数据传输,并存储系统中所有能耗监测相关业务数据;实现监测数据的分析、处理、发布及相关业务管理;

②网络传输设备:交换机、路由器等网络设备,实现系统的网络联通;

③单向传输设备:实现将内网数据单向传输到外网服务器上。

远程能源消耗采集系统由能耗监测云平台、收费站采集子系统、服务区采集子系统、隧道管理站子系统、隧道采集子系统组成。

2. 场站环境自动监测系统

(1)系统简介。环境自动监测系统依托自动化监测终端,可以在无人看管的情况下,针对不同环境重点监控区的大气数据、噪声强度、扬尘情况进行连续自动监测,并通过高速公路监控网传输数据。

(2)系统组成及软件功能。系统由硬件设备与场站环境自动检测系统软件组成,硬件设备主要由前端传感器、数据采集传输模块、数据接收机及远程监控终端构成,场站环境自动检测系统软件包括后台数据管理系统与数据采集过滤传输与接收程序两个主要部分。

前端传感器与数据采集模块配合完成各类监测数据的感知与数字化功能,具体如下:

①大气数据采集仪:汇集中采集各大气参数传感器的测量值,将模拟量转换为数字信号;

②噪声监控模块:用于采集监测点所在位置的感觉声级/有效感觉声级,并转换为数字信号;

③扬尘监测模块:用于采集并测量监测点所在位置空气中空气动力学当量直径小于 10μm 颗粒物的浓度,转换成数字信号;

④PM2.5 监测模块:用于采集并测量监测点所在位置空气中空气动力学当量直径小于 2.5μm 颗粒物的浓度,转换成数字信号;

⑤数据接收机与远程终端部署在监控中心,用于部署接收前端采集设备传输回来的各类环境监测数据的接收程序以及场站环境自动检测系统后台管理软件。

数据接收程序主要完成的功能是接收各类数据,并存储到相应数据库表中,以完成数据分类与存储。其主要处理流程如图 5-3 所示。

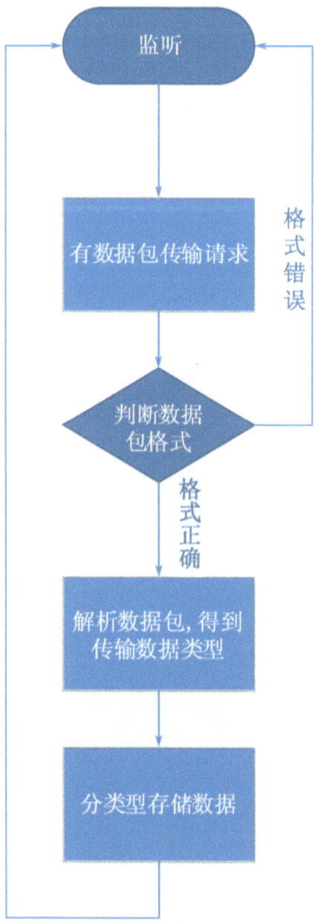

图 5-3　数据接收程序处理流程图

场站环境自动检测系统后台管理软件主要实现功能如下:

①实时数据展示:在系统首页以实物示意图方式展示实时数据,并根据设定数据阈值以不同颜色显示;

②自动报警:在监测数据超过设定阈值后,提供弹窗提示与闪烁报警的功能;

③历史数据管理:提供不同种类监测数据,按分钟级粒度的历史数据查询功能。并能以报表形式导出;

④运行曲线展示:提供不同种类监测数据按不同时间粒度的运行曲线展示图功能;

⑤用户管理:提供对系统登录用户、权限等进行管理的功能;

⑥设备管理:提供对接入系统的数据采集硬件的信息查询、编辑、删除等的管理功能,提供设备运行状态查询的功能;

⑦日志管理:提供系统运行状态查询与系统操作日志的管理功能。

(3)系统部署方案。主要安装于服务区及收费站中间收费岛。通车前 1 个月左右,基本具备安装条件时,机电施工单位配合完成安装。

3. 基于交通量的能耗监测系统

(1)系统简介。基于交通量的能耗监测系统通过与交通量调查系统的对接,实时采集高速公路交通量数据,并通过建模分析,实现高速公路通行车辆能耗的监测,并利用地理信息系统(Geographic Information System,GIS)进行通行量及能耗的展示。

(2)系统功能。系统由后台管理系统、交通量调查系统和数据转换接口中间件组成。后台管理系统中以直观的方式展示交通流量数据,根据算法模型计算所得的能源消耗情况,并以 GIS 方式展示交通流量调查设备的安装位置。

交通流量调查系统，通过前端部署在路上的交通流量调查设备获取实时交通流量数据，并通过交通专网传输到后台服务中心，在服务中心中通过配置串口服务器，中转数据流。

(3)系统部署方案。为打造南绕城高速项目绿色公路的品牌，需对项目建设基于交通量的能耗监测系统，用于统计项目的交通量能耗。基于交通量的能耗监测系统需要对车辆的车速、车型以及交通量信息进行统计。原机电设计中，在和平立交和西固立交各设置 2 套微波车辆检测器，共计 4 套微波车辆检测器。考虑功能性及参数要求，将原有 4 套微波车辆检测器更换为 4 套一类交通情况统计调查站。

在数据中心安装系统软件，实现与交通量调查数据的对接。

三、出行服务信息系统

1. 智慧服务区系统

(1)系统简介。智慧服务区是在视频监控、车辆引导及流量统计、人流统计、免费 WiFi、服务区信息发布系统(含信息发布屏、服务区广播等)等服务区信息化系统建设的基础上，以“数据挖掘、智慧服务”为核心理念的顶层设计形态。智慧服务区通过精准化的智能终端、借助信息化的万物互联平台、以大数据分析为手段、以无处不在的云服务为环境、为公众提供高速公路全过程智能服务。

“智慧服务区”以信息发布、服务导向宣传为核心，设立智慧出行、智慧服务两个固定栏目，服务内容涵盖服务区功能、当地美食服务、当地旅游服务 3 大方面入手，提供免费 WiFi 服务、路况信息发布、加油信息发布、停车位信息发布、服务区特色、预约订餐、预约购物、预约汽修、客房预订、名优特产、附近景区、今日特惠等服务，并推送服务区周边美食、景点、酒店、特产等(图 5-4)。

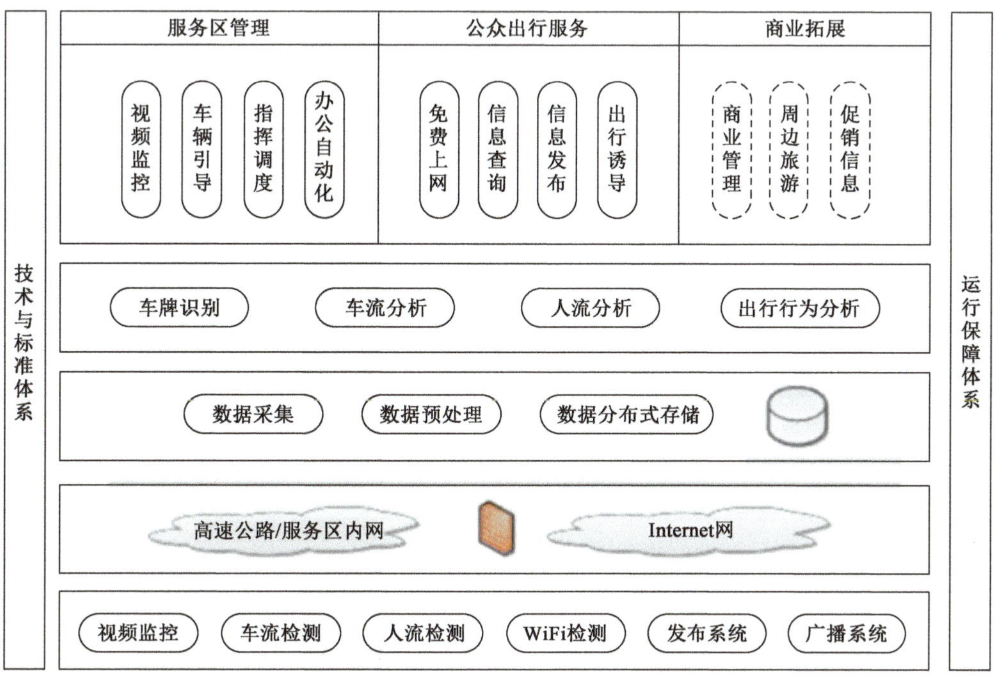

图 5-4　智慧服务区系统总体结构图

(2)软件功能。系统分为后台管理平台与移动设备端公众用户访问系统(微信)两个子系统。

(3)系统组成及设备。

2. 交通气象预警系统

(1)系统简介。交通气象预警预报系统基于 GIS 地理信息和气象大数据建立，以高速公路气象站数据、路面状况数据、设备状态信息采集为基础，以气象部门大数据为依托，向高速公路管理者提供分钟级、公里级临近气象预报、全面的灾害信息预警、趋势预报，通过可量化的精准数据为交通管制提供决策依据，以实现高速公路气象的全面监测和动态管理，提前布置处置策略，降低高速公路的事故率，提高高速公路的利用效率和经济效益。

交通气象预警预报系统是针对交通管理行业部门的应用需求，结合现代计算机应用技术手段而研制成功的高性能自动化监测设备，可自动实时监测低能见度、路面高温、大风、强降雨、降雪等多种异常道路交通状况，可通过多种有限和无线通信网络及时向指挥中心报警，同时系统还可以将现场实时视频图像信息通过网络发送到指挥中心，为交通管理部门提供决策依据。

(2)系统组成及设备。气象预警系统组成结构如图5-5所示。

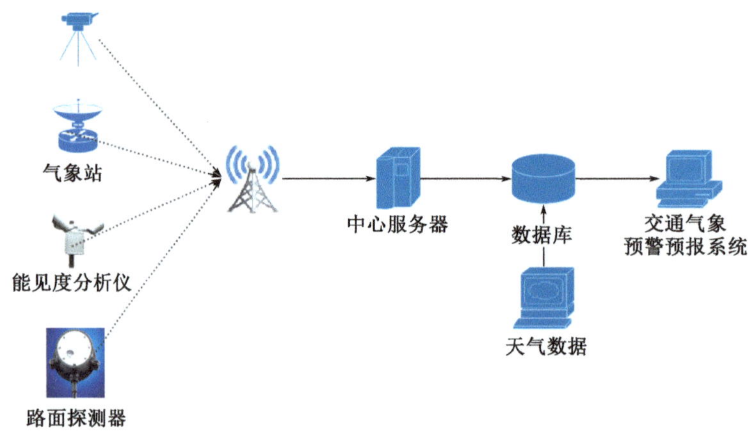

图5-5　气象预警系统总体结构图

(3)设备配置。为实现气象预警，系统需要配置的设备如表5-1所示。

系统设备配置表　　表5-1

序号	设备名称	数量	备注
1	埋入式路面传感器	3	
2	2km 能见度仪	3	
3	采集器	3	
4	辅材	3	
5	安装支架	3	
6	交通气象云平台	1	

设备安装于高速公路沿线，后台系统安装于路段监控中心。

第二节　西固黄河大桥桥面径流监控系统

一、前言

危险化学品运输事故泄漏产生的水环境安全风险是集中式生活饮用水、水源地及水源保护区、Ⅱ类及以上地表水体等水环境敏感区高速公路运营期的主要环境风险。在水环境敏感区段一旦发生危险化学品运输事故泄漏，除将造成重大人员伤亡和财产损失外，还会对周边环境尤其是水环境造成严重破坏。因此,危险化学品运输事故的环境风险问题已引起社会广泛关注。

本系统建设的必要性如下:

(1)贯彻落实国家环境保护“三同时”及宜巴高速公路环境影响报告书及批复要求,确保兰州南绕城高速公路顺利通过原环境保护部组织的竣工环境保护验收的需要——《中华人民共和国环境保护法》第二十六条明确规定:建设项目中防治污染的设施,必须与主体工程同时设计、同时施工、同时投产使用。防治污染的设施必须经原审批环境影响报告书的环境保护行政主管部门验收合格后,该建设项目方可投入生产或者使用。作为重大开发建设项目,贯彻落实国家环境保护“三同时”要求,是兰州南绕城高速公路环境管理的主要工作内容之一。

2007年,国家环境保护总局、国家发展和改革委员会及交通部联合下发了《关于加强公路规划和建设环境影响评价工作的通知》(环发〔2007〕184号)(以下简称《通知》),要求“公路建设应特别重视对饮用水水源地的保护,路线设计时,应尽量绕避饮用水水源保护区。为防范危险化学品运输带来的环境风险,对跨越饮用水水源二级保护区、准保护区和二类以上水体的桥梁,在确保安全和技术可行的前提下,应在桥梁上设置桥面径流水收集系统,并在桥梁两侧设置沉淀池,对发生污染事故后的桥面径流进行处理,确保饮用水安全”。同时,国家各级环境保护行政主管部门在组织建设项目竣工环境保护验收时,对涉及水环境敏感区而未建设路桥面径流水收集处理系统的建设项目一律要求整改,直至相关设施建设完成并正常投入使用后方予以验收。

兰州南绕城高速公路跨越黄河的西固段属于集中式生活饮用水源地二级保护区,需按照《通知》的规定建设桥面径流水收集系统和沉淀池处理系统。本项目环境影响报告书针对西固黄河大桥路段,提出了以下水环境风险防范措施及要求:

①设计中在西固黄河大桥增加桥梁设置监控设备,由监控分中心进行24h连续即时监控;

②为防止在桥梁上发生运输危险品事故时引发有毒有害物质直接泻入黄河,影响水体水质,应在西固黄河大桥段设计完善的径流收集系统,采用专用管道将路面径流收集并引到桥梁两侧设置的水池中,该水池兼有沉淀、隔油和蓄毒作用,可将事故径流和初期雨水截留,避免对黄河水质的破坏。

兰州南绕城高速公路针对西固黄河大桥段提出的水环境风险防范系统包括了视频监控、桥面径流收集及处理等功能要求,这些措施及要求需要在施工过程中得到落实,并在通车试运营期通过环境保护部组织的竣工环境保护验收。

(2)开展科技创新,实施课题依托工程的需要。目前公路建设实践中,对跨越敏感水体的桥梁,一般采取在桥梁下部悬挂纵向PVC管将桥面径流集中收集,并引至桥梁两端设置的沉淀池进行处理。这种收集处理方式在雨天,往往会出现沉淀池容积由于先期雨水的蓄存,在后期发生危化品运输事故泄漏时,无法满足蓄纳事故径流的需要,从而导致次生环境影响事件的发生。

针对国内外公路桥面径流收集处理技术不足,结合兰州南绕城高速公路报告提出的有关水环境风险防范措施与要求。通过调查研究研究,提出了集危险化学品运输事故监测、路桥面径流水收集与处理以及事故应急响应等功能于一体的涉水桥梁危化品运输环境风险监测预警系统,以提升高速公路涉水桥梁危化品运输环境风险控制技术水平,同时满足工程建设环境保护需要。

二、系统技术要求

1.桥面径流收集处理工艺

桥面底部悬挂纵向PVC排水管,将桥面径流水收集至桥头或桥尾端处理系统,通过两位三通电控阀,视径流水成分分别进入事故池和天然沟渠。其中,通向事故池的阀门处于常闭状态,正常降雨产生的雨水径流进入天然沟渠;当危险化学品运输事故发生时,由监控中心发出控制指令或桥面径流在线监测装置自动响应,事故阀开启的同时关闭雨水阀,事故水进入事故池暂存,交专业部门进行处置。工艺流程图详见图5-6。

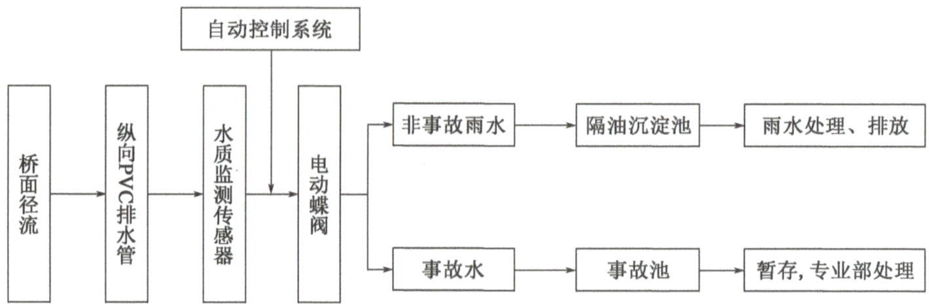

图5-6　桥面径流收集处理工艺流程图

2. 监控系统功能要求

(1)危化品运输车辆危险监测：利用高速公路视频监控系统监视危化品运输车辆的翻车、泄漏、故障等状态。

(2)路桥面径流成分监测：对桥下排水管中的径流成分进行在线监测，将监测结果传回后端监控中心，并进行危险状况报警。

(3)径流收集控制：当监控中心经过分析，判断桥面径流不适宜正常排放时，需自动控制前端径流收集装置的阀门将径流导入事故池收集，并报警。持续监测事故池状态，对事故池溢出进行预警。

3. 监控系统设计要求

(1)设备供电。本系统电源引自西固黄河大桥南侧桥头处箱式变电站，采用TN-S系统，AC380V，每套设备功率5kW。

(2)通信及后端监控。

①径流成分监测和事故池状态监测数据使用高速公路通信网络，使用现有监控系统光缆，从主缆(位置为桥梁起点)引光纤至设备布设处。后端监控系统中需要与视频监控系统接口，接受车辆事故信号；

②考虑在西固黄河大桥南侧桩号K48+084(与隧道监控隧道口摄像机同立柱)和北侧桩号K49+135(与道路监控外场摄像机同立柱)各设置1台摄像机对桥面进行事件监测。每处现场执行站在事故池和雨水池外侧边缘各设置1台摄像机。

系统具备自检功能，能够对电控阀门状态、供电状态等参数进行自检，及时上报系统故障。系统具备较强扩展性和兼容性，能够对原有系统进行升级改造，应便于维修。

(3)系统组成。

①桥面径流收集处理子系统

a. 桥面径流收集设施

西固黄河大桥的主桥桥面排水均采取在桥梁外侧设置排水管的方式，将桥面径流引至主桥两侧主墩处，再通过沿主墩自上而下布设的PVC排水管引至地面。

b. 桥面径流处理设施

本系统考虑对雨水和危化品事故水进行蓄纳，南北侧均设置容积为136m^{3}的雨水池和126m^{3}的事故池，池子顶部加盖以保证安全。经统计，西固黄河大桥在南侧2号桥墩和北侧7号桥墩下各设置雨水池和事故池。

②桥面径流监控子系统

a. 系统总体框架

根据建设要求，西固黄河大桥桥面径流监控系统总体框架如图5-7所示。高速公路桥面径流监控系统由危化品运输车辆视频监控、前端径流收集监控设备和应急响应指挥中心三部分组成。

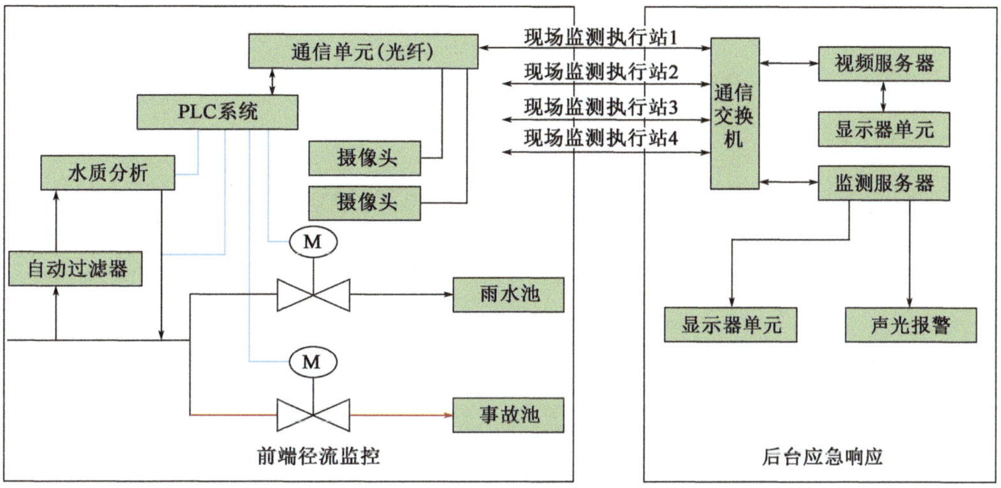

图 5-7 桥面径流监控系统

危化品运输车辆视频监控子系统使用高速公路高清视频监控摄像机,对监控点桥面车辆进行识别和追踪,实时监测。

前端径流收集监控子系统通过各监测站的前端传感器对径流收集管中的混合液体进行取样监测,将监测数据上报应急响应指挥中心。同时接收指挥中心的控制命令,驱动管路控制阀门,对径流进行分类收集,并监测阀门状态和收集池状态,上报指挥中心。

应急响应指挥中心汇总危化品运输车辆视频监视结果和前端径流取样监测结果,对危化品污染做出预警和应急响应,向前端监控子系统发出控制命令。

b. 系统信号流图

现场桥面径流监测信号都为数字信号。如图 5-8 所示,现场桥面径流监测点采集浊度仪、pH 传感器、水中油传感器、电导率分析仪的数据,变送系统与采集模块相连,通过串口与嵌入式智能控制器连接,所有传感器数据通过串口格式重新打包后,通过网口传入通信网,向指定的服务器发送。后端桥面径流监测中心通过网络接收通信网传送的数据,并对数据进行实时显示,对异常监测点进行报警。

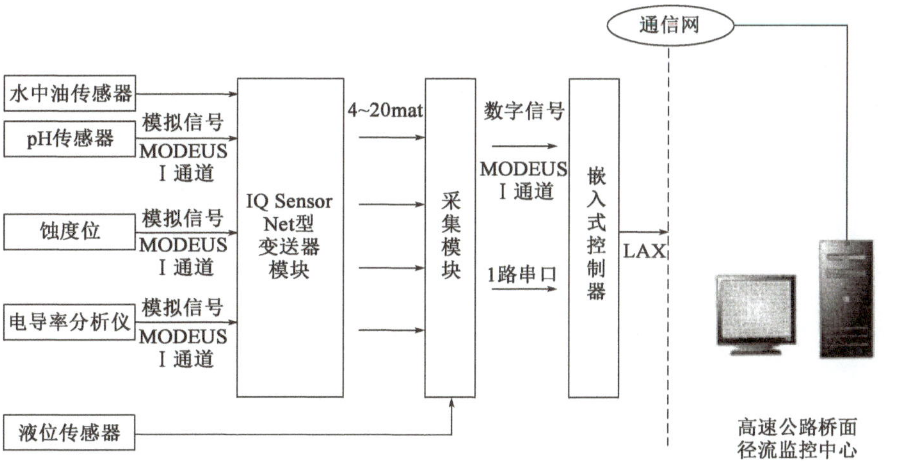

图 5-8 桥面径流监控系统信号

第三节　西固黄河大桥凝冰预警及自动化处置系统

一、前言

交通运输是国民经济的动脉，道路是交通运输设施必不可少的重要组成部分，公路的建设和正常运营，对整个国民经济发展起着不可估量的作用。但是如今有60%的高速公路冬季存在积雪现象，积雪已成为高速公路交通运输的“白色杀手”，高速公路的融冰化雪工作已成为交通管理部门和道路养护工作的一项重要课题。

路面状况的好坏是影响道路交通安全的重要因素。在寒冷的冬季，当路面因降雪而结冰时，路面附着能力大大降低，对行驶车辆的驱动性及安全性极为不利。据统计，冬季15%～30%的交通事故与路面积雪有关。严重的路面积雪将造成道路关闭，给道路畅通带来了严重影响，甚至造成巨大的经济损失。

除出现大降雪恶劣天气外，往往在一些特殊地段，即使没特殊天气也存在交通隐患。桥梁处于连接众多道路的枢纽位置，堪称公路交通的“咽喉”。同时由于桥面完全暴露在空气中，比路面而更容易结冰，加上桥面比较狭窄，许多驾驶员由无冰雪路面行驶到结冰的桥面时，因对桥面行车困难估计不足而极易造成交通事故及交通阻塞，因此桥面也成为国内外降雪地区除雪防滑的重点部位之一。

综上，本项目将在黄河西固大桥开展薄冰预警及自动化喷洒技术研究，提高黄河西固大桥抵御冰雪灾害的能力，最大限度地保证冰雪灾害期人桥交通的安全、畅通，填补甘肃省该领域的应用技术空白。项目研究成果对解决甘肃省高速公路冬季道路行车安全问题、降低交通事故率与交通事故损失和保障人民群众的正常生产生活、提升沥青路面冬季养护质量具有重大的经济效益和社会意义。

本系统具有远程控制、操作功能，可实现无线远程控制、人机智能对话并可实时获取路面状态监测图像监测。公路路面养护单位可依据路面状况传感器监测信号，结合当地路面的实际状况及环境温度、路况等设置除冰雪剂的喷洒模式以及喷洒时间(此功能可以节约融雪剂)，系统既可自动启动喷洒系统。当然，班值班人员也可以在现场对控制喷洒系统进行设置和启动喷洒系统。

该系统采用高速公路上的光纤进行远程控制，维护人员可通过管理计算机作为控制终端远程控制融雪剂的喷洒模式，大大提高工作效率，通过远程实时监控(图像)确保现场工作的实时性。

二、系统技术要求

1. 系统简介及原理

道路凝冰预警及自动化处置系统可为高速公路、市政道路、隧道、桥梁和机场管理者提供及时、准确的道路路面凝冰预警信息，并且能够根据预警信息为路段自动喷洒液态融雪剂，能够达到凝冰预警并自动处置的效果。同时，管理者可以根据系统提供的路面凝冰预警信息，使凝冰灾害处置工作从“被动”到“主动”，对整条路段冰雪灾害进行预先、快速、有效地处置，并及时与相关部门沟通，尽量减少险情的发生。

本系统当路面温度、环境湿度拟达到凝冰点，路面凝冰预警传感器内置的液—固态相变发生器(专利技术)提前得出路面水膜转变为冰点的数值，通过系统软件解析其数值(专利技术)，道路凝冰预警及自动化处置系统可精确得出该路面达到凝冰点的预计时间，系统即通过有线网络或无线通信设备即时发布该道路路面凝冰的预警、预报，为道路管理者提供处置该路段路面凝冰、融冰除雪预案的科学依据。当路面凝冰预警传感器发出警报时，能够自动喷洒液态融雪剂，以达到降低路面冰点的目的，能够有效地预防路面凝冰的形成(图5-9)。

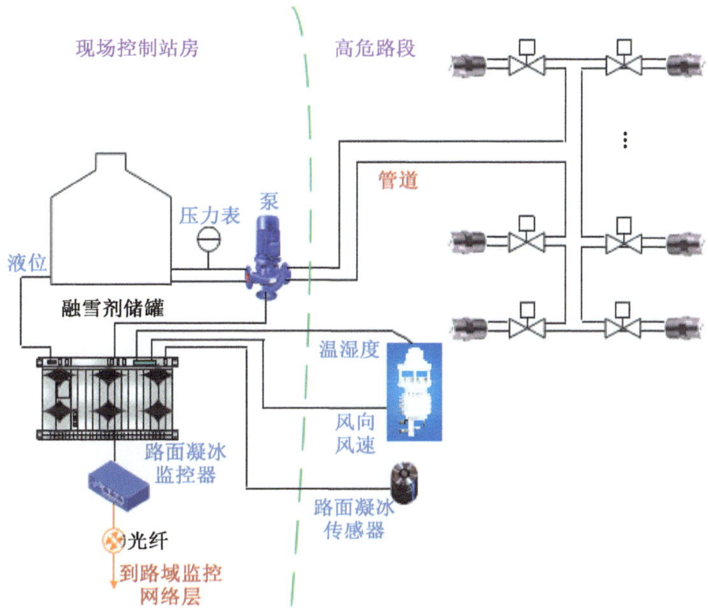

图 5-9　系统模块图

2. 主要部件及构件

(1)气象预警设备。根据实际情况,路面传感器设置于应急车道内,在距行车道约 0.5m 的位置开槽,用于放置传感器,槽与路边立杆间路面上开宽 2cm、深度 5cm 的长方形凹槽,用于放置信号线;将一体化气象站设置于立杆上,高度至少离地 4.5m,距离树木、灌木、桥梁的距离至少 10m。

(2)控制机房、储液罐。机房设在道路桥下,选取位置便于管道的连接安装。选取位置应地势平整,地基牢固,位置选取时应避免在低洼地带。由于开放式公路的特殊性,机房外侧应做防护栏设计。

储液罐容量设计为 $30m^3$,机房基础需要 $36m^2$,基础的长宽可根据现场情况做适当调整。储液罐采用 5m×3m×2m(长×宽×高)。机房的尺寸为 3m×1.8m×2.4m。机房和水箱并列安装,两者之间留 1.2m 的间隔。

(3)管道。主管道沿桥梁防撞墙位置铺设,通过桥梁立柱从机房引出至桥梁防撞墙,然后沿两侧防撞墙布设主管道,由两侧向中间喷洒。

安装要求:

①方便取电:就近具有提供 380V、15kW 动力电的条件。

注:假设安装地点无法提供动力电,系统可采取智能发电组系统供电。

②机房基础建设:安装路段应具有机房基础建设位置,可选在路两侧或桥梁底部,落差不宜太大。建议基础为 $36m^2$,具体尺寸可根据现场情况调整。

③终端固定安装:常规喷洒终端安装为固定于护栏立柱上,无护栏立柱路段,需在防撞墙装设终端支架固定喷洒终端。

④管路部署:系统管路部署有两种,分别为地埋式、桥架支撑式部署。建议安装于桥梁两侧防撞墙上,敷设两条主管路进行两侧喷洒。

⑤预警系统:应装于本处置路段危害性最大处,这一点具有代表性,能够代表本路段路面凝冰情况,具有数据可靠性。应不受外界环境干扰造成数据偏差,尽量避开树木、高建筑等。

第六章
交通安全设施

第一节　三维立体标线施工工艺

一、前言

在交通安全问题中，驾驶员能否准确快速对交通信息进行处理是能否安全驾驶的关键。三维立体标线能够有效诱导驾驶员对交通信息作出特定的判断，达到特殊路段驾驶员判断危险从而主动减速的目的。三维立体减速标线是基于视错觉原理设计的一种标线，设置在一些下坡路段、危险路段、急弯路段等，能有效引导驾驶员根据标线信息判断路况，主动进行减速，有效保障行车安全。

二、工艺特点

(1)出色的耐磨性和耐久性，更有效利用资源、减少碳排。

(2)绿色环保，不含溶剂，几乎零 VOC(挥发性有机化合物)。

(3)优异的耐候性，耐紫外线性能强，色彩稳定、持久。

(4)快速固化，可迅速开放交通。

(5)良好的柔韧性，不易开裂，附着力优异，适合多种路面。

(6)耐污性强，耐酸、碱、油等化学品的性能佳。

(7)出色的防滑性能，且防滑效果可灵活调节。

(8)施工便捷，无须加热常温即可，机械、手工均可，且易修补和维护。

三、适用范围

三维立体防滑标线适用于所有路段，在坡率≥3%的陡坡路段，坡顶前50m处至坡中每隔50m设置一道三维立体防滑标线，共设置3道。同时在一些海拔高且干燥的地区，热熔标线容易开裂，反光效果得不到保证，在这些路段采用本施工工艺更有其不可比拟的绝对优势。

彩色防滑涂料是一种以防止车辆打滑、增大路面摩擦力为目的、在合适路段设置的、路面颜色鲜明、能在视觉上提高安全性并具有美化环境作用的多功能路面防滑涂料。彩色路面主要技术指标如表6-1所示。

彩色路面主要技术指标　　表6-1

彩色防滑底涂化学成分	活性丙烯酸树脂 + 粉料
密度(g/cm^2)	1.5
理论固含量(GB/T 1725—2007)	混合物固体含量不低于99%
容器中的状态	无结块、接皮现象，易于搅拌
稳定性	密封包装，在阴凉干燥的环境最少可保存6个月
23℃时黏度(KU)	95～105
23℃时黏度[mPa·s(DV-Ⅱ)]	25000～30000

续上表

硬度(邵氏 D)	50～60
抗压强度(MPa)	48
弯曲强度(MPa)	12.35
最大力伸长率(%)	10～20
施工条件路面温度(℃)	≥5,≤45
彩色防滑面涂化学成分	活性丙烯酸树脂(A、B 组分)
密度(g/cm^2)	0.98
23℃时黏度[mPa·s(DV-Ⅱ)]	250～300
容器中状态	无色液体
稳定性	密封包装,在阴凉干燥的环境最少可保存 6 个月
硬度(邵氏 D)	65～75

四、施工工艺流程

沥青路面结构层示意如图 6-1 所示。

(1)基材处理选择。为了确保彩色防滑产品体系具有良好的附着力,必须对路面进行检查、评估和做处理准备。

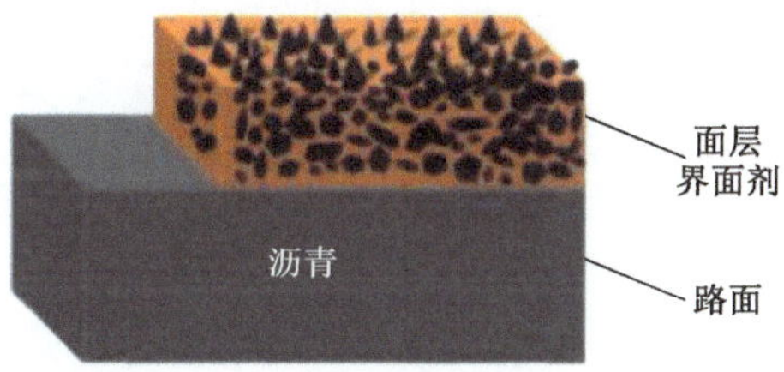

图 6-1　沥青路面结构层示意图

①沥青路面必须干燥、清洁、无污染、平整密实,无明显轮迹、推移、松散、裂缝和离析等缺陷;

②沥青路面的拉拔强度应≥1.5MPa;

③沥青路面中的含水率必须低于 6%;

④温度超 35℃时,应谨慎应用彩色防滑产品体系,因为此时混合料的适用期会很短,温度低于 5℃时需要特殊指导,相对湿度不得高 80%;

⑤新沥青路面其中的化学添加剂可能会阻碍涂料的固化。在施工前必须进行固化测试。沥青路面是新铺的,在施工前应等待一段时间(取决于沥青质量,建议开放交通一个月左右),可以采取施工前小样测试涂层固化效果,完成合格的测试之后才能进行施涂。

(2)施工准备。在施工前,应将所需的刮板、滚筒放置在施工区域,并将清洗用的乙酸酯,清洗毛刷及替换用的新滚筒摆放到位。涂料搅拌区域必须将电子秤、搅拌器摆放到位,并测试电源的稳定性。所有原料必须经电子秤精确称量,确保正确的混合比例。刮涂及滚涂施工人员就位后,方可安排涂料的混合彩色防滑涂料在使用前必须使彩色涂料搅拌均匀。

采用彩色防滑路面三层施工工艺(图 6-2),涂料分面漆和底涂。首先将底涂料成品与称量好的固化剂混合(固化剂的用量遵循厂家的建议),必须用搅拌器上下来回抽动搅拌均匀约 30s,立即将混合物运到施工区域,倒于路面上,必须在可操作时间之前用齿耙或者横杆耙沿着同一方向均匀刮涂与路面上。待涂料开始凝胶之间在涂层上满撒防滑集料,建议操作人员刮涂完防滑涂料后,在 3～5min 内完成防滑集料的撒布工序,待涂层完全固化后,用扫帚或者吸尘机清理收集多余防滑集(收集起来的集料进行过筛处理,把粘接在一起的集料剔除,剩余石子后续使用),最后一道工序在底层涂粘有防滑集料涂层上滚涂防滑面涂涂料,面涂的黏度比较小,滚涂面涂时,滚筒应为短中毛滚筒,采用横向纵向交叉施工(即十字交叉施工),以保证得到均匀的涂层。

采用三层施工工艺,底涂的用量至关重要,底涂刮涂为人工施工,防止个别地方刮涂层太薄,涂料与集料粘接面积少,通车后防滑集料脱落。建议底涂耗料采用 2.2～2.5kg/m^2。面涂耗料采用

0.5 ~ 0.7kg/m^2。

a）施工放样

b）刷涂固化剂

c）撒布防滑颗粒

d）施工效果

图 6-2　彩色防滑路面三层施工工艺

面涂涂料分为 A、B 组分，可直接在一桶 B 组分（17kg）中添加 400g 固化剂 BPO，待使用时可根据施工面积的大小，称取相同质量 A、B 组分，混合搅拌均匀直接使用。面涂涂料反应活性大，操作时间短，A、B 组分混合物 5min 中内必须使用完毕，采用少量配制原则。加入固化剂的 B 组分料，12h 内使用完毕。

切记以上所有施工操作必须在厂家建议的可操作时间之前完成，一旦桶中的彩色防滑涂料开始反应，凝胶发热则必须全部废弃，不得强行刮涂于路面上。

时刻留意齿耙及滚筒上涂料的干燥情况，定期清理刮板上的涂料，并更换全新的滚筒用于滚涂施工。彩色防滑层施工完，在其凝胶后，完全固化前应及时将边缘的美纹纸清理掉，切记在完全固化前必须将美纹纸完全分离出来，避免在防滑层完全固化后无法清理。请注意：路面的纹理及粗糙度（特别是在沥青上）不同，物料消耗率会有所不同。

底涂固化剂添加量如表 6-2 所示。

底涂固化剂添加量　　表 6-2

地表温度（℃）	固化剂（% 质量）	操作时间（min）	凝固时间（min）
5	2	28	60
10	2	28	50
20	1.5	15	30
30	1	8	20
40	1	5	15

固化剂添加时，操作人员应当准确按照技术指导手册规定添加量称取。施工现场无称量用具时可

以选用待刻度的量杯去量。彩色防滑路面专用固化剂的密度为0.7g/mL,可以简单用容量乘以密度进行质量换算。

(3)操作注意事项。

①划分施工区域、封闭现场,做好车流、人流的分流控制计划措施,充分考虑施工时对交通环境的影响;

②搭设警示标识,摆放锥桶,禁止非施工人员穿行;

③检测地表温度、含水率,并记录相关数据;

④检测待施工区域现场温度和湿度;

⑤及时掌握施工当天的天气状况及变化,以便采取防范措施。

(4)其他注意事项。

①避免吸入蒸汽,眼睛、皮肤不得接触产品;

②涂料在运输及存放在阴凉、干燥、通风、远离火源和热源的场所,不得露天存放或暴晒,储存温度建议低于30℃;

③禁止在冰冻、潮湿地面使用;

④施工时禁止烟火;

⑤施工前扫净地面沙石、泥土;

⑥清洗剂主要用于双组分刮涂设备的清洗,若不慎入眼,及时用清水冲洗;

⑦固化剂防潮,存放在阴凉干燥处。

五、施工工艺总结

(1)出色的耐磨性和耐久性,更有效利用资源、减少碳排。

(2)涂层良好的柔韧性、不易开裂,附着力优异,适合多种路面。

(3)出色的防滑性能,且防滑效果可灵活调节。

(4)施工便捷,无须加热常温即可,机械、手工都均可,且易修补和维护。

第二节　隧道反光环施工工艺

一、前言

近年来,全国高速公路隧道通车里程逐年增长,隧道通行条件被广泛关注。浙江、广西、贵州等省(区)试验表明,在隧道内加装隧道反光环,能明显改善隧道内的行车诱导效果。甘肃省部分公路部分隧道内加装反光环后,隧道内边界轮廓清晰,行车诱导效果确有明显改善,还可降低隧道照明用电量,具有很好的经济、环境和社会价值。为此,兰州南绕城公路在长隧道、特长隧道中隧道推广应用环形被动反光光环。

反光环主要设置于特长隧道和长隧道,其他位于曲线段的隧道可视具体情况设置;第一道反光环设置于隧道入口进洞200m处,每隔300m等间距设置一道,曲线半径较小的隧道设置间距可根据具体情况适当减小,但应等间距设置。

二、工艺特点

(1)隧道反光环采用反光膜与反光基板相结合的方式制作而成,利用最新的广角微棱镜特性,发挥出超强的反光效果,提高隧道内亮度,从而降低隧道内外明暗反差,迎着行车面沿隧道内轮廓安装,最终呈现为一个半圆的光圈。反光环还可以帮助驾驶员判断隧道宽度,可以增强对过往驾乘人员的视觉效果,起到减缓视觉及精神疲劳的作用,解决进出隧道时、因明暗反差导致的瞬间“失明”。能够给驾乘人员在隧道光环境较差的时候提供较好的视觉诱导效果，安装隧道反光环能够帮助驾驶员适应隧道内外的强光反差，特别是帮助驾驶员判断隧道的宽度提高可视度，隧道内边界轮廓清晰，行车诱导效果有明显改善，在隧道停电的情况下效果尤为突出，大大提高了车辆通行的安全性。

(2)合理利用照明灯组，辅助隧道照明，充分发挥被动反光环的行车诱导功能，减少隧道照明用电量，提高节能减排效益。

(3)反光环基板采用长100cm、宽20cm，外形轮廓与隧道内轮廓一致的铝板或不锈钢板制作，迎行车面粘贴一层高性能白色V类反光膜，沿隧道内轮廓安装(若反光环与隧道内其他设施发生冲突时，可根据具体情况将其断开，确保反光环不得侵入建筑界限或与其他设施发生遮挡)。其原理简单、施工安装较为方便。

(4)具有抗潮耐湿的优点，长时间使用不脱色，反光性能不衰变，使用中只需定期简易清洁无须其他特殊保养，经久耐用。

三、施工工艺流程(图6-3)

一般施工工艺流程为：加工铝板和反光膜—测量放样—安装铝板—接缝处理—贴膜。

(1)加工铝板和反光膜。根据设计图纸和现场量测的隧道断面轮廓，对铝板进行下料和折边、开槽。铝板下料长度为1m为宜，3等分开槽，槽口控制在2mm左右。按照设计宽度和隧道弧度下料反光膜(加工好模具可以明显提高下料效率)。

(2)测量放样。按照隧道反光环设置原则，避开照明、风机、隧道壁窗口确定隧道环设置位置。然后从侧墙向拱顶施划轮廓线。

(3)安装铝板。下料好的铝板垂直于隧道侧壁，按照隧道断面弧度弯折是弧线，使得铝板与隧道壁贴紧，然后用火药钉固定。

a)测量定位　b)安装铝板

c)贴膜　d)成型

图6-3　反光环施工工艺

（4）接缝处理。对铝板与铝板之间的接缝用铝板和固定胶进行粘接，使得整个铝板表面平整，接缝圆顺。

（5）贴膜。首先对铝板进行除锈，然后进行贴膜。

第三节　转子护栏施工工艺

一、前言

旋转式护栏适用于事故多发路段，车辆容易发生护栏碰撞部位的改造及增设，多用于高速公路及地方国、省道等不同道路，特别对于长下坡路段、小半径弯道路段、连续急弯路段、通行宽度不足或受限路段有较为明显的改造效果。

二、材料要求

（1）旋转桶的材料为EVA（乙烯—醋酸乙烯共聚物）和聚乙烯共混物，其耐候性能应满足《公路沿线设施塑料制品耐候性要求及测试方法》（GB/T 22040—2008）的规定。

（2）立柱、横梁、回旋圈、端头、柱帽等所用基底金属材质为碳素结构钢，其力学性能指标不低于《碳素结构钢》（GB/T 700—2006）规定的Q235牌号钢的要求。

（3）螺栓、螺母等所用基底金属材质为碳素结构钢，其抗拉强度不小于375N/mm。

（4）反光条应使用一级反光膜作为逆反射材料，材料宜为柔性材质，其他性能应满足《道路交通反光膜》（GB/T 18833—2012）的要求。

三、施工工艺流程（图6-4）

（1）主要部件（旋转桶）的生产。

①随着试验成功及研发技术的成熟，该部件已得到成批量的生产。其制作工艺如下：EVA（乙烯—醋酸乙烯酯共聚物）为主料，添加PE（聚乙烯）及相关化学助剂等17种辅料，在一定温度及压力下，先后经过捏合机—混炼—挤出—切割—脱水风干等工序制成特殊小粒子；

②通过注塑机把原料粒子融化后注入模具，在规定的时间内，一定的温度、压力条件下，注塑成预先设计成型的小样；

③将两片同样形状的注塑小样，通过发泡工艺，在温度、压力作用，经过物理及化学反应融合成一体，即成本工法所用的主要材料部件——旋转桶。

（2）测量定位。护栏安装前，应先做好路面相关施工准备，保证旋转桶迎撞面与普通护栏迎撞面在同一直线上，该型护栏立柱中心线距离迎撞面175mm，以此为基准确定立柱位置，按照700 ± 50mm的间隔正确标出护栏立柱的相应位置。

（3）立柱安装。用打桩机将立柱垂直于路面打入，保证立柱顶端的Φ22mm对穿孔的中心轴线与道路轴线相垂直，打到立柱预先画好的标记与路面在同一水平线上。

（4）U形架安装。在每一根立柱下部Φ22mm的对穿孔上用M20 × 180mm的六角螺栓将两个U形架固定，U形架与立柱之间在用力转动时可以略微转动，以方便下一步安装。

（5）下护栏安装。根据护栏结构，安装之前需先沿护栏U形槽将M20 × 60mm的半圆头腰颈螺栓与方形垫扣放入，每根下护栏预放螺栓的个数由护栏所包含的立柱个数推算。螺栓与方形垫扣个数 = 立柱数 × 2。然后，抬起护栏将护栏首尾两个螺栓与U形架上的U形槽固定后，再安装固定其他螺栓。

（6）回旋圈安装。两根下护栏安装完成后，每根立柱先后套上两片回旋圈。

（7）旋转桶安装。每根立柱套上一个旋转桶，用手拨动感到无明显阻碍即可。

a) 立柱安装

b) 旋转桶安装

图 6-4　转子护栏施工工艺

(8) 上护栏安装。上护栏安装与下护栏安装相似，安装之前也需先沿护栏 U 形槽将 M20 ×60mm 的半圆头腰颈螺栓与方形垫扣放入，每根上护栏预放螺栓的个数与护栏所包含的立柱个数相等。然后，抬起护栏将护栏上所有螺栓插入立柱顶端 Φ22mm 的孔之后再用螺母拧紧固定，由于该螺母在 Φ140mm 的立柱内，故使用 30mm 棘轮扳手比较容易操作。

(9) 护栏之间连接。护栏之间采用连接架连接，一段护栏安装完成后应首先将连接架插入该护栏一端，并且用 M20 ×120mm 的螺栓将其简单固定，以方便下一段护栏的拼接。

(10) 护栏与端头连接。将端头套入护栏，用 M20 ×140mm 的螺栓将它们固定即可。

(11) 端盖安装。在完成上述步骤且所有的紧固件拧紧后，将端盖放在立柱上用木榔头敲紧即可。

第四节　钢筋混凝土翼墙式护栏施工工艺

一、一般规定

(1) 混凝土护栏浇筑前，应先精确放样定位并复核标高和平面位置。

(2) 混凝土护栏模板必须采用高强度的全新钢模板，钢模板侧面要刨光，接缝平顺、严密、牢固，尺寸符合设计图纸要求。

(3) 在浇注混凝土前，应按设计要求安装好钢筋及预埋件，要求固定紧密，保证浇筑后的钢筋竖直度，经监理工程师验收合格后，才可准备浇筑混凝土。

(4) 混凝土采用集中拌和，严格按照配合比配料并搅拌均匀、充分，且混凝土必须一次性浇筑完成，施工时应检查模板变形情况，及时加以纠正。

(5) 混凝土浇筑完成后，应及时采用土工布覆盖养生。

(6) 预制混凝土护栏在脱模、移动、堆放、吊装及现浇混凝土护栏脱模时，其混凝土强度应不得小于设计强度的 70%。

(7) 混凝土护栏安装或现浇前，应先精确放样定位并复核高程和平面位置，安装时应从一端逐步向前推进并使中线与道路线形相一致。

(8) 在混凝土基础达到设计强度并对基础检测合格，经监理工程师同意，可将检验合格的混凝土护栏块件进行吊装，并先将基础面及相邻块件的各接缝面湿润和坐浆，厚度均匀，然后护栏块件渐渐落座，进行纵向企口连接，但不能碰撞相邻砌块；落座时位置正确，砌缝挤紧，宽度不大于 10mm，灰浆饱满，线条顺直。

(9) 当在超高地段的中央分隔带的一侧，设有排水沟、集水井以及纵向或横向排水管或有预埋管线工程等时,护栏施工不应损坏已经完成的上述管线及设施。

(10)现浇护栏要求在沥青面层施工前完成,且宜做试验段确定施工参数。

二、施工工艺流程

一般工艺流程:测量放线—打入钢管桩基础—钢筋加工及绑扎—模板加工及安装—浇筑混凝土—拆模养生。

(1)测量放线。

①由测量人员根据桥梁控制点放出护栏的内外轮廓线和模板的检查线,并用墨线弹在梁板上;

②每隔10m在护栏预埋筋上焊接一根钢筋,测放出护栏顶面高程线并用红漆标注在钢筋上,作为钢筋绑扎时的高程控制线。

(2)打入钢管桩基础。按照设计图纸位置和间距打桩机打入钢管桩,打入深度要符合设计要求。施工方法同波形护栏立柱施工。

(3)钢筋加工及绑扎。

①钢筋应在施工现场钢筋加工场加工后运到桥上进行绑扎;

②钢筋的种类、型号及规格尺寸应符合设计要求。钢筋的连接方式、接头位置、接头数量、同一截面内钢筋接头的百分率等应符合《公路桥涵施工技术规范》(JTG/T F50—2011)的规定;

③对梁板上的预留筋进行整理,然后按照设计图纸和测量放线位置进行钢筋绑扎。绑扎时先绑扎立筋,立筋的位置调好后再绑扎横向钢筋。若护栏设有预埋钢板,预埋钢板应在钢筋绑扎完毕后安装,钢板的位置、高程应认真检查,确认无误后宜点焊在护栏钢筋上。

(4)模板加工及安装。

①防撞护栏模板一般采用外加工钢模板。钢模板的厚度、长度、横竖肋根据护栏尺寸、长度和模板周转次数确定。为了保证模板不变形,通常在模板边缘和部分横竖肋位置用槽钢加强;

②为了固定模板,在模板底部预留穿墙螺栓孔,孔的高度以桥面铺装施工后能盖住为宜。模板上采用槽钢作为加强竖肋,槽钢高出模板顶面100mm,在高出部分预留螺栓孔作为穿墙螺栓用。穿墙螺栓的直径和间距根据护栏尺寸和模板情况计算确定;

③在靠近护栏的湿接头位置,施工时预埋一排短钢筋,作为支模板时的支撑;

④模板与混凝土接触面必须打磨光洁呈亮色,用洁净的棉丝擦拭,直至擦完的棉丝基本没有锈迹和脏物为止,然后均匀涂刷脱模剂;

⑤根据设计图纸和测量放线位置支设模板。模板底部的梁板面应先用水泥砂浆抹带找平。相邻的模板宜用螺栓连接,相对的模板用穿墙螺栓固定,模板搭接处夹海绵双面胶条密封。在护栏内侧利用预留的短钢筋作支点,采用脚手管、方木、钢丝绳进行加固;

⑥模板顶面每隔1m左右应横放一根短方木,方木用粗铁丝与梁板上的预留钢筋拉紧压住模板,防止浇筑混凝土时模板上浮。

⑦护栏上的真缝、假缝应在支模时根据设计位置设好。若设计没有规定缝的位置时,一般跨中、板端和连续梁的支座位置均应设置真缝。假缝位置可以在模板上对称贴上加工好的橡胶条,真缝位置宜采用两层三合板中间夹泡沫板的做法,以利拆除;

⑧护栏在桥梁伸缩缝位置应根据图纸预留伸缩缝施工槽;

⑨模板验收合格后,测量人员在模板顶部的槽钢上放出护栏顶面高程控制线并用红漆标注。

(5)浇筑混凝土。

①根据现场情况确定混凝土生产和运输的方式。混凝土到现场后应先检测坍落度,符合要求后方可施工;

②混凝土应分层浇筑,不得在一个地方集中下料,防止形成起伏不定的界面。每层浇筑厚度不得超过300mm。浇筑到护栏的倒角位置应暂时停止下灰,待该范围振捣完成后再继续浇筑。分层浇筑间隔

时间应不大于混凝土初凝时间；

③振捣棒应插入下层50～100mm，振捣棒与侧模应保持50～100mm的距离，严禁振捣棒直接接触模板。每一次振捣必须振捣至混凝土停止下沉，不再冒出气泡，表面呈现平坦、泛浆时方可提出振捣棒。

④振捣完成后对护栏顶面混凝土进行抹面施工。

(6)拆模养生。

①混凝土浇筑完成后应根据混凝土强度能保证其表面及棱角不致因拆模而受损坏时方可拆模，对护栏表面和真缝进行清理后洒水养生；

②洒水养生应安排专人负责，养生时间应不少于7d，也可根据气温、湿度和水泥品种、外加剂情况等，酌情延长或缩短；

③护栏拆模后，模板下抹的砂浆带应及时剔除，清理干净。

三、质量控制措施

(1)基本要求。

①所用的水泥、砂、石、水和外掺剂的质量和规格必须符合有关规范的要求，按规定的配合比施工；

②不得出现露筋和空洞现象；

③防撞护栏上的钢构件应焊接牢固，焊缝应满足设计和有关规范的要求，并按设计要求进行防护。

(2)实测项目。实测项目见《公路工程质量检验评定标准：土建工程》(JTG F80/1—2017)。

(3)外观鉴定。

①防撞护栏线形直顺美观；

②混凝土表面平整，不应出现蜂窝、麻面；

③防撞护栏浇筑节段间应平滑顺接。

第七章
绿 化 工 程

第一节　液压喷播施工工艺

一、前言

黄土路基路堑边坡由于自稳性较好，甘肃省干旱地区广泛采取框格植草防护或者骨架植草防护。液压喷播植草是边坡植草防护的一种形式，在甘肃省内高速公路上也被广泛采用。恢复公路沿线生态环境，通过其自身内部的自我调节功能，恢复自然的生态平衡，起到真正的生态防护效果。兰州南绕城高速公路根据兰州当地干旱少雨、边坡易风化的特点，优化液压喷播施工工艺、优化草灌植物种子配比和基材配比，采用专业喷播机将基材与植被种子的混合物按照设计厚度，均匀喷射到坡面上，养护成活后与骨架形成有机整体的绿化护坡施工技术，有效的抑制暴雨径流对边坡的侵蚀，增强了边坡的稳定性和绿化美观效果，使高速公路与自然和谐融为一体。

二、技术特点

(1)利用植物根系固坡，防止坡面水土流失。

(2)利用草花灌种子搭配，达到近期绿化效果和多年绿化效果相辅相成，提升公路形象。

(3)工艺简单，操作方便、施工速度快。

三、适用范围

本技术适用于年平均降水量大于600mm、连续干旱时间小于50d、非高寒地区；坡度不超过1∶0.3的黄土地区公路工程路堑边坡植草防护。

四、工艺原理

液压喷播防护的主要作用机理是植物根系可视为有预应力的三维加筋材料，使土体强度提高。植物的垂直根系穿过坡体浅层的松散风化层，锚固到稳定层，起到预应力锚杆作用，禾草、豆科植物和小灌木在地下0.75～1.5m深处有明显的土壤加强作用，树木根系的锚固作用可影响到革下更深的土层。另外，植物的蒸腾作用对地下水系的影响，以及微生物对土体的自我调节功能也对边坡防护起着不可忽视的作用。

五、施工工艺流程及操作要点

(1)施工工艺流程(图7-1)。液压喷播施工技术，在本项目主要应用于挖方一级拱形骨架防护边坡和无骨架防护边坡，边坡土质为生黄土，土质比较坚硬，土壤比较贫瘠。通过清理边坡—开槽—植物基材配比—喷播—覆盖无纺布—养护以上几项工艺流程完成。

(2)液压喷播施工过程(图7-2)。

①清理边坡：对挖方边坡上的石块、虚土、高出拱形骨架的部分进行清理；

②开槽：在清理后的坡面开槽，开槽行间距15～20cm。开槽宽度6～8cm，开槽深6～8cm。

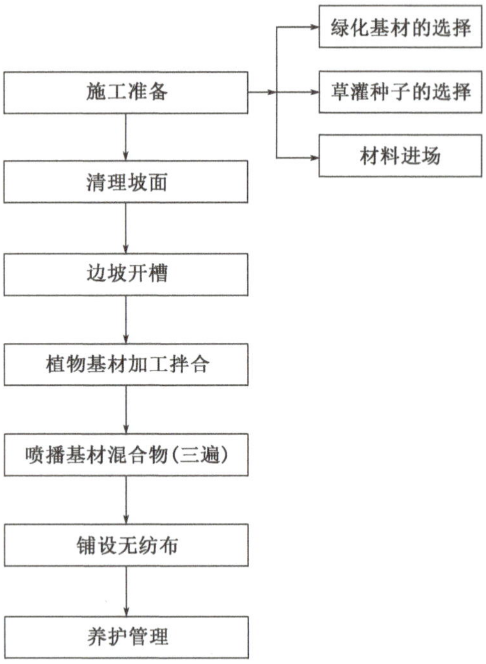

图 7-1 施工工艺流程图

③植物基材配比:水—木纤维—稻草—腐殖土—复合肥—有机肥—种植土—黏合剂—种子(设计紫穗槐 $20g/m^2$、扁穗冰草 $10g/m^2$,鉴于挖方边坡土质差,为增加绿化效果本项目增加苜蓿 $5g/m^2$、菊科草花 $5g/m^2$,以确保绿化效果);

④喷播:开槽后先将配比好未加种子的基材用喷播机搅拌均匀后分多次均匀喷射在坡面上,喷播厚度达到 6cm,然后喷播 2cm 厚的加入种子的基材,喷射从上而下,确保均匀喷射到每个角落,喷播平均厚度为 6 ~ 8cm;

⑤覆盖无纺布(图 7-3):喷播完成后第二天覆盖无纺布,为种子营造快速发芽的环境,同时防止雨水和浇水冲刷,无纺布要上下压实,中间搭接处每 150 ~ 200cm 用 U 形卡固定;

⑥养护(图 7-4):无纺布覆盖后根据喷播基材墒情及时进行喷水养护,喷水时要采用雾化喷头,浇水采用少量多次,确保种子发芽期间土壤湿润。在喷播的草、灌生长到 5 ~ 7cm后在阴天或早晚揭除无纺布。在植物生长一个月后,根据土壤肥力和草灌生长情况,及时对草灌进行施肥,确保植被生长茂盛。

a)喷播底基层　b)喷播中层

c)喷播种子层　d)喷播后的效果

图 7-2 液压喷播施工

图 7-3　覆盖无纺布

图 7-4　养护

六、施工工艺总结

(1)提前进行开槽作业,开槽后通过阳光照晒和雨水湿润可以对坡面土质进行改善。

(2)可以根据挖方坡面坡度和土质适当地调整开槽深度和间距,坡面比较缓,土质比较好的可以放宽开槽间距和深度,坡面比较陡土质比较坚硬可以缩小开槽间距和深度。

(3)一般挖方坡面土壤都比较贫瘠,在喷播基材中一定要加入用于土壤改良的肥料,确保植物可以正常生长。

(4)喷播种子的配比非常重要,一定要选用适合当地乔灌种子,坡面陡、土质差的时候应该加大种子的配比量。

(5)为确保种子层喷均匀,种子层应该分两遍进行喷播。

第二节　厚层基材喷播施工工艺

一、前言

随着近几年高速公路的快速发展和日益成熟,边坡防护既要考虑边坡稳定性,又要注重绿化、美观,自然、环保的建设理念,挖方边坡圬工防护也在向轻型化的方向发展,多采用框格梁、拱形或菱形骨架等防护形式,同时在骨架内进行绿化防护,以保证稳定、美观的效果。兰州南绕城高速公路边坡防护工程中,对于所有开挖路堑无防护边坡采用厚层基材喷播技术实现边坡植草绿化,达到固坡绿化的效果。

二、技术特点

(1)固坡迅速,适用范围广。

(2)基材收缩恢复性及抗侵蚀性强,能迅速恢复自然植被。

(3)工艺简单,操作方便、施工速度快。

三、适用范围

本技术适用于年平均降水量大于600mm、连续干旱时间小于50d、非高寒地区;坡度不超过1:0.3的风化岩石边坡、土石混合边坡、硬质土质边坡。

四、工艺原理

厚层基材喷播防护主要是利用草灌植物生长的根系,深入到由镀锌铁丝和木条为骨架的土壤基材物中,在坡面上形成具有一定生长能力生态防护系统。由于土壤基材收缩恢复性及抗侵蚀性强,经过前期的养护管理,逐渐形成具有一定稳定性的植物生长层,起到护坡防护的作用。

五、施工工艺流程及操作要点

厚层基槽喷播施工技术(图7-5),在本项目主要应用于挖方二级无骨架边坡,边坡土质为生黄土,土质坚硬,土壤贫瘠。通过清理边坡—锚杆施工—铺设木板条—挂网—植物基材配比—喷播—覆盖无纺布—养护以上工艺流程完成。厚层基材喷播施工过程如下:

(1)清理边坡:对挖方边坡上的石块、虚土、凸出的部分进行清理。

a)锚杆施工和铺设竹板条　b)挂网后坡面　c)喷播施工　d)喷播后效果

图7-5　厚层基材喷播施工工艺

(2)锚杆施工:在清理完边坡后,进行固定锚杆,锚杆选用16号或14号螺纹钢,锚杆长度30cm,锚杆行间距50cm,列间距100cm。

(3)铺设木板条:钉入锚杆后,然后将板条固定在锚杆上,板条之行间距离为50cm,板条必须平行,紧贴坡面不能有空隙,搭接处用扎丝将锚杆和板条捆紧,对有空隙的地方用短板填充。

(4)挂网:首先将镀锌网拿到坡顶,从上往下依次铺开,顶端用锚杆加固,然后依次从上往下用锚杆加固,锚固后镀锌网要紧贴坡面,有悬空的地方加设锚杆固定,每一片镀锌网的搭接要重合10cm,两块网子搭接处要连接到一起,使镀锌网和坡面成为一个整体。

(5)植物基材:水—木纤维—稻草—腐殖土—复合肥—种植土—黏合剂—种子(设计紫穗槐 $20g/m^2$、扁穗冰草 $10g/m^2$,鉴于挖方边坡土质差,为增加绿化效果本项目增加了红豆草 $5g/m^2$、苜蓿 $10g/m^2$,以确保绿化效果)。

(6)喷播:挂网验收合格后将配比好的基材用喷播机分多次均匀喷射在坡面上,喷射从上而下,确保均匀喷射到每个角落,喷播厚度达到6cm,然后喷播2cm厚的加入种子的基材,喷播平均厚度为6~8cm。

(7)覆盖无纺布:喷播完成后第二天覆盖无纺布,为种子营造快速发芽的环境,同时防止雨水和浇水冲刷,无纺布要上下压实,中间搭接处每150~200cm用U形卡固定。

(8)养护:无纺布覆盖后根据喷播基材进行喷水养护,喷水时要采用雾化喷头,杜绝高压直喷,浇水采用少量多次,确保种子发芽期间土壤湿润。在喷播的草、灌生长到5~7cm后在阴天或早晚揭除无纺布。在植物生长一个月后,根据土壤肥力和草灌生长情况,及时对草灌进行施肥,确保植被生长茂盛。

六、施工工艺总结

(1)可以用竹板条代替以往施工中用的木板条,竹板条成本低、韧性和防腐性比木板条强,今后可以尝试最新应用与厚层基材喷播中的生态棒。

(2)铺设的板条可以根据坡度适当调整行间距,坡度缓可以调整为60~80cm,坡度陡要调整到30~50cm。

(3)铺设的用于承载植物基材的板条必须要紧贴坡面,对于不平整处造成的空隙要填实避免喷播时候漏浆。

(4)挂网一定要牢固,尤其是顶部必须要用长锚杆进行固定并用土压实,每块网片搭接10cm后用手钳将两片的接头连接起来,网片和锚杆要用扎丝扎牢,有松动和悬空的地方加设锚杆固定。

(5)一般挖方坡面土壤都比较贫瘠,在喷播基材中一定要加入用于土壤改良的肥料,确保植物可以正常生长。

(6)种子的配比非常重要,一定要选用适合当地乔灌种子,坡面陡、土质差的时候应该加大种子的配比量。

(7)确保种子层喷均匀,种子层应该分两遍进行喷播。

第三节　码砌植生袋施工技术

一、前言

随着我国经济可持续发展战略的实施,高速公路等基础建设的大量投入及实施,在建设过程中不可避免地对原有生态环境造成了破坏,尤其挖方路段土质情况差的和岩石边坡,由于缺乏植物生长的基础,则往往采用浆砌片石护坡或挂网锚喷等工程防护措施,不仅被破坏的植被得不到恢复,而且也影响了公路的生态环境及景观效果。因此,如何保证挖方边坡土质贫瘠路段、土夹石或风化石质路段边坡的稳定及实现长久绿化,成为公路环境保护及公路建设的新焦点。高速公路挖方边坡框格梁护坡码砌植生袋绿化施工技术将工程护坡和植物生态护坡结合起来，探索出一条适合高速公路挖方边坡绿化防护的方法，有效增强了挖方边坡的稳定性和绿化美化效果。

兰州南绕城高速公路绿化工程，通过采用在挖方边坡框格梁内码砌植生袋绿化这一施工方法，成功实现了挖方边坡土质贫瘠路段、土夹石或风化石质路段边坡的稳定及长久绿化。

二、技术特点

(1)工程护坡与植物生态护坡有机结合，突破了传统的单一工程护坡模式，施工成本低，简单方便灵活，施工速度快，效率高。

(2)改良后的土壤理化性质疏松，植物出苗率高，吸水固土性能好，植物及其根系如锚杆穿过植生袋深入边坡内，稳固边坡，能有效防止水土流失。

(3)植生袋多年后可降解，无污染。

三、适用范围

本技术适用于路基工程挖方路段土质、土夹石、风化石边坡的框格梁护坡，坡率不陡于1:0.75。

四、工艺原理

植生袋绿化是一种以生态修复为前提的科学防护方法。采用专用设备，依据特定的生产工艺，按设计要求把草种、化肥、保水剂等按照一定的密度定植在可降解的无纺布上，经过机器滚压和针刺的复合定位工序，形成的一定规格的口袋形产品。植生袋坡面绿化即能保证坡面水土不易流失，又能为边坡植物生长提供生长介质。

框格梁护坡码砌植生袋绿化施工技术是在植生袋内装入按比例配制的植物基材后顺坡面水平分层、错位码砌构筑成一道以水土保持和地表绿化为目的抗冲击性能优越的立体绿化系统，在坡面静水压力下植生袋绿化系统中固定角钢承受了水平方向的剪切力；后期植物及其根系穿过植生袋如锚杆深入边坡内产生强大的牵引力，使整个植生袋覆盖层与坡面结合在一起，形成一个整体的坡面保护系统，从而达到稳固边坡和美化环境的效果。

五、施工工艺流程及操作要点

码砌植生袋施工技术在本项目主要应用与挖方边坡和隧道洞顶的混凝土框格梁内绿化，通过清理边坡—定点放线—土壤改良—植生袋装土—码砌植生袋—栽植紫穗槐—角钢加固—养护以上工艺流程完成。施工工艺流程见图7-6。

(1)清理边坡：对框格内的石块、虚土进行清理，对框格深度少于40cm的土方进行清挖，以便于植生袋的码砌。

(2)定点放线：清理坡面后，在框格内部进行定点放线，放线深度为10cm，对框格过深的区域可以调整为15～20cm。

(3)土壤改良：用筛土机将种植土和有机肥、复合肥搅拌均匀，通过改良使土壤符合植物生长要求。

(4)植生袋装土：将改良后的种植土进行装进植生袋内，每个袋子的土方要尽量一致，土装满后将袋口扎紧堆放整齐。

(5)码砌植生袋(图7-7)：码砌由下往上，按照放线位置往上码砌，码砌时植生袋要放平整，将有种子的一面放在外面，层与层之间搭接要呈品字形，层层踏实，对后面空出的用种植土填实，码砌的植生袋要和坡面平整不能凹凸不平。

(6)栽植紫穗槐：植生袋码砌后在上面栽植紫穗槐，每平方米栽植5株。

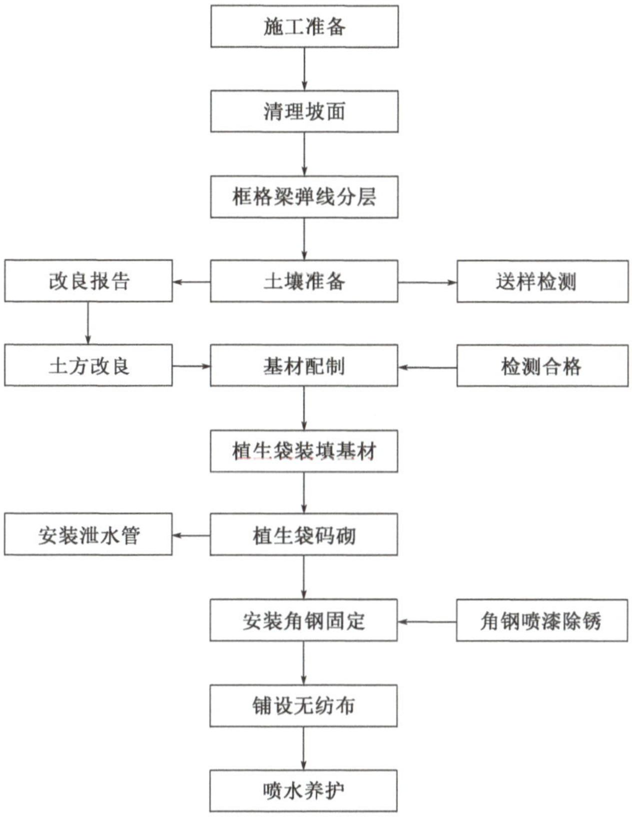

图 7-6　施工工艺流程

a) 码砌植生袋施工

b) 码砌植生袋后

c) 植生袋后期效果

d) 后期效果

图 7-7　码砌植生袋工艺

(7)覆盖无纺布:紫穗槐栽植后进行覆盖无纺布,为植生袋内种子营造快速发芽的环境,同时防止雨水和浇水冲刷,无纺布要上下压实,中间搭接处每 150～200cm 用 U 形卡固定。

(8)加固:采用 L50×50×5 的角钢和 M20×180 的膨胀螺栓加固,加固的角钢必须紧贴码砌好的植生袋,确保浇水和雨季不坍塌。

(9)养护:植生袋码砌完成后要经常喷水养护,喷水采用少量多次,确保苗木和种子发芽期间土壤湿润。

六、施工工艺总结

(1)在植生袋草种的选择上,要选用适宜当地气候的草灌,要科学合理根据植物生长习性进行配比,这样才能达到更好的绿化效果。

(2)在植生袋内土壤选择上,要选用了适合植物生长的农田种植土或山林表土,土壤装袋前在土壤中添加适量的有机肥并搅拌均匀,并将土壤种的大土块全部打碎,以利于植物生长和植生袋码砌后的整体美观感。

(3)码砌前的定点打线非常重要,定点打线可以大大减少码砌的植生袋出现凹凸不平现象。

(4)植生袋内装土要适量,要装水分较少的种植土,装土后种植土距离袋口 10cm,然后扎紧袋口。所有植生袋内装土量要尽量保持一致,这样码砌的植生袋才整齐、美观、稳固。

(5)码砌时植生袋层与层之间要呈品字形搭接,并层层踏实,这样有利于稳固和减少沉降。

(6)在码砌植生袋过程中对于后面空出部分,采用塑编袋内装好种植土和种植土相结合进行分层回填夯实,对于框格顶部空出部分容易进水,全部采用编织袋装土回填并夯实。

(7)施工中面对工期紧,码砌植生袋面积大、坡面高的问题,采用长臂吊车、小装载机配合人工作业,用加工好的料斗,直接将种植土和植生袋装入料斗后直接运送到坡面,而且效率很高,成功解决了挖方高边坡运料难、运料慢的问题。

(8)植生袋内装好种植土后要立即进行码砌,在现场堆放时间不超过 2d,避免种子在堆放时间中发芽。阴雨天气要将装好后未码砌完的植生袋用遮雨布进行遮盖。

第八章
业主自管模式

第一节 自管模式实施背景

近年来,我国公路与城市建设都实现了跨越式发展,公路交通基础设施建设取得巨大成就,特别是高速公路建设,截至2017年末,高速公路里程达13.65万公里。随着公路工程建设的不断深入发展,我国建设工程项目管理制度也在不断改变和完善,逐渐形成了以工程招标投标制、建设监理制和项目法人责任制为核心的具有中国特色的建设管理体制。经过多年的建设实践证明,现行工程管理体制与计划经济时期相比,在建立与社会主义市场经济体制相适应的建设市场体制、提高建设工程投资效益方面起到了积极的作用。但是从发展的观点来看,我国目前的工程项目建设管理中仍存在一定的问题,主要体现在:①建设工程项目管理的前期准备不足、衔接不顺;②建设工程项目管理的施工管理职责交叉、精细化程度不高;③建设工程项目管理的监管力度不够、效率较低;④对建设项目管理市场管理粗放。因此现行项目管理制度还有待进一步变革、发展和创新。

为培育适应形势发展的新的公路建设管理模式,交通运输部于2015年发布了《关于深化公路建设管理体制改革的若干意见》(交公路发〔2015〕54号)和《关于印发全面深化交通运输改革试点方案的通知》(交政研发〔2015〕26号),提出要结合对工程监理制的改革,在部分地区试点公路建设管理的自管模式,即取消强制社会监理,由项目法人统一负责项目的全部建设管理和监理工作。

一、政策依据

自管模式作为针对传统管理模式不足提出的新型模式,必须符合现代工程管理的先进方向,其概念应界定清晰,无论在整个交通建设行业或在局部区域,都应具有明确的政策依据。

依据交通运输部《关于深化公路建设管理体制改革的若干意见》(交公路发〔2015〕54号),本办法所称自管模式,是指由项目建设管理法人统一负责项目的全部建设管理工作,包括《公路工程施工监理规范》(JTG G10—2016)规定相关工作,对项目质量、安全、进度、投资和环保等全面负责的管理模式。实行自管模式的,项目建设管理法人不再委托工程监理单位。

全国公路行业开展自管模式试点的政策依据是交通运输部颁布的《关于深化公路建设管理体制改革的若干意见》(交公路发〔2015〕54号)。据此,甘肃省积极开展有关试点工作。

甘肃省公路行业开展自管模式试点的政策依据是甘肃省交通运输厅发布《甘肃省交通运输厅关于全面深化交通运输改革的实施意见》《甘肃省交通运输厅深化公路建设管理体制改革实施方案》,明确要求应积极推行公路建设项目自管、代建、设计施工总承包等模式,不断提高交通工程建设管理水平。

二、自管模式实施的必要性

目前,国内绝大部分公路工程建设项目采用的是传统建设管理模式,即"项目法人+社会监理",经过多年的建设实践,我国公路建设行业逐步形成了四项管理制度,对保证公路基础建设的健康有序发展发挥了重要作用。然而,随着公路工程建设的推进以及管理制度改革的不断深化,传统四项制度尤其是监理制度赖以存在的法律规范基础发生着重大变化。一方面,工程监理地位日益尴尬,作用很难发挥,改革工程监理制的呼声日益高涨；另一方面，《中华人民共和国招标投标法实施条例》颁布后，允许具备建设能力的投资人自行设计、施工，在这种情况下，监理似乎成了“局外人”，传统模式受到了很大挑战。因此，对公路工程建设管理模式进行革新，完善体制机制，提高公路建设管理水平，成为我国当前工程建设中所面临的首要任务。

社会快速发展和人们需求日益增长的今天，打造“品质工程”顺应了时代和工程建设的发展需要，是多年来工程建设质量安全管理经验的结晶，是现代工程管理理念的继承和升华，也是今后交通基础设施建设的新趋势，更是工程建设质量和安全工作以及技术创新发展的新引擎。“品质工程”作为公路水运工程质量安全发展新理念，更加注重工程内在质地和外在品位的有机统一，努力实现优质耐久、安全舒适、经济环保、社会满意的建设目标。其内在要求体现在建设践行新理念、管理采取新举措、技术得到新提升、质量达到新水平、安全实现新保障、环保取得新成效，并将管理模式创新作为评分项目之一，因此科学管理模式、创新管理方法对“品质工程”建设起推进作用。

G30 连霍高速公路兰州南绕城段建设项目以建设“品质工程”和“绿色公路”为目标，又具有业主自主招标一体化等特点，可更有针对性的探索业主自管模式，为将来工程提供一套具有社会效益、经济效益的新模式。

自管模式作为创新项目建设管理模式之一，是推行现代工程管理，适应深化公路建设管理体制改革的需要，同时规范建设项目法人责任制，改革工程监理制，提高公路建设项目管理的科学性和专业化程度，更好地实现项目的建设目标。

三、自管模式可行性

当前，交通运输发展面临的投融资环境发生了较大的变化，为更好地发挥政府投资的引导作用，充分利用社会资本参与交通基础设施建设，国务院及相关部门提出要在基础设施建设领域广泛推广 PPP 模式（Public-Private-Partnership）。这类投资项目的一个重要特点就是减少管理层级、提高管理效能、提高经济效益，因此，自管模式是适应公路建设投融资体制改革发展方向的。

从公路建设管理体制改革趋势看，项目法人责任制将进一步加强。整个项目建设管理的责任主体已经明确为项目法人，质量安全的第一责任主体也明确为施工和设计单位。采用自管模式有利于将项目建设管理的主体责任集中于项目法人，避免项目法人与监理单位职责重叠，责任相互推诿，从而解决我国目前工程监理制度存在的主要问题。

从国外惯例做法看，先进发达国家均未要求工程建设项目必须设置监理。一般由业主根据工程项目情况和工程质量保证体系规范等，确定对承包人工作的监督检查方式。尽管我国的监理是从 FICDIC 合同条件的工程师借鉴而来，但其内涵现已发生较大变化。

甘肃省交通运输厅于 2015 年和 2017 年分别发布了《甘肃省交通运输厅关于全面深化交通运输改革的实施意见》和《甘肃省交通运输厅深化公路建设管理体制改革实施方案》，指出积极推行公路建设项目自管、代建、设计施工总承包等模式，不断提高交通工程建设管理水平。

2017 年甘肃省公路航空旅游投资集团有限公司总经理办公室会议决定同意按照省交通厅《关于 G30 连云港—霍尔果斯高速公路兰州南绕城段建设项目路面、绿化、交通安全设施工程监理服务实施自管模式的批复》（甘交公路〔2017〕110 号）文件，对南绕城项目高速公路建设项目实施自管模式。

兰州南绕城高速公路建设项目办公室随后发布《兰州南绕城高速公路业主自管模式管理办法》，依托兰州南绕城高速公路建设项目，在路面、交通安全设施、绿化实行工程监理服务自管模式，积极探索和创新高速公路项目建设管理模式，提高工程建设水平，推进“品质工程”建设。

第二节　兰州南绕城项目自管模式实施目标

一、主要任务

创新自管模式的目的是精简管理层级，提高管理效能，明晰主体责任，实现一体化管理。因此，自管模式建设的主要任务是：

(1)研究项目建设管理法人的资格、职责和法律责任。包括：明确项目建设管理法人的功能定位、工作职权和主体责任；建立项目建设管理法人的目标考核和奖惩激励制度；建立项目建设管理法人的资格管理制度，规范其认定和资格审查程序。

(2)研究在自管模式下，如何建立高效的项目一体化管理体系，完成全部项目建设管理和施工监理工作。包括：自管模式下项目管理机构的组建，相关工作人员的资格条件、人员数量、职责划分；建设管理和工程监理工作的有机结合；监理工作程序和工程用表的优化；制定自管模式下的项目管理工作流程；制定自管模式下工程质量检验评定流程；研究如何加强落实承包人的主体责任；对承包人质量安全保证体系运行和关键性工程的管控措施。

(3)针对本工程项目，研究如何引进高素质的科研、技术服务单位，开展技术咨询、专项监理等高端咨询服务。

二、建设目标

1. 自管模式项目建设目标

总体目标：把兰州南绕城高速公路打造成“绿色低碳、智慧科技”等亮点突出、品质优良，经得起实践检验和公众评判的“绿色智慧新通途”，争创“李春奖”和“飞天奖”。

2. 自管模式工程建设目标

(1)质量目标：本项目路面、绿化及交安设施工程施工质量必须符合设计文件、《招标文件》专用条款、技术规范的要求以及上级主管部门的指示文件，严格执行《公路工程质量检验评定标准》(JTG F80/1—2004)。确保分项工程合格率达到100%，项目交工验收质量等级合格且总体质量评定达到95分以上；项目竣工验收质量等级合格；杜绝发生质量事故，有效预防和减少质量问题。

(2)安全目标：牢固树立“安全第一、预防为主、综合治理”的思想，坚持“谁主管，谁负责，管生产必须管安全”的原则。大力推行安全生产标准，杜绝重特大事故发生，遏制较大事故，减少事故总量，力争实现生产现场安全工作达标率为100%，无安全责任事故。推进项目安全管理水平整体提升。

(3)进度目标：在合同规定的工期内完工。

(4)费用目标：依据合同条件、工程量清单及其说明、技术规范和合同图纸、现场施工情况，对工程数量进行严格计量，对工程费用和价格的变化进行科学评估，使最终支付的合同款合理、准确，并在设计概算之内。

(5)环水保目标：贯彻“预防为主、防治结合、综合治理”的原则，按照“原始的就是最美的，不破坏就是最好的保护，力求施工中最低程度的破坏、施工后最大限度的恢复”的环保理念，把兰州南绕城高速公路项目建成与自然和谐共生的绿色低碳环保道路。

(6)廉政目标：创建民心工程、文明工程；打造廉政工程、阳光工程、品质工程；实现工程优质、干部廉洁。

3. 自管模式成果目标

落实项目法人责任制，形成一套可复制、可推广的自管模式实施方案和自管模式项目管理办法。

4. 自管模式人才培养目标

推行专业化管理，提高建设项目管理水平，建立廉洁自律机制，为高速公路建设培养一批政治觉悟高、管理能力强、专业水平扎实的高素质人才队伍。

第三节 兰州南绕城项目管理组织机构

一、项目概况

连霍国道主干线兰州南绕城高速公路(以下简称南绕城)是国高网干线连霍高速在兰州市区的过境段，全线58.743km，采用设计时速80km/h的双向四车道高速公路建设标准。南绕城项目全线特大桥2座，大桥18座，桥梁总长约8.5km；隧道17座，隧道总长约25km，桥隧比高达57%。设互通5处、服务区1处、分离立交4座、涵洞通道45道。

路线总体走向由东向西。预算总投资118.29亿元，它将与现有柳忠、兰海高速公路连接起来。建设兰州南绕城高速不但可以将过境车辆引向城市外围通过，而且还将打通兰州城区外围交通，与柳忠高速公路、兰海高速公路形成兰州高速外环线，从而缓解市区交通压力。

二、自管模式实施范围

本项目于2014年5月开工建设，根据本项目的特点，本次自管模式实施范围为连霍国道主干线兰州南绕城高速公路项目路面主体工程和房建、绿化、交通安全设施等附属工程的施工管理。路基、隧道、机电工程不在本项目自管模式实施范围之内。

三、参建单位

1. 建设单位

兰州南绕城高速公路项目建设管理法人单位为甘肃路桥公路投资有限公司，成立于2002年，原隶属甘肃省交通运输厅管理，是承担甘肃省高速公路建设管理的项目法人单位之一。2013年划归甘肃省公路航空旅游投资集团有限公司，公航旅集团注册资本200亿元，旗下拥有涉及公路、通用航空、旅游、金融、贸易、地产、酒店、文化传媒等领域的30多个全资(控股)子分公司。

公司现有职工120名，本科以上学历105人，其中博士1人，硕士研究生21人；高级职称36人(其中，正高级工程师7人)，中级职称27人，初级职称38人。

甘肃路桥公路投资有限公司自成立以来，在甘肃省高速公路大建设、大发展中勇挑重担，奋发有为。公司以构建“自强、务实、创新、奉献”企业核心价值观为主线，转变观念，开拓创新，牢固树立“人无我有、人有我优”的不断超越和发展理念，积极落实交通运输部现代工程建设管理“人本化、专业化、标准化、信息化、精细化”的“五化”理念，突出重点，狠抓难点，大力推进项目管理制度标准化、工艺标准化建设，加强设计质量管理，规范公司科研和技术管理，带动了公司项目建设的全面发展。

公司发展10多年来，先后完成了古浪至永昌、临泽至清水、清水至嘉峪关、武威过境段、康家崖至临夏、永登至古浪、临夏至合作、临洮至渭源等一大批重点公路项目建设管理任务，通车里程687公里。当前，公司主要承担兰州南绕城、景泰至中川、临夏双城至达里加(甘青界)3条高速公路的建设管理任务，承担高速公路总里程215.6km，估算投资约235.6亿元。

作为项目法人单位，在承担全省高速公路的建设管理过程中，公司认真履行项目建设管理职责，严格执行公路基本建设程序，努力创建和维护开放、有序、公平、和谐的公路建设市场秩序，在公路项目建设质量、安全、廉政等方面取得了显著成绩。2005年公司被甘肃省交通厅评为“甘肃省重点公路建设项目先进单位”，2007至2012年连续6年被甘肃省厅评为“目标任务完成先进单位”，连续5年被评为“安全管理先进单位”和“党风廉政好的单位”。2008年度荣获“全省交通系统思想政治工作先进单位”，被交通运输部授予“全国交通运输系统文明单位”。2011年3月，公司被甘肃省重大项目建设协调领导小组评为“‘十一五’全省重大项目建设先进单位”。2012年，公司被甘肃省交通运输厅评为“全省交通运输系统科研创新先进单位”。2013年，公司临合项目办被中华全国总工会授予“工人先锋号”荣誉称号。2014年，公司临合项目办被甘南州委、州政府授予“经济社会发展突出贡献奖”荣誉称号；临合项目办党支部被甘肃省公航旅集团党委表彰为“优秀基层党组织”。

建设管理法人单位具备丰富的高速公路建设管理经验，对组织开展自管模式试点工作提供有力的保障，确保在自管模式目标的达成。

2. 技术咨询 + 中心试验室 + 信息化单位

技术咨询 + 中心试验室由中标单位江苏省交通科学研究院股份有限公司（简称“苏交科”）承建，苏交科始建于1978年，主要从事交通运输工程的科研、设计、试验、检测、咨询服务和产品开发工作。

（1）专业的技术平台。苏交科先后申请并获准成立2个国家级科研平台、17个部省级科研平台、6个市级科研平台及1个博士后工作站、1个企业院士工作站和1个企业研究生工作站。其中公路领域的科研平台11个、城轨领域的科研平台1个、环境及节能减排领域的科研平台3个、水运领域的科研平台2个、地下工程研究领域的科研平台3个，智能交通领域的科研平台3个。累计开展国家、部省级科研项目466项；参与编制国家、行业及地方标准、规范88项；科研、设计、咨询成果累计获得各种奖项382项；获得国家、省部级奖项211项；截至2017年6月，公司授获专利413项，其中发明专利111项，实用新型专利288项，外观专利14项。部分实验室如图8-1所示。

a)

b)

图8-1 实验室

（2）雄厚的技术实力。苏交科承担了多项绿色公路专题技术咨询及相关技术研究、咨询项目，具有雄厚的技术基础，同时具备大量优秀的长期从事道路工程、机场工程领域研究的工程技术人员。近年来承担了大量的沥青路面科研项目，并且参与了交通运输部新版《公路沥青路面设计规范》（JTG D50—2017）及《公路沥青路面施工技术规范》（JTG F40—2004）的修订工作。参与了多条高等级公路的科研、检测及技术服务工作，具有将理论研究与工程实践相结合的优良传统和实力。

（3）先进的试验检测设备。试验室拥有大量先进的试验、检测仪器及试验设备：全套SHRP沥青胶结料试验设备、SST试验机、SPT简单性能仪、旋转压实仪、UTM大型液压伺服试验设备、COOPER气动伺服诺丁汉材料试验机、小型车辙仪、法国大型车辙仪、落锤式弯沉仪等，具有仪器设备方面的优势，具备完成重大科研项目的设备条件。

为了高质量、高效率的完成路面技术咨询和检测任务，在整个过程中将始终以“全面质量保证体系”为基础；以“高标准、高要求、高起点、上台阶”为创优质工程的指导思想；以“推广应用新技术、强化技术管理”为技术保障；以“奖优罚劣、违章停岗”为激励机制，从而保证本项目工作的顺利开展，为自管模式提供技术保障。

3. 路面单位

(1) 中交二公局第三工程有限公司(路面一标)。

中交二公局第三工程有限公司(原交通部第二公路工程局第三工程处)创建于1964年,是国务院国资委管理的特大型世界500强企业——中国交通建设股份有限公司旗下的中交第二公路工程局有限公司的全资子公司,具备公路工程施工总承包一级和市政公共工程施工总承包一级资质,具有公路路基、路面、桥梁及隧道工程专业承包一级资质,具有铁路、机场跑道、水坝土建、公路养护和工程咨询资质。公司注册资本10.01亿元,现有员工1838人(其中,高级及以上专业技术人员117人,中级专业技术人员465人);公司拥有高等级公路和大型桥梁施工专业设备400余台(套),年施工能力超过60亿元。

多年来,公司始终坚持多元化发展战略,施工不断向隧道、铁路和市政工程领域拓展:承建了十天高速公路铁堂峡隧道、宝汉高速公路连城山隧道、大久高速公路久治三号隧道、广梧高速公路茶林顶隧道、平定高速公路太平隧道等一批施工难度大、技术标准高的隧道工程,隧道施工向特长、复杂地质、特殊环境、特殊形式等纵深发展方面不断迈进,形成了显著的技术比较优势;2005年以来,先后承建了京沪高速铁路、沪宁城际铁路、哈大铁路客运专线、大西铁路客运专线、武合铁路客运专线等现代化铁路工程,熟练掌握了铁路工程施工的理念、模式和标准,具备铁路900t箱梁预制和架设施工能力,荣获中华全国铁路总工会"火车头"奖杯;承建了深圳南坪快速通道、佛山市一环、广州南二环、常熟三环等市政工程,承建的苏州工业园区北环东延二期工程获得了"全国市政金杯示范工程"奖。

近年来,公司积极拓展城市轨道交通和海外市场,承建了深圳轻轨四号线二期工程和佛山地铁工程;2012年,进入牙买加承建了南北公路工程建设任务,获得驻地政府和当地人民的高度赞扬。

兰州南绕城高速公路项目中,中交二公局第三工程有限公司为路面一标,承建路面工程,施工标段为K0+000~K23+532,总计里程23.532公里。

(2) 中交三公局第二工程有限公司(路面二标)。

中交三公局第二工程有限公司(以下简称公司)成立于2009年,为中交三公局全资子公司,是隶属于世界500强企业——中国交通建设集团暨中国交通建设股份有限公司的大型国有独资施工企业。注册资本金5.06亿元。

公司拥有公路工程施工总承包一级资质,市政公用工程总承包一级,公路路基、路面、桥梁、隧道专业承包一级资质,通过了质量、环境和职业健康安全一体化管理体系认证。连续八年被国内金融机构审定为AAA级信用企业,多次荣获"全国优秀施工企业""北京市政诚信企业""北京市重质量守信用企业"荣誉称号。

公司施工足迹遍布全国20多个省(区、市),业务涵盖公路、铁路、桥梁、隧道、市政公用工程等。截至目前已建和在建高速公路路基超过300公里,其中桥梁超过30公里、隧道超过20公里,在建超过三公里的公路特长隧道和跨河特大桥5座。涉足传统公路工程施工、BT、BOT、PPP、城市地下综合管廊、建筑工程、钢结构、机场建设等业务领域。在北京、内蒙古、甘肃、天津、河北、青海等市场均取的AA信誉。公路工程中,承建的跨淮河斜拉桥项目,在涉水、高墩、大跨桥梁、长隧道、岩溶地质等重大技术难点项目上具有丰富的施工经验。市政工程中,南昌艾溪湖大桥是国内技术难度较高的钢管拱桥。承建工程中,有4项工程获得国家优质工程奖,6项工程获得省部级优质工程一等奖。参建的江西景婺黄大桥获中国土木工程"詹天佑奖";参建的安徽马鞍山长江大桥获"鲁班奖""詹天佑奖"。参建的京沪高铁和沪宁城际铁路获安全质量样板工程。多项已完工程项目管理获评"全国建设工程优秀项目管理成果一/二等奖"。在技术、质量、管理创新和科技研发方面,荣获国家知识产权局授权的实用性新型专利15项,发明专利1项;荣获省部级工法4项,局级工法19项;荣获省部级QC成果奖22项,荣获省部级科技进步奖3项,局级科技奖16项。

兰州南绕城高速公路项目中,中交三公局第二工程有限公司为路面二标,承建路面工程,施工标段为 K23 +532 ~58 +743,总计里程 35.211 公里。

4. 绿化单位

(1)绿化一标。

宁夏建坤园林产业发展有限公司成立于 2001 年,是一家理念新颖、管理完善、服务全面的绿化公司,主要从事园林景观工程的规划设计与工程施工。规划设计涵盖了高速公路、城市道路、大中院校、居住区、单位、广场绿地等。近年来先后完成了省道 305 线黑城至海原高速公路绿化工程勘察设计、彭阳至青石嘴公路绿化工程勘察设计、同心县人民医院设计、宁夏沙湖东环湖路绿化设计等;完成了银川滨河新区月光路(203 省道至共享路段)道路绿化工程、贺兰山东路(京藏高速公路—兵沟黄河大桥)两侧苗圃建设工程 25 标段、贺兰山东路(京藏高速公路—兵沟黄河大桥)两侧苗圃建设工程 7 标段、泾源县城关道班东侧闲置土地绿化工程等建设项目。积累了干旱、半干旱地区绿化景观设计和工程施工的丰富经验,为我区的生态建设,绿化美化建设做出了突出的贡献。

兰州南绕城高速公路项目中,宁夏建坤园林产业发展有限公司为绿化一标,承建绿化工程,施工标段为 K0 +000 ~ YK29 +420(ZK29 +362)。

(2)绿化二标。

江苏三恒环境建设有限公司成立于 2004 年 03 月 22 日,主要面向全国市场。员工人数 52 人,公司不断提升企业的核心竞争力,使企业在发展中树立起良好的社会形象。主营范围:环境工程建设;园林绿化工程设计、施工;市政工程建设;仿古建筑及古建筑修缮工程的设计、施工、养护;土建工程和城市道路照明工程的设计及施工;建筑装潢的施工;假山、雕塑、喷泉制作;花卉、苗木、盆景种植、批发、零售。公司始终坚持“质量第一,信誉第一”的宗旨,以科学的管理手段,雄厚的技术力量,将不断深化改革,创新机制,适应市场,全面发展。

兰州南绕城高速公路项目中,江苏三恒环境建设有限公司为绿化二标,承建绿化工程,施工标段为 YK29 +420(ZK29 +362) ~ K58 +743。

5. 交安单位

(1)交安一标。

定远枢纽 ~ YK19 +278(ZK19 +186)。

(2)交安二标。

甘肃恒和交通设施安装有限公司是 1999 年 1 月 25 日由恒达集团投资(控股)成立的国有企业,公司注册资金 5000 万元。2000 年公司获得住建部(原建设部)颁发的公路交通工程专业承包交通安全设施施工资质。公司主要从事公路标志牌、标线、护栏、隔离栅、防眩板等产品加工和安装,园林绿化工程施工,通讯、监控、收费、综合系统施工,环保工程施工等。2001 年公司通过了 ISO 9000:2000 质量管理体系认证。经过十几年的滚动发展,现已成为装备先进、技术一流、运营良好、人才结构合理的公路交通工程专业化公司。下辖标牌厂、涂料厂、标线分公司、防撞护栏分公司,产品涵盖三大类、四十多个规格,涉及的行业有道路交通安全设施、公路绿化工程、通讯监控收费综合施工和环保工程。所有产品均符合国家交通行业标准有关质量技术标准。公司经营稳健,具有先进的经营理念和较高的管理水平。

公司现有职工 69 人,其中男职工 42 人,女职工 27 人;具有大专以上学历 49 人,具有高级职称 5 人,占职工总数的 7.25%;中级职称 35 人,占职工总数的 50.72%;初级职称 11 人,占职工总数的 15.94%。公司高级管理层职数 4 个:支部书记 1 人,总经理 1 人,副经理 2 人。其中研究生学历 3 人,本科 1 人;高级职称 2 人、中级职称 4 人;公司高级管理人员均有超过 10 年以上的交通基础建设从业经验和卓越企业经营管理能力。

十几年来先后参建的重点工程有:G312 线永山一改高一二期、兰州中川民用机场扩建工程、兰海高速、永山高速、兰临高速、清嘉高速、安敦高速、嘉安高速交安项目、平定高速 LDJT6 标、宝天高速 BTAQ1

标、5.12 地震灾后恢复重建 HFJT1、HFJT3 标、天定高速 TDAQ5 标、金永高速 JYJT2 标、营双高速 YSJA2 标、雷西高速 LXAQ1 合同段等三十四项交通工程综合项目。已完工程合格率达到 100%，优良率达到 80% 以上，其中 G312 线永山一级公路、G312 线“文明样板路”甘肃过境段、G312 线凤嵋路、恢复重建 HFJT1、HFJT3 标、营双高速 YSJA2 标、雷西高速 LXAQ1 合同段、十天高速 STAQ02 合同段等项目因质量优异、管理科学、服务一流而得到广泛好评。公司参建的雷西高速公路项目获得“甘肃省建设工程飞天奖”，S313 线舟曲县至迭峰新区公路特大泥石流灾后恢复重建项目获“甘肃省建设飞天金奖”。为甘肃省公路基础建设做出了一定的贡献。

兰州南绕城高速公路项目中，甘肃恒和交通设施安装有限公司为交安二标，承建交通安全设施工程，施工标段为 YK19 +278(ZK +186) ~ YK36 +364(ZK36 +368)。

(3)交安三标。

甘肃圆峰交通工程有限公司是 2002 年注册成立的具有独立法人资格的交通安全设施施工类企业，是公投公司旗下二级法人实体，拥有公路交通工程专业承包一级资质、“AAA”级企业信用等级证、安全生产标准化建设一级证书和质量、环境、职业健康三体系认证证书。公司注册资本 1.516 亿元，经营范围包括公路交通安全设施工程、道路通讯、管道、供电照明工程、绿化及环保工程，机电设备及产品的设计、制造、安装等。经过十几年的滚动发展，现已成为装备先进、技术一流、资本运营良好，人才结构合理的省内知名企业。先后完成了平定、天定、十天、陕西汾柳、江西奉铜等 30 多条高速公路交通安全设施工程及瓜星、兰永、营双、彭大等 60 多条等级公路交安、生命防护及公路征地放线与界定服务工程，取得了良好的经营业绩、成熟的技术储备和丰富的施工经验。公司始终坚持依托公司公航旅集团业务集群优势，恪守“固基修道，造福一方”的企业宗旨，秉承“诚实、创新、务实、共赢”的企业精神，努力将公司打造成具有卓越市场竞争力的现代化轻型管理企业。

兰州南绕城高速公路项目中，甘肃圆峰交通工程有限公司为交安三标，承建交通安全设施工程，施工标段为 YK36 +364(ZK36 +368) ~ 大滩枢纽。

第四节 项目管理组织机构

一、职责定位

1. 甘肃省公航旅投资集团、甘肃路桥公路投资有限公司

履行项目法人(包括投资法人和项目建设管理法人)职责，对项目建设管理进行监督，组建和授权项目现场管理机构对项目实施具体管理。主要职责为：

(1)贯彻执行国家、交通运输部、省人民政府和省交通运输厅关于公路建设的政策和法律、法规、规章、强制性技术标准。

(2)负责公路建设项目投资方向策划。

(3)组织编制项目建议书或工程预可行性研究报告、工程可行性研究报告。

(4)负责项目建设资金的筹措、拨付和监管。

(5)确定项目建设管理目标，进行项目建设全过程的监管，协调项目建设中的重大问题。

(6)审批项目总体计划和年度计划。

(7)负责项目招标工作的监督，招标控制限价、工程变更的审核审批，项目概预算、竣工决算的审核。

(8)负责项目建设信息化统一建设和监督管理。

(9)组织项目竣工验收准备工作，进行项目建设管理目标的考核。

2. 项目办

为甘肃路桥公路投资有限公司组建的自管模式项目现场管理机构，在甘肃省公航旅投资集团、甘肃

路桥公路投资有限公司的授权范围内，代为履行项目法人在建设阶段（也就是项目建设管理法人）的职责。主要职责为：

（1）负责拟定自管模式实施方案，具体承担实施工作。

（2）严格执行国家基本建设程序和有关规定，配合国家有关部门依法组织检查、考核等，负责落实整改。

（3）组织编制招标文件，完成勘察设计、施工、材料设备供应等招标工作。

（4）对勘察设计、施工、材料设备供应、中心试验室、技术咨询等单位进行合同管理。

（5）配合地方人民政府和有关部门完成征地拆迁工作。

（6）编写项目管理计划，制定项目进度计划、资金管理计划、工程质量安全和环保措施，签发项目建设管理有关文件。

（7）及时支付工程建设各项费用。

（8）检查项目质量、安全管理及强制性标准执行等情况，审核设计变更方案，依法办理相关变更手续，依据概算严格控制工程投资。

（9）组织中间验收、交工验收、竣工决算和竣工验收。

（10）承担项目档案及有关技术资料的收集、整理和归档等工作，组织有关单位编制竣工文件。

（11）其他法定职责。

二、项目管理机构设置原则

实行自管模式后，项目办需全面承担对工程项目的质量、安全、进度、费用和环保目标管理工作。任务重，专业性强，因此部门设置应遵循以下原则：

（1）管理事务全覆盖原则。实施自管模式后，项目办除履行传统的项目法人职责以外，还需要承担传统监理单位的“五控制两管理一协调”职责，管理任务重，工作量大，管理部门的设置必须全面覆盖质量、安全、进度、费用和环保五目标控制，合同、信息管理和协调等业务类型，以及综合、财务、纪检等必要的监督管理工作。

（2）管理资源按需配备原则。部门配置除了全面，还应有所侧重，体现自管模式的特殊要求。实施自管模式后，项目办管理工作的重点是五目标控制，难点是其中的质量和安全管理。传统监理模式下，监理单位协助项目法人承担了大量的巡视、平行检验、检测等工作。在自管模式下，需要由项目办自行组织人员承担这些工作职责。因此，在设置机构、配备管理人员时，应在质量、安全方面投入更多的管理资源。

（3）管理层次闭合原则。在传统监理模式下，监理单位主要负责施工现场监督管理，项目法人既可对监理单位的履职情况进行监督，也可直接对勘察设计、施工和材料设备供应情况进行检查和监督管理。而在自管模式下，项目办与施工单位两方之间不易形成制约机制。为此，本项目将项目办的职能分为总监办、业主代表组两个层级。总监办负责全面管理，业主代表组负责施工现场监督管理，类似于传统驻地办的职责。项目办、总监办与施工单位三方之间仍可形成较好的管理层次和制约关系。

（4）人员配备尽可能精简和专业化原则。自管模式与传统监理模式相比的一个优点就是管理层次更少、效率更高。这一优点需通过管理人员的专业化来实现。人员配备虽然减少，人员素质却得到大幅提升。为此，专门制定了项目办领导岗位、各级管理岗位和主要技术人员的资格标准，从学历、工作年限、专业、职称、执业资格等方面提出要求，考虑人员综合素质与管理岗位的匹配性，切实保证项目办管理能力的提高。

三、项目管理组织机构

（1）兰州南绕城项目办（图 8-2）在原有机构基础上成立总监办、增设总监办岗位，总监办主要人员

组成为:

总监理工程师:周维鼎

主任:牛荣

副主任:赵飞、梁成

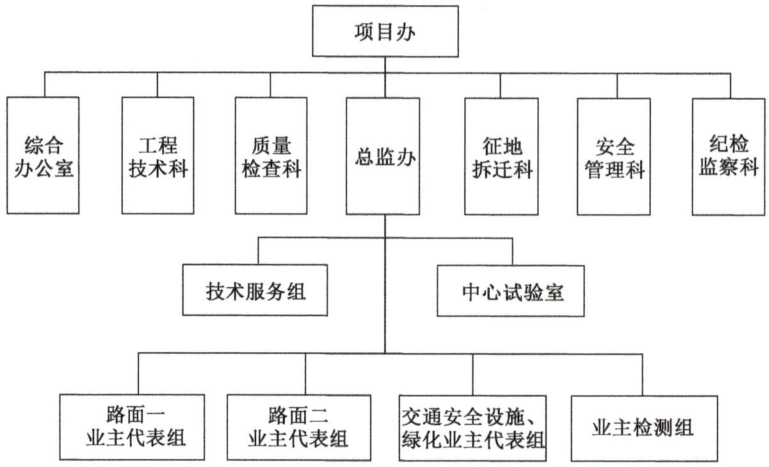

图 8-2 南绕城项目自管模式组织机构

(2)总监办下设技术咨询服务中心、中心实验室,业主代表组与现场检测组。技术咨询服务中心由公开招标的中标单位苏交科按照技术咨询服务合同组建。主要人员组成为:

项目负责人:李强

技术咨询组组长:李勇

技术咨询组组员:何婧、徐全威

(3)中心试验室由公开招标的中标单位按照检测服务合同组建。主要人员组成为:

试验室主任:马金梅

试验检测工程师:王庆国、刘明权

试验检测员:刘欢、蔡芳茹、柯鑫、孙修雷

其他辅助人员:吴林、赵凯邦、徐兆泰、何孝万、刘林林、李昱良

(4)业主代表组和现场检测组由项目办按照上级主管单位的相关批复意见组建。主要人员组成为:

①路面一业主代表组

业主代表组组长:严立群

监理工程师:李宗锋

监理员:王福建、井贵山、魏明

资料员:何乃秀、周娟丽

②路面二业主代表组

业主代表组组长:潘睿

监理工程师:兰俊德

监理员:拜海州、蔺国强、周于炀

资料员:宋红、焦海燕

③交通安全设施、绿化业主代表组

业主代表组组长:简耀

监理工程师:兰俊德

监理员:李俊杰、张福龙

资料员:刘金蓉、李小玲

四、项目管理机构部门职责

经省交通运输厅批复“本项目采用改进的传统模式进行管理,项目出资人为甘肃省公路航空旅游投资集团有限公司,建设管理法人为甘肃路桥公路投资有限公司。按照《交通运输部关于深化公路建设管理体制改革等若干意见》(交公路发〔2015〕54 号)要求,建设管理法人对项目总负责”。连霍国道主干线兰州南绕城高速公路建设项目办公室是其派出机构。

1. 项目办职责

项目办延续路基、桥梁、隧道主体工程施工时已有职能科室,履行原有全面现场管理职责。

2. 总监办职责

全面负责业主自管模式管理体系的正常运转,确保路面、绿化、交通安全设施工程建设质量、安全、环保、费用、进度等目标的实现,负责各参建单位协调与沟通。总监理工程师由项目办领导兼任,总监办设主任一名、副主任两名组成。

3. 技术咨询服务中心职责

技术咨询服务中心由公开招标的中标单位按照技术咨询服务合同组建,在项目办和总监办的领导下开展工作,总体协调项目办自管模式内部各部门的工作衔接,确保自管模式成体系化运转,确保项目建设信息畅通。

4. 中心试验室职责

在项目办和总监办的统一领导下,按照检测服务合同,全面负责兰州南绕城项目路面、绿化、交通安全设施工程的抽检检测工作,对各施工合同段的试验检测工作进行监督指导,对用于永久工程的原材料、交通产品、配合比以及工程实体质量进行质量控制。为项目办、总监办提供工程所需的各项试验、抽检报告,作为项目办、总监办进行质量控制和评价的依据。

5. 业主代表组和现场检测组职责

由项目办按照上级主管单位的相关批复意见组建。业主代表组承担原监理单位的现场管理工作,强化现场工程质量、安全的监管工作,并具有质量、安全、环保等处罚权。现场检测组主要负责配合各业主代表组工作,负责原材料抽检、混合料和现场实体工程的抽检和试验资料整理工作。

五、兰州南绕城项目工作模式

(1)兰州南绕城项目自管模式是将原来传统的“业主”、招标进场的“监理”“中心试验室”“技术服务”各部门融合成业主,自主成立总监办,聘用具有相应资质和执行资格的人员,内部专业分工,一体化自主直管的总监办监管体系。覆盖传统模式的所有工作,并将其机构精简,形成更加专业、更加具体、更加高效的控制管理一体化工作模式。

(2)在总监办的统筹领导下,技术咨询服务中心、中心试验室和业主代表组协调工作,形成牢固的铁三角,共同建设绿色智慧新通途。具体工作模式如下:

①施工准备阶段。

a. 技术服务组进行工程控制目标相关咨询策划工作;

b. 业主代表组制定现场管理工作计划;

c. 中心试验室进行原材料优选;

d. 总监办组织三方对施工单位项目部、工地试验室和拌和站建设进行检查验收,并形成专项检查报告。

②施工实施阶段。

a. 中心试验室进行日常检测工作，数据共享；

b. 业主代表组依托智能信息化监控技术进行日常巡查，现场管理，发现问题，安排检测组进行抽检；

c. 技术咨询服务中心数据汇总，分析总结，召开讨论会，沟通存在的问题并商讨纠偏及整改措施，同时安排业主代表组督促落实；

d. 三方内部形成工作周报，总结阶段目标完成情况，分析遇到的问题及解决措施。编制月总结报告，上报总监办，全面汇报项目工程技术、质量、进度等方面工作情况，并拟定下月工作计划；

e. 根据项目特点及不同阶段，技术咨询服务中心组织相关科研创新工作，中心试验室负责进行试验检测验证工作，业主代表组负责落实相关工作。

③缺陷责任期阶段。

所有数据上传智能信息化监控平台留存，以技术咨询服务中心、中心试验室和业主代表组提供的数据及报告支撑，初步建立项目"健康档案"，提出该项目预防性养护的方案措施，并参与竣工验收前的路面养护工作，继续完善该项目的健康档案，有针对性地对公路进行养护。

第五节　兰州南绕城项目自管模式下的自控体系

一、项目目标体系

兰州南绕城项目自管模式下工程项目目标体系仍然是五大目标，即质量、安全、进度、费用和环境保护。但自管模式下，项目法人的质量、安全等目标管理任务更重，管理难度有所增加。

1. 质量目标

公路工程项目的质量目标是满足交通运输部发布的技术标准、施工规范和甘肃省交通运输厅的地方行业法规、制度以及设计文件等相关要求。

根据交通运输部颁布的《公路工程竣(交)工验收办法实施细则》交公路发〔2010〕65号和《公路工程质量鉴定办法》，公路工程应满足以下总体要求：路基整体稳定；路面无严重缺陷；桥梁、隧道等构造物结构安全稳定，混凝土强度、桩基检测、预应力构件的张拉应力、桥梁承载力等均符合设计要求。

2. 安全目标

公路工程项目管理工作应紧紧围绕"安全第一、预防为主、综合治理"的安全生产方针，落实"以人为本"的安全发展观，把"安全发展"的管理理念贯穿与项目建设安全生产管理工作的全过程。充分发挥参建单位安全生产主体责任，消除安全隐患，避免安全事故发生。

3. 进度目标

进度目标就是确保项目在合同规定的工期内完成合同规定的所有工作任务。具体而言，就是采用科学的方法进行有效控制使工程项目有节奏、均衡、连续、按计划进行，最终按合同规定的工期交付工程，防止工期的延误。

4. 费用目标

依据合同条件、工程量清单及其说明、技术规范和合同图纸、现场施工情况，对工程数量进行严格的计量，对工程费用和价格的变化进行科学评估，使最终支付的合同款额合理、准确，竣工决算控制在设计概算之内。由于公路建设项目建设成本较高，投资巨大，其费用目标不应只是避免超概算投资，更是为了实现资源的有效利用，所以其最终目标是以最合理的成本取得最佳的经济效益和社会效益，从而使投资者和社会实现双赢。

5. 环境保护目标

坚持"谁污染谁治理，谁开发谁保护"的原则，贯彻"预防为主、防治结合、综合治理"的原则，秉承

"原始的就是最美的,不破坏就是最好的保护;最大限度的保护,最小限度的破坏,最大限度的恢复"的理念,优化施工方案,减少对公路项目周边生态环境的破坏,如植被破坏、水土流失等。

二、项目组织体系

1. 传统模式下工程项目组织体系

在项目建设阶段,最核心的参建单位有项目建设管理法人(项目法人在建设阶段的表述)、勘察设计单位、施工单位和监理单位。项目内部参建单位之间的沟通和协作关系基于勘察设计、施工和监理合同而产生。在项目外部,还有建设主管部门、建设工程安全质量监督站、安全生产监督部门等机构、公众等,履行对工程项目实施的监督管理职责。项目内、外部的组织体系如图 8-3 所示。

在项目内部,项目法人、监理单位和施工单位之间形成施工管理的三方关系。监理单位协助项目法人对施工管理进行监督,尤其是在质量、安全、环保等监管方面承担主要工作。

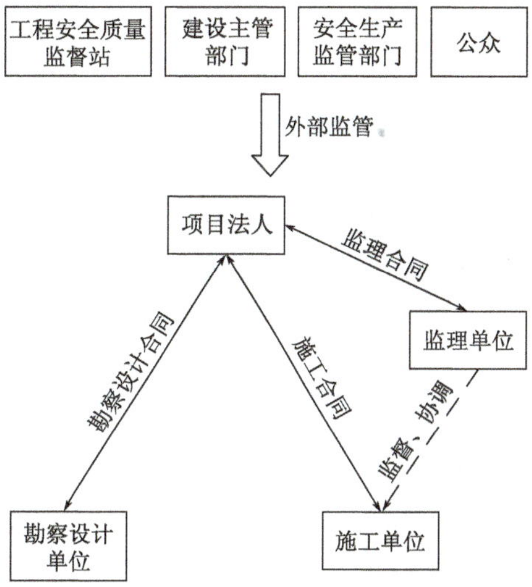

图 8-3　组织体系

2. 自管模式下工程项目组织体系

南绕城项目自管模式下,项目法人统一负责项目建设管理,自行承担监理职责,三方关系变为项目法人与施工单位两者之间的监管与被监管的关系。工程项目各方面管理的负责机构或部门需要做出相应调整,如表 8-1 所示。自管模式下项目办的组织结构和职责分配详见表 8-1。

自管模式下工程项目组织体系　　表 8-1

管理内容	管理机构	
	传统模式	自管模式
质量管理	驻地监理	业主代表组
	总监办	总监办
	项目法人质量管理部门	项目办质量管理科
安全管理	驻地监理	业主代表组
	总监办	总监办
	项目法人安全管理部门	项目办安全管理科
进度管理	以项目办管理为主	项目办工程技术科
费用管理	监理负责工程计量审核	总监办负责工程计量审核
	以项目办管理为主	项目办审核、付款
环保管理	驻地监理	业主代表组
	总监办	总监办
	项目法人环保管理部门	项目办工程技术科

三、项目管理内容体系

1. 南绕城项目管理内容体系总体结构

南绕城项目管理的内容体系包括施工准备期、施工期、交竣工与缺陷责任期三个阶段。施工准备期管理的主要工作为编制《项目自管模式管理办法》和履行监管审批职责。交竣工与缺陷责任期管理的主要工作为合同段交通验收管理、工程缺陷责任期管理和竣工验收管理。施工期管理的内容最多,主要包括质量管理、安全管理等七个方面。

2. 施工期管理

(1)质量管理。按照 PDCA 闭环来设置质量管理体系。首先做计划,即制定质量管理目标,明确项目参建各方职责划分,其次制定实施策略,即管理程序、措施和方法,再明确施工质量控制重点和要求,为检查和纠偏提供依据。

(2)安全管理。参照安全生产相关法律法规、国家及地方标准,设定安全管理目标,明确各方职责划分,开工前严格审查承包人的安全技术方案及专项施工方案,施工过程中保证安全生产费用专款专用,落实安全防护措施、安全隐患排查整改、安全技术交底等管理制度,完善安全管理体系,实现安全管理目标。

(3)进度管理。先制定进度管理目标,划分业主方、承包方管理职责,再明确进度管理流程,制定进度管理措施,尤其是激励措施,完善进度管理的其他事项,为进度控制、检查和纠偏提供依据。

(4)费用管理。先制定费用管理目标,划分各方管理职责。在费用管理职责中,重点对计量支付相关内容进行规定,包括计量支付的范围、原则、程序和要求。此外,明确交工结算、最终结清和材料价格调整的相关要求,作为费用控制的依据。

(5)环保管理。制定环境管理目标,明确划分工程技术处、现场管理处、环境监理单位及承包人在环保管理上的职责,另外,项目办可采用招标等方式选择监测单位,按相关法规规定进行施工期环境监测。

(6)资料管理。按照《公路工程监理规范》(JTG G10—2016)的有关规定及时做好监理资料的收集、编制、整理和归档工作,要做到分类有序、系统、完整、妥善存放和保管。

(7)廉政建设。通过调整政治监察工作人员配备数量、完善现场管理人员的廉洁从业职责以及加强对现场质量安全管理环节廉政风险点的监督,建立廉政风险防控体系等措施提高廉政建设水平。

四、项目管理方法体系

1. PDCA 管理闭环

PDCA 循环是一种科学的工作程序,其中:P 表示计划(Plan)、D 表示实施(Do)、C 表示检查(Check)、A 表示总结处理(Action)。PDCA 循环即是“计划—实施—检查—总结处理”工作循环的简称,如图 8-4 所示。

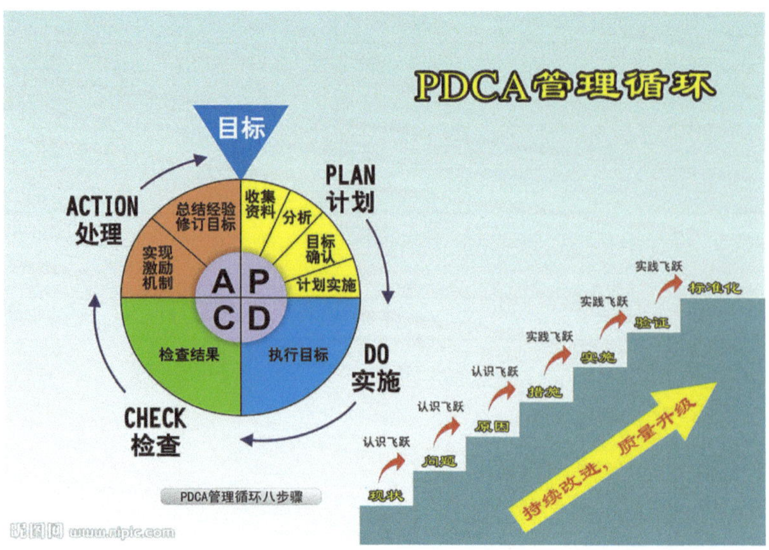

图 8-4 PDCA 循环

PDCA 管理循环有以下 3 个特点：

(1)周而复始、循环不停。PDCA 循环的四个阶段不是运行一次就完结，而是周而复始地进行。一个循环结束了，解决了一部分问题，可能还有问题没有解决，或者又出现了新的问题，再进入下一个 PDCA 循环去解决，依此类推。

(2)大环带小环，小环保大环，相互促进。比如，整个项目的管理工作就是一个大的 PDCA 循环，而分部分项工程的管理工作等就是小的 PDCA 循环，其中大循环是小循环的依据，小循环是大循环的贯彻落实和具体化，各循环相互协调、互相促进。

(3)循环前进、阶梯上升。PDCA 循环每循环一次，都会有所前进和提高，都能达到一个新的水平，在新的水平上再进行 PDCA 循环，便能达到更高的水平，犹如爬楼梯一样逐步上升。

依据 PDCA 循环原理，制定自管模式下项目目标动态控制流程图如图 8-5 所示。

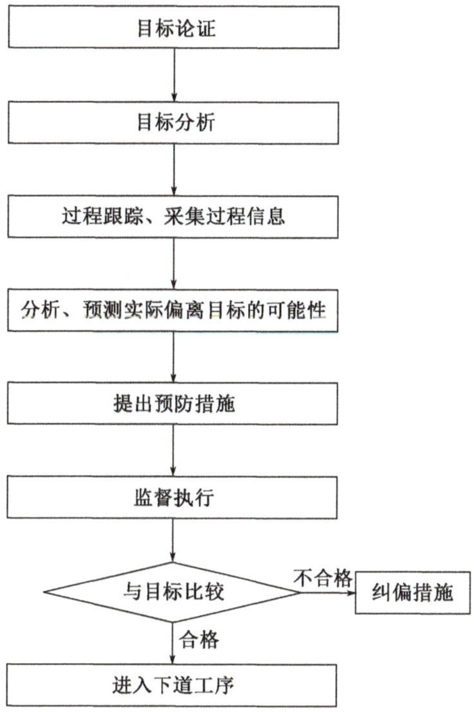

图 8-5　目标动态管理流程

2. 计划工作方法

首先要分清项目办、总监办、承包商职责。其次是制定相关方案，如对影响安全的重要工序和危险性较大的工程应编制专项施工方案，并附安全验算结果，报安全监管处进行审批。危险性较大的工程主要包括基坑支护与降水工程、土方开挖工程、模板工程、起重吊装工程、脚手架工程、拆除、爆破工程、国务院建设行政主管部门或其他有关部门规定的其他危险性较大的工程。

3. 实施控制方法

(1)建立工作流程。

(2)明确管理措施。如在质量管理中，应强化承包人质量、安全保证体系和自检体系的作用，要求承包人设立独立质检部门，项目办对承包人质量、安全保证体系和自检体系的运行状况实行分级评定、动态管理，评价结果和承包人企业信用评价挂钩，评级每个季度进行一次。

4. 现场检查方法

(1)巡视，指现场管理组人员对施工现场进行的经常性巡回检查活动。现场管理组人员每天对每道工序的巡视应不少于 1 次，对某些建设活动现场管理组人员还应重点巡视，如正在施工的分部、分项工程是否已批准开工，质量检测、安全管理人员是否按规定到岗等。

(2)旁站，指现场管理组人员对工程质量、安全、环保、进度实施的监督与管理活动。如现场管理组人员应对试验工程、重要隐蔽工程和完工后无法检测其质量或返工会造成较大损失的工程进行旁站。

(3)试验工程，指为确认施工方案、获取控制参数所进行的试验路段或工程部位。

(4)标准试验，指在工程开工前，为确认工程材料的最佳组合，建立施工控制和检验标准所进行的试验。

(5)抽检，指重点对施工过程中使用的主要原材料、各种混合料及已完工程实体质量进行抽检。如施工过程中使用的水泥、钢材、沥青、石灰、粉煤灰、砂砾、碎石等主要原材料及各种混合料应重点抽检。

(6)见证检测，指在现场管理组人员监督下，由施工单位有关人员现场取样，并送至具备相应资质的检测单位所进行的检测。如涉及结构安全的试块、试件以及有关材料，应按规定进行见证取样检测。

5. 偏差纠正方法

以进度管理为例，当进度计划与实际情况发生偏差，有以下常用纠偏措施：

(1)当出现偏差时,首先考虑改进施工方案,采用更合理更先进的施工技术方法进行纠偏。

(2)加大工程投入,调集备用的机械,材料供应商及劳动力队伍,以加大投入的方式加快进度。

(3)合理安排交叉轮班施工,采取夜间加班等,延长工作时间的方式进行纠偏。

(4)当周产生的偏差力争下周赶上,当月产生的偏差下月赶上,不能因忽视或其他原因造成偏差积累。

第六节　兰州南绕城项目自管模式实施

一、施工准备期管理

(1)总监办组织编制《项目自管模式管理办法》,明确项目办的工作目标,确定具体的项目管理工作制度、内容、程序、方法和措施,具体包括下列主要内容:

①工程概况。

②项目管理工作的依据、范围、内容和目标。

③项目办组织结构、人员设备及进退场计划、管理人员岗位职责。

④项目管理工作制度、程序及工作用表。

⑤工程质量、安全、环保、费用和进度等管理工作方案。

⑥巡视、旁站、抽检和验收等具体计划和要求。

⑦合同事项及信息管理工作方案。

⑧组织协调机制。

⑨管理设备、设施计划。

(2)《项目自管模式管理办法》由总监办组织编制,其余科室协助,并上报项目办审核批准。

(3)《项目自管模式管理办法》编制应在收到工程设计文件后开始,在召开第一次工地会议前完成。

(4)《项目自管模式管理办法》应满足项目特点和管理目标实现的要求,应具有很强的可操作性。

(5)在实施《项目自管模式管理办法》过程中,出现实际情况或条件发生变化而需要调整《项目自管模式管理办法》时,应由总监办上报至项目办,经项目办审批后实施。

(6)对专业性较强、危险性较大的分部分项工程,总监办应在施工前编制专项计划,报项目办备案,专项计划是《项目自管模式管理办法》的组成部分。专项计划应包括以下主要内容:

①专业工程特点。

②监管工作流程。

③监管工作要点。

④监管工作方法及措施。

二、质量管理

1. 参建单位主要职责

(1)各参建单位做到精心组织,科学管理,抓好工程质量,严格按规范及相关要求进行施工和监理。建立完善的质量管理和保障体系,坚持全面质量管理,确保工程质量。

(2)各参建单位必须建立健全质量保证体系,认真落实质量目标责任制,实行全过程、全方位的质量控制。

2. 总监办主要职责

(1)组织审查、负责审批施工单位总体实施性施工组织设计。

(2)负责设计文件审查及设计变更、专项施工方案、关键施工工艺的审定。

(3)制定月度、阶段检查考核方案并组织考核评比。

(4)完成本项目的技术总结。

3. 业主代表组主要职责

(1)负责审查施工单位提交的施工测量放线数据和成果。

(2)负责审查施工单位报审的原材料和混合料试验资料。

(3)在施工单位自检合格的基础上按规定进行抽检,并填写抽检记录。

(4)负责施工过程中的日常巡查工作,负责对施工单位施工现场质量安全进行监管,对施工单位报验的隐蔽工程进行检查验收、留存影像资料,未经验收或验收不合格的不得进行下一道工序施工。

(5)对施工单位外部材料,业主代表组应核查产品合格证明文件和施工单位自检报告,进厂后对关键项目进行抽检,验收合格后方可使用。

(6)业主代表组应及时对已完分部工程进行质量检测评定,及时组织对单位工程和合同段进行质量评定。

(7)在施工过程中,发现施工单位不符合法律法规、技术标准及施工合同约定的,业主代表组应要求施工单位改正。

(8)负责工程各类质量文件的收集、整理、登记与归档。

4. 施工单位主要职责

(1)严格遵守合同和项目自管模式管理办法要求,保证工程质量。

(2)建立完善的质量管理控制体系,各参建单位应当分解落实工程建设各岗位、各环节质量责任,明确质量责任人。

5. 质量保障措施包括以下主要内容

(1)施工单位质量保障措施

在分项工程或重要工序开始施工前,施工单位应由项目总工组织、现场管理组人员参加,对参与该项施工的有关人员进行三级技术交底,即技术交底到技术管理人员、作业班组和施工操作人员。

强化施工单位的质保体系和自检体系作用,杜绝施工单位以包代管现象。督促施工单位建立健全质量、安全保证体系,强化自检体系,做好开工准备、工程施工和工序交验的各项自检工作。

对于隐蔽工程、主要分项工程和重要工序,施工单位自检合格,报业主代表组,由业主代表组组织施工单位进行工序验收,并留存影像证明资料。验收不合格,不得进入下一道工序施工。

本项目实行首件工程示范制,每个施工合同段分项工程正式开工前,必须先做好首件实体工程,并以此作为同类分项工程的样板进行推广。对所有分项工程未经首件工程认可,不得进入批量生产。

(2)中心试验室质量保障措施。

中心试验室承担全线路面、交通安全设施和绿化工程原材料和实体工程质量检测,并建立起以试验检测为依托的技术服务模式,分析工程质量隐患,指导施工。

(3)业主代表组质量保障措施。

业主代表组应加强现场监管,采取以巡查检查为主的方式进行施工现场质量安全监管,通过日常巡查结合旁站、定期和不定期检查、试验检测、工序质量检查等监管方式,同时运用信息化管理、远程监控等技术手段强化现场监管,重点进行施工质量事中和事后控制。

(4)总监办质量保障措施。

总监办制定施工单位各类方案审批流程,并确定各级审批权限。对于一般工程专项施工方案,由业主代表组审核批准;对技术复杂、质量安全风险较高或采用四新技术的工程项目,则由总监办组织专项方案评审和论证,确保方案具有针对性、可行性和可操作性。

在项目实施期间,总监办设置举报专用电话和举报受理人,并对外公布。任何单位或个人都有权对工程施工过程中的质量问题进行举报和投诉。

三、进度管理

1. 进度计划编制依据

各标段合同协议、兰州南绕城高速公路建设项目自管模式管理办法、政府下达的计划目标。

2. 进度计划编制范围

各施工单位的合同工程施工范围。

3. 总体施工计划及关键项目的施工计划

采用横道图、形象进度图、网络图及对应工程量清单的每月计划完成的工程量、工作量；年度、季度施工计划可采用横道图、形象进度图及对应工程量清单的每月计划完成的工程量、工作量，或其调整情况来表示。

4. 计划内容

编报施工计划应有文字说明（统一使用 Word 编辑软件）和表格（统一使用 Excel 编辑软件）两部分组成。

5. 施工进度管理

采用项目办、总监办、业主代表组和施工单位四级管理体系。

6. 总监办进度管理职责

总监办负责对全线重要节点、重点工程进行管控，采用目标管理模式，将项目工期目标分解到各个业主代表组和各施工单位。对施工单位上报的总体进度计划、年度计划、阶段计划、月度计划进行审查后报项目办。

7. 业主代表组进度管理职责

（1）业主代表组是本项目施工计划、工程进度及统计的主管部门，负责现场管理。

（2）业主代表组根据项目办下发的总体及年度工程进度计划，要求施工单位编制总体、年度、季度、月度施工计划，并督促落实。

（3）业主代表组督促施工单位落实未完成计划所需的资源配置，审核各施工单位上报的统计报表，并按时报送总监办。

8. 各施工单位依据下发的总体及年度工程进度计划，编制详细的、可实施的施工计划，落实为相关资源配置，按时向业主代表组整理上报统计报表。

9. 因不可抗力等特殊原因需要调整总体施工计划、年度施工计划及重要节点（控制性工程各节点）的，各施工单位须及时上报调整计划理由和调整计划建议的文件，总监办审定后将调整计划下达给施工单位。

10. 总体施工计划管理

总体施工计划依据兰州南绕城高速公路建设项目管理办法执行。

11. 阶段性进度计划管理

（1）阶段性进度计划的编制。

年度计划为目标性计划，季度计划为调整性计划，月度计划为实施性计划。年度计划依据已批准的合同段总体进度计划及项目办总体年度计划进行编制；季度进度计划依据已批准的年度计划及计划实施情况进行编制；月度计划依据已批准的年度计划及现场施工条件进行编制，其主要内容应包括：

①阶段总体安排；

②影响进度的难点工程、关键性工程分析及相应的保证措施；

③施工队伍、主要施工机械设备的数量及调配情况；

④各种材料的落实情况；

⑤质量、安全、环保、水保等方面的落实情况；

⑥计划完成的工程形象和投资；

⑦存在的问题及建议；

⑧阶段性进度计划的上报。

(2)根据批准的总体进度计划执行情况及本年度计划执行情况，施工单位在接到中标通知书后28天内编制上报本年度进度计划；在每年11月底编制上报下一年度进度计划。根据批准的年度进度计划，施工单位按季度上报季度计划；在每月25日前，上报下月的月进度计划。

(3)业主代表组应在每季度末对本季度实际完成情况和计划进度进行对比检查(每月末对本月实际完成情况与本月计划进度进行对比检查)。对施工单位提交的进度计划进行审查，对存在的问题提出具体的审查意见，并交由施工单位修改完善。

(4)业主代表组对月进度计划进行审查并提出意见，由业主代表组组织施工单位对计划的可行性进行论证后批复。

12. 工程进度管理

(1)总监办下达总体施工计划及节点工期，业主代表组组织有经验的工程师对计划进行分析、评估，审批施工单位实施性施工计划，督促施工单位做好工、料、机的配备，在保证安全、质量前提下按计划实施。业主代表组需对计划的实施有预见性，并负责分析实际进度与计划进度的差异以及节点工期与实际完成情况的差异，督促施工单位分析原因，总结经验，及时做好纠偏措施，并相应上报给总监办，必要时组织召开专题会议。

(2)各施工单位严格按审批后的施工计划，确保生产所需的投入，保证进度按计划执行。如因施工单位原因，导致进度不能满足计划要求，各施工单位有责任加大投入，采取有效措施，积极对计划进行纠偏。

13. 进度计划的检查

(1)总监办进度计划检查。

①总监办执行项目办关于兰州南绕城高速公路建设项目管理办法。

②总监办每月组织有关人员对各施工单位工程进展情况进行定期或不定期检查。

③对照月计划，检查完成计划情况。

④检查各施工单位的人员、机械设备进场情况，是否满足进度计划要求。

(2)业主代表组每月工程进度检查。

业主代表组应根据各施工单位施工进度情况，分析并整理后，每月向总监办提交一份月工程进度报告，应包括以下主要内容：

①应以记事方式对进度计划执行情况提出分析；

②应以分部工程为单位，编制出工程进度累计曲线和完成投资额的进度累计曲线；

③应提供关键线路上的一些主要工程的施工活动和进展情况的图片；

④其他特殊情况：应主要记述影响工程进度或造成延误的因素及解决措施。

四、费用管理

1. 控制设计概算

依据合同条件、工程量清单及其说明、技术规范和合同图纸、现场施工情况，对工程数量进行严格的计量，对工程费用和价格的变化进行科学评估，使最终支付的合同款额合理、准确，竣工决算控制在设计概算之内。

2. 工程计量支付

工程计量支付应按合同文件的约定进行，要坚持“客观公正，实事求是，符合规定”的原则，参与工程计量支付的人员应本着认真负责的态度，实事求是、严格控制、严格管理；各施工单位、各部门认真把好工程数量审核关，严格控制工程费用。

3. 计量支付控制

计量支付应控制在工程量清单及修订的工程量清单内容、合同文件规定的其他支付费用和完成变更程序及批复的设计变更费用内。

4. 参建单位费用管理职责

(1)各参建单位须建立完善的计量台账，并按月上报业主代表组审核。

(2)施工单位须在每项工程开工前及在施工过程中，应认真调查、测量、计算、复核及按程序上报进行审批，以审批后的数量作为建立计量台账和计量支付的依据。

5. 业主代表组费用管理职责

(1)组织对施工单位计量现场核验工作，建立核验和计量台账。

(2)审查各参建单位的计量资料和中间计量单，签发计量证书和支付证书。

(3)审查各参建单位上报的计量资料。

五、安全管理

1. 安全生产动态管理

本项目执行安全生产动态管理，项目中各生产施工部门、个人等安全生产管理人员履行安全生产责任情况，以检查评比、督办落实、量化打分的形式进行动态监督和检查，并根据累计评比和分值情况，进行奖惩处理。

2. 参建单位职责

各参建单位牢固树立"安全第一、预防为主、综合治理"的思想，坚持"谁主管，谁负责，管生产必须管安全"的原则，安全生产工作实行统一管理，分级负责，加强对安全生产工作的领导，采取多种形式加大对有关安全生产的法律、法规、规章和安全生产知识的宣传教育。

3. 相关责任单位职责

各施工单位将施工生产与安全工作同时计划、部署、检查、总结和评比，各相关责任单位应严格履行安全生产职责，思想端正，责任明确，制度落实，纪律严明，措施得当，确保施工顺利进行。

4. 坚持实行安全生产事故责任追究制度

依照有关法律、法规和规章制度，对在施工管理过程中出现的各类责任事故的单位和个人，将进行处罚；违反法律的，依法追究事故责任。

5. 总监办安全管理

(1)认真贯彻执行国家有关安全生产的方针、政策、法律、法规及上级部门有关文件精神。

(2)参加安全生产会议，配合项目办做好相关工作。

6. 业主代表组安全管理

(1)认真贯彻执行国家安全生产法律、法规、技术标准和政策，制定安全生产管理整体规划和年度计划，并督促检查各施工单位并予以落实。

(2)负责项目安全生产的监督管理工作。监督参建单位建立健全安全生产保障体系、制定完善安全生产管理制度、落实安全生产主体责任。

(3)对施工现场的日常安全巡查和监督，及时查处各类安全隐患，并向总监办报告。

(4)审查施工组织设计中的安全技术措施或专项施工方案，核验施工现场机械设备，进行进场检查验收和记录。对危险性较大的工程进行旁站。

(5)积极参与项目办组织的安全活动，督促"平安工地"创建及安全生产标准化建设。

(6)监督施工单位做好安全管理人员岗前培训、安全宣传教育工作。

(7)对所监督标段内发生的安全事故,及时报告项目办。

(8)业主代表组应由专人负责建立安全监理台账,及时记录安全专项检查和巡视、旁站中设计施工安全监管的情况、存在的问题、监理指令及施工单位处理情况等。

7. 安全管理措施

(1)安全生产会议必须每月召开一次,同时根据项目实施过程中安全生产的重点工作和交通运输部、省交通运输厅、公航旅集团和路桥投资公司关于安全工作的重点要求,项目办需决定召开安全生产专题会议。

(2)各参建单位每月召开一次安全生产专题例会,并邀请业主代表组参加会议。同时根据生产进度、专项工程等实际情况适时召开安全生产会议。

(3)业主代表组应建立施工安全监理台账。应将每次巡视、旁站、检查中,发现的涉及施工安全的情况、存在的问题、发出的指令以及施工单位处理的措施和结果及时录入台账。

(4)施工安全技术交底要求主要包括下列内容:

①项目三级安全生产技术交底应逐级进行;纵向从项目部到施工处到班组最终到施工人员;横向从项目部到各施工处、到各班组都应按工程进度进行动态的、详细的安全生产技术交底;

②无论哪一级安全生产技术交底,必须将安全生产技术交底内容交至每个施工人员,且交底内容必须具体、明确、有针对性;

③安全生产技术交底应优先采用新的安全生产技术措施;

④两个以上劳务队、班组或多个工种同在一个区进行交叉作业,应重新进行交叉作业的安全生产技术交底;

⑤安全生产技术交底是个动态管理过程,应随着施工进度和作业环境、危险情况的变化及时进行新的安全生产技术交底;

⑥各施工处在进行班组安全生产技术交底时,因被交底人受文化水平较低,工种变化频繁等诸多因素的限制,要求项目技术负责人、施工处处长、技术人员应将交底内容具体化,一定要让被交底人理解透彻;

⑦专职安全员应负责安全生产技术交底的监督工作;

⑧安全生产技术交底书一式三份,交底人一份存查,被交底人一份用于指导、实施施工作业,监交人一份存档备查,三方应在技术交底书上签名;

⑨各级安全生产技术交底工作应本着“谁交底,谁负责”“有检查,有监督”的原则,加大安全生产技术交底落实力度;

⑩项目安全处应及时将三级安全生产技术交底书按编号,交给各级技术人员,并将用后的安全生产技术交底书存根及时收回归档;

⑪被交底人有权拒绝没有安全生产技术交底的施工作业。

8. 安全生产报告

(1)施工前各施工单位提交安全生产报告,业户代表组审核并上报项目办。

(2)安全生产报告包括危险源鉴别、安全保证措施、应急预案等。

(3)施工过程中各施工单位提交安全施工检查报告。

(4)施工过程中若发生事故,施工单位应提交事故分析报告。报告应包括事故发生单位、事故发生的时间、地点以及事故现场情况、事故的简要经过、事故已经造成或者可能造成的伤亡人数和初步估计的直接经济损失、已经采取的措施、其他应当报告的情况。

六、环保管理

1. 参建单位

各参建单位应充分认识到环境保护的重要性,切实处理好工程建设与生态保护的关系。

2. 施工单位

施工单位应遵守国家和地方有关于控制环境污染、保持水土流失的法律和法规,施工过程中采取必要的措施防止施工中的燃料、油、沥青、化学物质、污水、废料和垃圾以及土石等有害物质对河流、湖泊、池塘和水库的污染。防止扬尘及其他有害物质对大气的污染，并且应采取科学、规范的施工方法，把施工对环境、邻近单位和居民生活的影响减少到最低程度。

3. 限定作业时间

在市区和靠近学校、医院及居民住宅区的地方，施工单位应按限定的作业时间施工，防止噪声污染。

4. 总监办和业主代表

总监办和业主代表组应经常性巡视工地，发现问题立即制止，对存在的隐患应预先采取措施，对于不听劝阻或造成污染、影响极坏的施工单位，除按有关要求负责污染治理、消除影响外，根据影响程度，将给予经济处罚。

5. 环保管理职责

(1)总监办环保管理主要包括下列主要内容：

①审查施工组织设计是否按工程设计文件和环境影响评价文件的有关要求制定了防止、减少环境污染和生态破坏等环保措施，审核合格后方可批准工程开工；

②在巡视检查，如发现施工单位环保措施未落实，要求施工单位整改；

③建立健全环保档案，做好环境保护验收工作。

(2)业主代表组环保管理包括下列主要内容：

①审查各分项开工报告是否制定了防止、减少环境污染和生态破坏等环保措施，审核合格后报总监办审批；

②在日常巡视、旁站时，检查和督促施工单位环境保护保证体系的建立与实施；

③建立健全环保档案，协助做好环境保护验收工作。

(3)参建单位环保管理包括下列主要内容：

①加强对进场人员的环保宣传和教育，提高全员环保的意识，增强法制观念；

②施工单位须严格按照批准的施工组织设计、施工方案组织施工，将环保措施落实到施工全过程；

③施工单位负责做好环保措施实施记录、工作总结及文档管理；

④中心试验室须严格按照相关环保生产要求，将环保措施落实到生产全过程。

6. 环保管理措施

参照执行兰南绕城高速公路建设项目管理办法。

七、资料管理

1. 监理资料存放和保管

监理办、业主代表组和业主检测组应按照《公路工程监理规范》(JTG G10—2016)的有关规定及时做好监理资料的收集、编制、整理和归档工作，要做到分类有序、系统、完整、妥善存放和保管。

2. 明确责任

参建单位应专门设立资料管理部门，明确档案管理责任部门和责任人，完成项目档案管理、归档和验收工作。

3. 资料完整闭合

各参建单位保证资料完整闭合。

4. 业主代表组资料

完善业主代表组各类资料的收集、整理工作。

5. 资料管理组织机构职责

(1)总监办资料管理职责主要包括下列内容：

负责公路建设项目文件材料，督促管理各参建单位项目文件材料收集归档工作。

(2)业主代表组资料管理主要包括下列内容:

①负责对施工单位竣工文件材料形成、收集和整理归档工作进行监督、检查,在交工验收前向总监办提交项目档案质量审核意见;

②监督各施工单位工程建设资料同步收集、同步整理、同步归档,保证项目文件材料收集、立卷、归档的及时、准确、完整、系统和安全。

(3)参建单位资料管理职责主要包括下列内容:

①配备具有相关工程专业知识、能够适应项目文件材料立卷归档工作需要的专职档案管理人员,并保持其稳定性;

②明确本单位有关岗位和人员在项目文件材料收集归档工作中的职责和要求,并纳入日常管理工作中,工程项目文件材料立卷归档工作应与工程建设同步进行;

③配合总监办和业主代表组做好资料检查工作。

(4)文件档案资料管理措施主要包括下列内容:

总监办每月对施工单位资料进行检查,对照预立卷标准,对各归档单位的档案工作进行全面检查并形成检查意见。督促档案管理工作,确保工程档案资料与工程同步进行。

八、廉政建设

(1)项目办设立纪检监察科,纪检监察科在项目办党委的领导下,负责项目建设的纪检监察、党风廉政、思想政治、宣传教育工作;对项目办党委负责并报告工作。

(2)项目办建立健全党风廉政建设工作、干部作风整治工作、风险岗位廉能管理工作、工程领域专项治理工作组织机构,并督促各参建单位成立、完善相应的机构。

(3)为确保组织廉政、人员廉政,项目办及各参建单位从领导到基层管理人员各个层次建立廉政制度。

(4)项目办纪检监察科把廉政教育的工作重点下移至各业主代表组,认真落实"把纪律挺在前面"试行工作要求,经常深入各业主代表组和各合同标段对纪律执行情况进行明察暗访,及时纠正苗头性、倾向性问题和违规违纪问题。

九、交竣工与缺陷责任期管理

在承包人将要完成施工任务前,应通过严谨、规范的交工、竣工验收等程序,确保工程质量合格、文档资料齐全,为后缺陷责任期和使用期的维护管理提供良好条件。

1. 合同段交工验收管理

(1)交工验收的条件。

交工验收工作按合同段进行,由项目办负责,并应具备以下条件:

①合同约定的各项内容已全部完成,各方就合同变更的内容达成书面一致意见;

②承包人按《公路工程质量检验评定标准》及相关规定对工程质量自检合格;

③项目办(质量管理处和现场管理处)对工程质量评定合格;

④质量监督机构已对工程质量进行检测,并出具检测意见。检测意见中需整改的问题已经处理完毕;

⑤竣工文件已按工程档案管理的相关要求完成收集、整理及归档工作;

⑥承包人和现场管理处已完成本合同段的工作总结报告。

(2)交工验收程序。

①成立交工验收委员会;

②承包人提出《合同段交工验收申请》,报现场管理处审查;

③现场管理处根据工程实际、抽检资料,对承包人交工验收申请及其所附资料进行审查,并进行交工初验,同意后报项目办,同时向项目办提交独立抽检、质量评定资料和工作总结报告;

④项目办质量管理处组织参建单位检查合同执行情况,依据《公路工程质量检验评定标准　土建

工程》(JTG F80/1—2017)对工程质量进行评定;

⑤设计单位根据施工设计图核查、确认工程建设规模、技术标准是否与批准的设计文件(含变更设计)一致,向项目办出具检查结论;

⑥项目办向质量监督机构提出交工检测申请,质量监督机构在20日内对工程质量进行交工检测,向项目法人出具质量检测意见,明确工程质量是否合格;

⑦通过交工验收的合同段,项目办在10日内颁发“公路工程交工验收证书”。

(3)交工初验。

合同段工程初验由现场管理处负责组织。现场管理处在收到承包人合同段交工验收申请意向书7天内组织对合同段工程的初步检查,并通知相关承包人派人参加。初验检查工作结束后,由现场管理处完成初验报告并报项目办。

如果现场管理处认为交工验收条件尚不具备,则由现场管理处书面通知承包人抓紧完成上述工作,直至合同段交工验收条件成熟后,承包人再提出正式交工申请报告。

(4)交工验收质量等级评定。

①交工验收工程质量等级评定分为合格和不合格,工程质量评分值大于等于80分为合格,小于80分为不合格;

②合同段工程质量评分采用所含各单位工程质量评分的算术平均值。即:合同段工程质量评分值 = $\sum$单位工程质量评分值/$\sum$单位工程数量;

③工程项目质量评分采用各合同段工程质量评分的算术平均值。即:工程项目质量评分值 = $\sum$合同段工程质量评分值/$\sum$合同段数量;

④交工验收委员会依据上述工程内业资料、工程外观质量情况和实测检查项目,确定工程得分及等级。

(5)不能通过交工验收的情形。

①工程项目没有全部完成;

②安全评价不合格;

③质量监督机构提出的质量缺陷未全部整改完成,或作出了质量不合格的质量检测结论;

④运营服务设施功能不完备。

(6)例外事项的处理。

如经交工检验认为工程质量虽合格,同意验收,但某些工程影响使用尚需整修和完善,且不同于缺陷责任期内的缺陷修复,则应缓发合同段交工证书,要求承包人限期整修,待整修和完善工作完成后,经项目办复查认可达到质量要求并报请项目建设管理法人审批后,再发给合同段工程交工证书。

如经交工验收认为个别项目工程质量达不到合格标准,则项目办应根据验收委员会的意见,在验收工作完毕后7天内向承包人发出指令,要求承包人对不合格工程认真返工重做或补救处理。承包人在完成上述不合格工程的返工与补救工作后,应重新提出交工验收申请,经验收委员会复验认为达到合格标准后才发给合同段交工证书。

(7)工程移交。

合同段工程交工证书签发后即移交接养单位管养,工程即进入缺陷责任期。当项目开工的所有合同段完成工程交工验收以后,即项目完成交工验收,工程才可投入使用。

在缺陷责任期内工程的修复属施工、设计、质量缺陷及自然灾害引起的仍由项目办负责,属由于正常使用过程中引起损坏的由接养单位负责。当项目完成交工验收以后,根据工程现场情况可与接养单位分期办理工程资料、设备、设施及控制点等移交手续;当缺陷责任期终止证书签发以后,可与接养单位办理工程实体移交手续。

(8)交工验收工作流程图(图8-6)。

2. 工程缺陷责任期

合同段工程自交工日期之日(此日期一般应为承包人提出交工申请报告的日期)起,工程即进入缺陷责任期。

在缺陷责任期内工程的修复属施工、设计、质量缺陷及自然灾害引起的仍由项目办负责，属由于正常使用过程中引起损坏的由接养单位负责。

(1)工程缺陷检查和修复。

①缺陷的检查。

在缺陷责任期内，项目办一方面应对所辖合同段的工程进行缺陷、病害或其他不合格之处的检查；另一方面，对于使用方在正常养护过程中提出的有关问题，也应认真调查。

检查和调查工作结束后由项目办提交缺陷调查情况报告，必要时由项目办负责完成处理方案的拟订。

②缺陷修复的方式。

如果缺陷调查报告认为是属于原承包人施工不当所造成，则由项目办签发缺陷整治通知单书面通知承包人按批准的处理方案在规定的时限内进行修复，费用由原承包人承担；如果承包人未在规定的时间内进场修复，则项目办有权另行安排其他的承包人进场修复，发生的费用从承包人工程保留金中扣回；如果缺陷调查报告认为不属于原承包人的责任，则项目办在报项目建设管理法人审批后另行安排承包人(或原承包人)施工，并支付相应的工程费用。

③缺陷的修复。

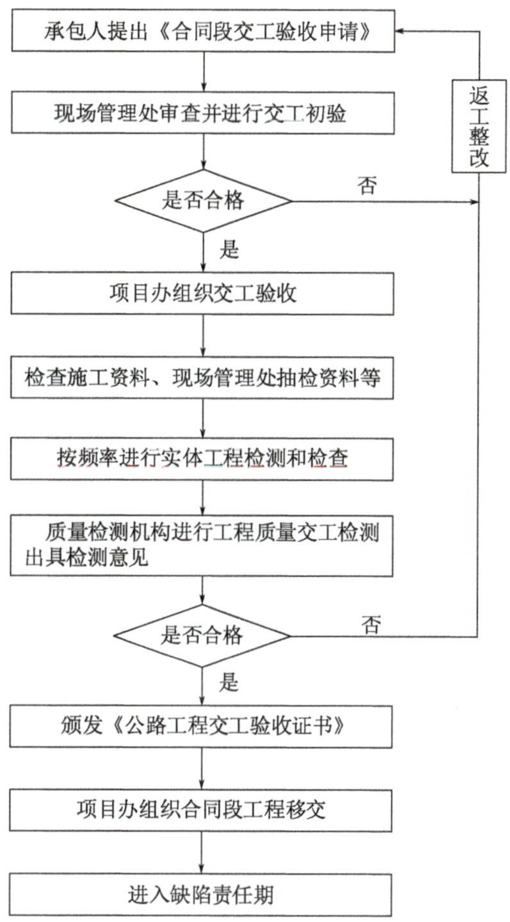

图 8-6　交工验收工作流程

承包人在收到缺陷整治通知单后应在缺陷整治通知单规定的时间内上报修复工程进度计划安排，组织足够的人力、机械进场施工，并按规定的时间完成。

缺陷修复完成后应由承包人填写工程缺陷验收单，项目办进行检查、确认。

(2)签发缺陷责任终止证书。

①缺陷责任终止申请。

缺陷责任期即将结束之前，承包人应事先进行合同范围内工程缺陷的调查，如发现有因承包人施工质量问题导致的缺陷，承包人应自费进行修复。承包人在确认没有质量缺陷以及完成剩余工作后，及时向项目办提出缺陷责任期终止申请报告，报告附件中包括缺陷修复一览表、剩余工程完成情况一览表以及合同段工程交工证书、合同段工程交工验收评估报告等。

②缺陷责任检查。

项目办在收到承包人缺陷责任期终止申请报告后，在开展检查工作之前，成立缺陷责任期终止验收工作小组。

③检查结果评估。

在收到承包人缺陷责任期终止申请报告后，工作小组在 3 天内按上述要求正式开展检查，并完成上述工作。工作小组完成工作后，要提交缺陷责任期终止评估报告及缺陷修复扣款一览表。

(3)缺陷责任终止证书签发。

缺陷责任终止证书由承包人填写，由项目办审查确认，最后由项目建设管理法人签发。如经检查，施工现场仍存在施工缺陷影响缺陷责任期终止，则工作小组应下发缺陷责任延期通知单。待缺陷工程全部修复完成后，由承包人再次提出验收申请。

(4)工程缺陷责任管理流程图(图 8-7)。

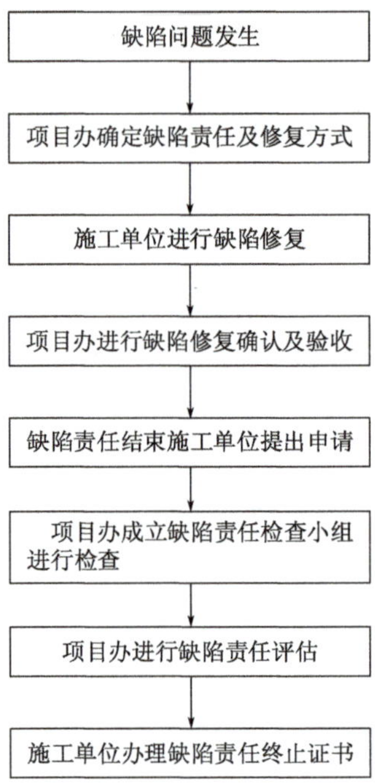

图 8-7　工程缺陷责任管理流程

3. 项目竣工验收管理

(1)公路工程竣工验收应具备以下条件：

①通车试运营 2 年以上；

②交工验收提出的工程质量缺陷等遗留问题已全部处理完毕，并经项目法人验收合格；

③工程决算编制完成，竣工决算已经审计，并经交通运输主管部门或其授权单位认定；

④竣工文件已完成公路工程项目文件归档范围的全部内容；

⑤档案、环保等单项验收合格，土地使用手续已办理；

⑥各参建单位完成工作总结报告；

⑦质量监督机构对工程质量检测鉴定合格，并形成工程质量鉴定报告。

(2)竣工验收准备工作程序。

①公路工程符合竣工验收条件后，项目办按照公路工程管理权限向相关负责竣工验收的交通运输主管部门提出验收申请，其主要内容包括：

a. 交工验收报告。

b. 项目执行报告、设计工作报告、施工总结报告和项目管理工作报告。

c. 项目基本建设程序的有关批复文件。

d. 档案、环保等单项验收意见。

e. 土地使用证或建设用地批复文件。

f. 竣工决算的核备意见、审计报告及认定意见。

②以上文件齐全且符合条件的项目，由负责竣工验收的交通运输主管部门通知所属的质量监督机构开展质量鉴定工作；

③质量监督机构按要求完成质量鉴定工作，出具工程质量鉴定报告，并审核交工验收对设计、施工、项目管理初步评价结果，报送交通运输主管部门；

④工程质量鉴定等级为合格及以上的项目，负责竣工验收的交通运输主管部门组织竣工验收。

(3)竣工验收工作程序。

①成立竣工验收委员会；

②听取公路工程项目执行报告、设计工作报告、施工总结报告、项目管理工作报告及接管养护单位项目使用情况报告；

③听取公路工程质量监督报告及工程质量鉴定报告；

④竣工验收委员会成立专业检查组检查工程实体质量，审阅有关资料，形成书面检查意见；

⑤对项目法人建设管理工作进行综合评价。审定交工验收对设计单位、施工单位、项目办的初步评价；

⑥对工程质量进行评分，确定工程质量等级，并综合评价建设项目；

⑦形成并通过《公路工程竣工验收鉴定书》；

⑧负责竣工验收的交通运输主管部门印发《公路工程竣工验收鉴定书》；

⑨质量监督机构依据竣工验收结论，对各参建单位签发“公路工程参建单位工作综合评价等级证书”。

竣工验收工作流程图如图 8-8 所示。

(4)竣工验收质量等级评定。

竣工验收工程质量评分采取加权平均法计算，其中交工验收工程质量得分权值为 0.2，质量监督机构工程质量鉴定得分权值为 0.6，竣工验收委员会对工程质量的评分权值为 0.2。工程质量评分大于等于 90 分为优良，小于 90 分且大于等于 75 分为合格，小于 75 分为不合格。

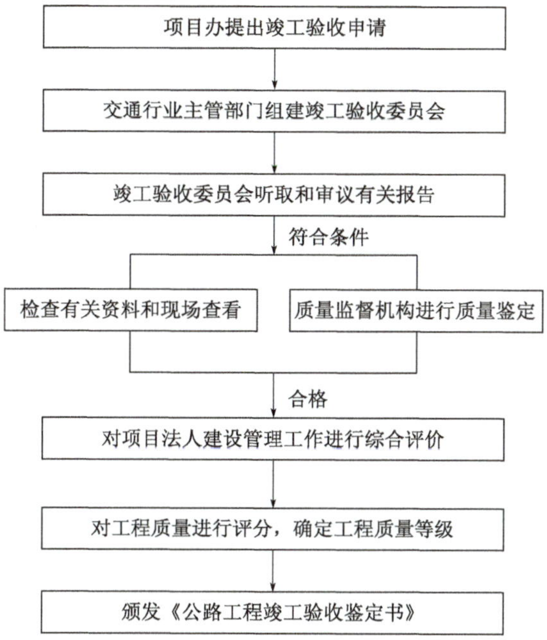

图 8-8　竣工验收工作流

十、兰州南绕城项目自管模式成效评价

兰州南绕城高速建设项目自开始以来，受到甘肃省内外交通系统的广泛关注，更是得到公航旅集团的大力支持，项目通过自管模式的实施，建立了高效项目一体化管理体系，明确了项目建设管理法人的职责和责任，完成关键项目建设和施工监理工作。结合兰州南绕城高速公路实际情况，引进了科研、技术咨询单位，开展依托试验检测的技术咨询、专项监理等高端咨询服务，保障工程质量和技术人员素质。在自管模式的实施中，表现出了较为明显的项目管理优势，但也存在一些问题。

1. 减少管理层级，优化管理机构，切实提高管理效率

兰州南绕城项目自管模式取消了社会监理，设立了现场业主代表组，优化了管理机构，由总监办和业主代表组直接对施工单位进行管理，将传统模式中的三级管理变为二级管理，减少了一个中间环节、使工程项目结构更加扁平化，切实做到了运转高效、监管有序。如：在传统模式中，设计变更程序需经过监理一级，而在自管模式中设计变更的申请、批复不需经过监理一级，简化了审批流程，缩短了审批周期，有效提升了审批效率。

2. 夯实建设单位管理责任

兰州南绕城项目自管模式将监理职责纳入建设单位，由建设单位承担建设管理和监理责任，职责清晰，责权明确，从而避免了传统模式中建设单位与监理单位职责交叉、责权不清晰等问题，强化了建设单位管理责任制。

南绕城项目实行工程质量责任卡制度，将工程建设的管理责任层层分解、落实到人，进一步强化了终身责任追究制度，确保了实体工程质量和安全可控。

3. 增强建设单位对施工现场进度和质量的控制

（1）项目办、总监办、业主代表组领导班子成员下沉一线，靠前管理，强化对项目建设的动态管理。业主代表组作为总监办的分支机构，承担了原驻地办的部分职责。由总监办成员担任业主代表组组长，能够坚决执行项目办和总监办的相关政策，严格落实上级领导的相关要求，执行力强，工作效率高。领导班子成员与施工单位直接对接，对项目建设实行动态管理，及时发现并解决建设过程中的进度、质量问题，加快了施工进度，提升了实体工程质量，品示出自管模式的绝对优势。

（2）总监办委派人员承担现场监理工程师职责，责任心强，对施工现场标准高，要求严。每个施工标段至少分配一名总监办委派人员，具体负责施工现场的监理工作，这些人员能够切实扑下身子，深入现场，重细节管理，抓精细化施工，对关键工序、重要部位、隐蔽工程执行现场报检和巡查制度，保证了每一道工序，每一个环节都处于受控状态。

（3）成立质量巡查小组，加强现场巡查力度，及时消除质量隐患。业主代表组专门成立了以工作组组长为首的质量巡查小组，每日对工作组所属施工单位质量管理情况、施工单位自检体系运转情况进行检查，并不定时对夜间施工现场进行夜查对发现的问题，实行建档销号制度，落实整改责任人，限期整改，完成一项，消除一项，确保将质量隐患彻底消除。

4. 降低业主项目管理成本

相比于传统模式，自管模式省去了传统模式下监理单位招标费用，精简了人员，且不再单独设立监理试验室，改由中心试验室承担检测任务，大大减少业主的建设管理费用，有效节省了管理成本。

5. 聘请监理人员定位清晰，职责分明

在兰州南绕城项目自管模式中，总监办与聘请监理人员签订合同，监理人员不再是业主雇员，也不是提供技术咨询服务的第三方，更不是监工人员，而是以业主的身份与总监办委派人员共同承担施工现场的管理和监理工作。在人员管理上，管理处实行按岗定责、按岗聘用原则，聘请监理人员岗位职责明确，定位清晰，地位也有了一定的提高，增强了工作责任心，能够更好地履行监理和监督职责，提高了工作效率。

6. 聘请监理人员待遇得到提高，强化了廉政建设

传统的管理模式中，现场监理工程师的监管责任重，工作强度大，而待遇比较低，容易滋生腐败，监理工作的公正性、严肃性就会大打折扣。南绕城项目提升外聘监理人员的待遇，保障了待遇公平，极大调动了监理人员的工作积极性，提高了工作效率，并从根本上消除了腐败的可能性，有效地加强了廉政建设，保障了监理工作的严肃性。

7. 优化监理工作内容和方式，精简监理内业资料

(1)优化监理工作内容，减轻监理工作任务。在兰州南绕城项目自管模式中，业主代表组现场工程师的监理工作由传统模式以旁站、巡查为重点，调整为对关键工程、隐蔽工程采用旁站，对一般工程以巡查为主，优化了监理工作内容，减轻了现场监理任务。

(2)取消监理抽检项目，监理工作的重心转移到施工现场管理。自管模式下，由于监理不再设置单独试验室，取消监理抽检项目，监理工程师的工作重心转移到施工现场，有效地加强了现场监督和管理工作。

8. 培养综合性项目管理人才，提升建设单位管理水平

兰州南绕城项目自管模式下，总监办和业主代表组人员承担了业主和监理的双重职责。作为业主，总监办和业主代表组人员学习计量变更、统计、下达产值和形象任务、制定质量控制文件等业务，进而对整个项目的进度、质量、安全等进行宏观控制。作为现场监理工程师，总监办和业主代表组人员就要不断学习施工图纸和技术规范。提升自身的能力和专业水平，及时的发现和解决现场存在的问题，进而强化对施工现场的控制。

南绕城项目自管模式极大地锻炼了总监办和业主代表组人员的能力，提升了管理人员的管理能力和专业水平，帮助建设单位培养了一批综合性管理人才，有力地提升了建设单位的管理水平。

9. 能够与后续运营有效结合

项目办委派人员下到一线深入现场，全程参与建设过程，能够深入了解工程状况，工程完工投入使用后可以帮助运营单位快进细致的了解工程情况。进而提高运营效事自管模式强化了高速公路“建管养”一体化管理的需要，实现工程建设和养护的无缝衔接。

十一、建议及总结

1. 建议

(1)实行自管模式时建设单位要结合工程造价、工程规模、建设工期等实际情况，来确定项目执行机构的管理人员数量。

(2)自管模式极大地发挥了业主的权限和能力，但对管理人员的专业能力要求较高，应针对性地进行培训和学习。

(3)梳理管理流程，根据自管模式特点制定岗位职责，而非沿用传统模式。

(4)在项目管理手册、管理办法及实施细则中，对项目管理的细节进行要求和把控，将细节当成控制点来抓，不能只抓大放小，否则无法做到“优质工程”。

(5)项目管理应是基于合同的管理，排除诸多外界因素，站在公平、公正、合法、合规的立场上进行项目管理。

(6)加强第三方检测、咨询等单位的管理。在招投标阶段将相应的条款制定清楚,才能在项目建设期起到“帮手”的作用。

(7)总结项目自管模式的经验,形成一套可复制、可推广的自管模式实施方案和自管模式项目管理办法。

2. 总结

兰州南绕城项目自管模式的有效实施,证实在高速公路建设管理中,实施自管模式是可行的,它夯实了建设单位的管理责任,加强了业主对施工现场的质量控制,强化和健全了施工单位的质量安全体系,提高了外聘监理人员的待遇,优化了监理工作内容和方式,降低了项目建设成本,有效控制工程进度。但是,自管模式对建设单位的管理人员数量和专业性要求较高,项目建设的管理思路和管理方式要脱离传统模式,符合自管模式的要求,在实施自管模式时,建设单位要充分考虑自身状况,并结合项目特点、工程造价、建设工期等实际情况,合理配备专业水平高、实践经验丰富的管理人员,进而最大限度地发挥自管模式的优势。

参 考 文 献

[1] Xiongjun He, Yongchao Yang, Xiang Xiao. Research on Fluid Viscous Damper Parameters of Cable-Stayed Bridge in Northwest China[J]. Shock and Vibration, Volume 2017, Article ID 4532325, 9 pages.

[2] 中华人民共和国行业标准. 公路工程技术标准:JTG B01—2014[S]. 北京:人民交通出版社股份有限公司,2015.

[3] 中华人民共和国行业标准. 公路桥涵施工技术规范:JTG/T F50—2011[S]. 北京:人民交通出版社,2011.

[4] 中华人民共和国行业标准. 公路路基施工技术规范:JTG F10—2006 [S]. 北京:人民交通出版社,2006.

[5] 王进军,胡永波. 钢—混结合梁斜拉桥中跨合龙施工及敏感性分析[J]. 施工技术,2018,47(9):113-117.

[6] 王进军,何雄君,杨阳. 焊缝层数对斜拉桥锚拉板焊接残余应力影响[J]. 公路,2017,3:73-78.

[7] 何雄君,宋渊,肖祥. 焊接热输入对残余应力影响的盲孔法测试与数值分析[J]. 重庆交通大学学报,2018,37(5):7-11.

[8] 何雄君,张晶,范诚. 兰州西固黄河大桥横向抗震体系研究[J]. 桥梁建设,2018,48(1):65-70.

[9] 宋羽. 西固黄河大桥高塔柱索道管精确定位关键技术研究[J]. 交通工程建设,2016,1:21-24.

[10] 王进军,何佳. 斜拉桥锚拉板焊接残余应力试验研究[J]. 公路工程,2018,43(2):30-34.

[11] 肖伯强,杨志刚,胡永波. 兰州西固黄河大桥成桥及施工节段受力特性分析[J]. 中外公路,2017,37(3):98-101.

[12] 李正农,楼梦麟. 大跨度桥梁结构地震动输入问题的研究现状[J]. 同济大学学报,1999,27(5):592-597.

[13] 乔朋,狄谨. 青银高速公路济南黄河大桥主桥斜拉桥施工监控[J]. 中外公路,2014(5).

[14] 张敏. 大跨度斜拉桥施工监控仿真分析[J]. 兰州交通大学学报,2009(3).